Ludwig Vögely

Das Leben im Kraichgau
in vergangener Zeit

Für Jörg und Ilse

verlag regionalkultur

Ludwig Vögely, Jahrgang 1916, aufgewachsen in Eschelbach, Abitur in Sinsheim, Studium an der Hochschule für Lehrerbildung in Karlsruhe. Nach dem Kriegsdienst Lehrer in Unteröwisheim und Karlsruhe, zuletzt Schulamtsdirektor beim Staatlichen Schulamt Karlsruhe. Mitbegründer der Goethe-Gesellschaft und der Abendrealschule Karlsruhe. Besondere Arbeitsgebiete sind Volks-, Heimat- und Landeskunde, Geschichte, Kunst und Literatur in Baden. Verfasser vieler Aufsätze und zahlreicher Bücher, so "Unteröwisheim im Wandel der Jahrhunderte", „Goethe und Johann Peter Hebel", „Sinsheimer Heimatbuch", „900 Jahre Eschelbach", und von vier Sagenbüchern mit Sagen des Kraichgaus, Karlsruhes, Freiburgs und des Markgräflerlands; im verlag regionalkultur ist sein Buch „Kraichgauer Gestalten" erschienen.

Vögely ist seit 1982 Präsident des Landesvereins Badische Heimat, ferner Mitglied des Kuratoriums der Denkmalstiftung Baden-Württemberg, des Präsidiums des Deutschen Heimatbundes in Bonn und Initiator des Arbeitskreises Heimatpflege Nordbaden. Er erhielt zahlreiche Auszeichnungen, so das Bundesverdienstkreuz, die Medaille für besondere Verdienste um die Heimat Baden-Württemberg, für seine Arbeiten um das Werk J. P. Hebels die Hebel-Gedenkplakette der Gemeinde Hausen, die Ernst-Rudorff-Ehrenplakette des Deutschen Heimatbundes Bonn und 1997 die Goldene Verdienstmedaille des Landes Baden-Württemberg.

Die Deutsche Bibliothek – CIP-Einheitsaufnahme

Vögely, Ludwig:
Das Leben im Kraichgau in vergangener Zeit / Ludwig Vögely. –
Ubstadt-Weiher : Verlag Regionalkultur 1997
ISBN 3-929366-56-8

Herstellung:	verlag regionalkultur
Lektorat:	Sieghard Roth, Linkenheim-Hochstetten
Druck:	Druckerei Esser, Bretten
Bindung:	Großbuchbinderei Spinner, Ottersweier

verlag regionalkultur
Stettfelder Straße 11 • 76698 Ubstadt-Weiher • Tel. (07251) 69723 • Fax 69450

Inhalt

Einleitung

"Deutsche Volkskunde ist die wissenschaftliche Erforschung des deutschen Volkes in seiner geistigen Artung, wie sie Abstammung und Landschaft, allgemein menschlich seelische Grundlage und Gemeinschaftskultur in Auseinandersetzung mit dem geschichtlichen Schicksal gebildet haben." So lautet die Definition der Volkskunde im Wörterbuch der deutschen Volkskunde. Und weiter heißt es da, daß die Volkskunde die Wissenschaft vom Leben in überlieferten Ordnungen sei und daß dieser Bezirk sich vornehmlich mit Land und Bauerntum berühre. Vereinfacht ausgedrückt heißt dies, daß die Volkskunde von Gemeinschaft und Tradition bestimmt wird. Das bedeutet gleichzeitig Volkskunde im herkömmlichen Sinne, mit der wir es in diesem Buche zu tun haben. Die moderne Volkskunde hat noch viele andere Seiten des Gemeinschaftslebens erschlossen. Ohne hier auf die historische Entwicklung der Volkskunde eingehen zu können, ist doch ein zeitlich geraffter und kurz gefaßter Rückblick hilfreich, um zum Thema dieses Buches zu gelangen.

Der große Aufschwung der Volkskunde ging von den Dichtern der Romantik aus. Der Aufruf Herders, 'alte Nationallieder' zu sammeln (1767), leitete die Sammlung und Erforschung des deutschen Volksliedes ein. 1778/79 erschienen in zwei Bänden die 'Volkslieder' als 'Stimmen der Völker in Liedern'. 1805–1808 folgte dann 'Des Knaben Wunderhorn' von Achim von Arnim und Clemens Brentano. Zu überragender Bedeutung gelangten durch ihr Schaffen die Brüder Grimm. Sie bestimmten die Arbeit der Sprachforscher kommender Generationen. Von ihnen angeregt, entstanden neben Liederbüchern eine große Anzahl von Sammlungen, von Sagen und Märchen. Um die Jahrhundertwende erwarben sich die Freiburger Professoren Pfaff, Kluge und E. H. Meyer große Verdienste um die badische Volkskunde. Es war Elard Hugo Meyer, der in seinem Buch 'Badisches Volksleben im 19. Jahrhundert' (1900) eine hervorragende Zusammenfassung der Ergebnisse des Fragebogens vorlegte, den die Professoren an alle Gemeinden des Landes geschickt hatten. Auch die Volkskunst, die bisher ohne große Berücksichtigung geblieben war, trat nun als Gebiet volkskundlicher Sammlungen allmählich in den Vordergrund. Siedlung, Haus, Tracht des Volkes wurden Gegenstand wissenschaftlicher Bearbeitung. Der kurze Rückblick auf die Entwicklung der Volkskunde sei mit folgenden Feststellungen beendet:

Nach dem Ersten Weltkrieg und dem unglücklichen Versailler Vertrag nahm die Volkskunde durch die enttäuschten und gerade deshalb heimatbewußt denkenden Menschen einen großen Aufschwung, von dem auch die Heimatvereine profitierten. Vor allem aber kam die Volkskunde in die Hörsäle der Universitäten und Lehrerbildungsanstalten und gelangte nun endlich in die Fibeln und Lesebücher der Volksschulen. Der Versuch des NS-Regimes, sich die Volkskunde vor seinen Wagen zu spannen, mißlang. Der Einfluß der Nationalsozialisten wurde lange überschätzt, so gerne sie sich natürlich der Volkskunde, die bisher bei ihnen keine große Rolle gespielt hatte, nun bemächtigt hätten. So konnte nach 1945 trotz großer Verluste an Institutionen, Museen und Bibliotheken die wissenschaftliche Arbeit an der Volkskunde verhältnismäßig rasch organisiert und wieder aufgenommen werden. Die volkskundlichen Veröffentlichungen in Zeitschriften und Jahrbüchern erfuhren eine neue Blüte. In diesem Buche muß leider die Volkskunde der Vertriebenen, die nach 1945 zu uns kamen, unberücksichtigt bleiben.

Wer wie ich ein begeisterter Kraichgauer und ebenso engagierter Heimat- und Volkskundler ist, muß es lebhaft bedauern, daß es eine Zusammenschau volkskundlicher Gegebenheiten im Kraichgau nicht gibt. Es sind aber sehr viele Einzeldarstellungen vorhanden, verstreut in Büchern und Zeitschriften veröffentlicht und oft nur schwer zugänglich, die Volkskundliches aus unserer Heimat zum Inhalt haben. Damit war die Idee zu diesem Buche geboren: Die zahlreichen Facetten der Volkskunde, welche den Kraichgau betreffen, in der Literatur zu suchen, zusammenzufassen, eigene Arbeiten hinzuzufügen und den Menschen des Kraichgaus zur Verfügung zu stellen. Um Schwerpunkte zu finden, wurden das Kraichgauer Volksleben im 19. Jahrhundert, die Volksmedizin und das Volkslied im Kraichgau gewissermaßen in das Zentrum des Buches gestellt.

Es war ein Glück, daß neben den eigenen Veröffentlichungen eine hervorragende Literatur zur Auswertung zur Verfügung stand. Dazu gehören vor allem das Werk von E. H. Meyer 'Badisches Volksleben im 19. Jahrhundert' und die 'Badische Volksheilkunde' von Walther Zimmermann. Neben den 'Kraichgauklassikern' Eugen Fehrle (Badische Volkskunde) und Carl Krieger (Kraich-

gauer Bauerntum), deren Veröffentlichungen ebenso hilfreich waren, waren dies in hohem Maße die Arbeiten von Johann Philipp Glock, Augusta Bender und Othmar Meisinger. Ihnen ist die Kenntnis zu verdanken, welche Lieder die Bewohner des Kraichgaus einst gesungen haben (leider konnten die Weisen in diesem Buche nicht mitgedruckt werden). Sie erlauben auch die Bilanz, was davon noch übrig geblieben ist. Ohne die volkskundlichen Veröffentlichungen im 'Kraichgau', 'So weit der Turmberg grüßt' und in vielen Jahrgängen der Publikationen des Landesvereins 'Badische Heimat' hätten wesentliche Themen nicht bearbeitet werden können. Diese Periodika bleiben immer eine Fundgrube für den Volkskundler.

Nicht nur die Bereiche der Ortsneckereien und der Weisheit unserer Bevölkerung, wie sie sich in Redensarten, Sprichwörtern, Wetterregeln und Lostagen manifestieren, sind hervorzuheben, sondern auch der große Komplex, der sich mit der Jugend befaßt, mit ihren Spielen, Spielliedern, Abzählreimen usw. Die ganze Bandbreite des Gefundenen machen die Kapitel dieses Bandes deutlich. So ist doch viel zusammengekommen, das einen Überblick über das Kraichgauer Volksleben von einst erlaubt. Es ist klar, daß notgedrungen manches fehlen muß. Die Sagen des Kraichgaus habe ich schon 1987 veröffentlicht.

Damit kann diese Einleitung abgeschlossen werden. Die Arbeit an dem Buch hat mir Freude bereitet, nicht nur deshalb, weil ich selbst dabei gelernt habe, sondern weil viele Erinnerungen an Eltern und Großeltern, Nachbarn, Schulkameraden, Feste und Feiern wach geworden sind, Erinnerungen an schöne Jahre in einem schönen Kraichgaudorf. Ich hoffe, daß ich mit diesem Buch dem Kraichgau und seinen Bewohnern einen Dienst erweisen konnte, denn immer gilt Goethes Wort: *„Wohl dem, der seiner Väter gern gedenkt, der froh von ihren Taten, ihrer Größe den Hörer unterhält und, still sich freuend, am Ende dieser schönen Reihe sich geschlossen sieht.“*

Ludwig Vögely

Dank

Wir danken folgenden Leihgebern, die freundlicherweise Bildmaterial zur Verfügung gestellt haben:

Reinhard Besserer, Sinsheim-Hoffenheim
Bruno Dörich, Kraichtal-Unteröwisheim
Heimatfreunde Sulzfeld
Heimatmuseum Heidelsheim
Kuno Schmidt, Ubstadt-Weiher, Zeutern
Martha Sitzler, Angelbachtal-Michelfeld
Wolfgang Stier, Ubstadt-Weiher, Zeutern
Christa Trendl, Sinsheim-Hilsbach
Käthe Zimmermann, Sinsheim
Stadtarchiv Bretten, Edmund Jeck
Sammlung Habermann im Stadtarchiv Bruchsal, Thomas Moos

Kraichgaulandschaft

Einst dem Meere entstiegen,
in endlosen Zeiten geformt,
so breitet sich heute das Land.

Manchmal scheint es fast unscheinbar,
einförmig sich weitend nach allen Seiten.
Doch wer hier länger verweilt,
spürt eine stille Heiterkeit
und ein Verlangen nach Harmonie.
Anmut webt in der Landschaft
und stille Besinnlichkeit.

Am schönsten bist du im Frühling,
wenn du dich lieblich begrünst,
die duftigen Wiesen wechseln
mit den braunen Tönen der Äcker.
Gleich riesigen Blumensträußen
flammen die Kirschbäume auf,
und hin und wider ziehn sich die
blühenden Hecken.

Welche Fülle zeigt sich im Wald,
der sich nun herrlich begrünt.
Unter den Dächern von Buchen und Eichen
duften die Himmelsschlüssel
und die betäubenden Maiblumen.
Welche Schönheit zeigt sich im Strauß
der Margriten, in der saftigen Wiese gepflückt.

Aber zur Höhe schreitet das Jahr.
Wo noch die samtenen Wellen
des Getreides wogten,
da schaut aus dem Wald von Halmen
der Klatschmohn und die Kornblume
hervor.
Und über dem reifenden Korn jubelt die
Lerche.

Fleißige Hände mähen das Getreide,
und über den goldenen Garben liegt
eine Woge von kommendem Brot.

Im Herbst neigen die Apfel- und Birnbäume
sich
und bieten die saftigen Früchte.
Es neigt sich das Jahr.
Im festlichen Schmucke zeigt sich die Hecke,
voll von Früchten, zur Labe der Vögel
und der Menschen.
Und der Wald zieht sein schönstes Gewand
an,
wie Gold, von der Sonne hineingehaucht,
glänzt es von den Bäumen,
und es rieselt sachte herab
auf die ermüdete Erde.

Die Saat fällt in den harrenden Boden,
sie keimt und wartet auf kommende Tage.
Grau duckt sich die Scholle,
zerzaust zittert das Gras im herbstlichen
Wind.
Kleiner werden die Hügel, so scheint es,
und stumm, bis eine Decke in Weiß sie
einhüllt.

Müde ziehen die Krähen
und krächzend zum nahen Wald.
Doch, nach der Pause der Ruhe,
mit den ersten Kätzchen am Strauch,
mit Krokus, Narzissen und Veilchen,
mit der höher strebenden Sonne
bricht neu das Leben auf,
entsprießt dem uralten Boden
unter dem Segen des Regens
und der Sonne eine neue Pracht!

Paul Zimmermann

Kraichgauer Volksleben im 19. Jahrhundert

Seit dem Jahre 1904 gab es den 'Badischen Verein für Volkskunde'. Damit begann der Aufschwung der volkskundlichen Forschung in Baden, und die Volkskunde fand ihre besondere Pflege in Heidelberg (Prof. Kahle) und Freiburg. Hier waren es drei Germanisten, die sich ihrer wissenschaftlich annahmen, die Professoren Elard Hugo Meyer, Friedrich Kluge und Friedrich Pfaff. Die aktiven Wissenschaftler bildeten eine Arbeitsgemeinschaft und schickten ausführliche Fragebogen an die Gemeinden des Landes, die dann hauptsächlich von Pfarrern und Lehrern beantwortet wurden, oder eben auch nicht. Immerhin ergaben die Rückantworten eine volkskundliche Bestandsaufnahme, wie sie für die damalige Zeit wohl einmalig war.

Prof. E. H. Meyer hat die beantworteten Fragebogen umfassend ausgewertet und die Ergebnisse in seinem Standardwerk 'Badisches Volksleben im 19. Jahrhundert' (Straßburg 1900) zusammengefaßt. Erfreulicherweise gab die Landesstelle für Volkskunde in Freiburg, Außenstelle des Badischen Landesmuseums Karlsruhe, bei der heute noch die Fragebogen lagern, 1984 ein Reprint der Ausgabe von 1900 heraus. Die nachfolgenden Ausführungen beruhen auf dem Werk E. H. Meyers, das sorgfältig im Blick auf den Kraichgau durchgearbeitet wurde. Die Gliederung Meyers wurde weitgehend beibehalten, und die Kapitel ergeben in der Summe ein realistisches, farbiges und umfassendes Bild badischen Volkslebens und damit auch des Kraichgaus.

Bad Rappenauer im Jahre 1901 (Sammlung R. Besserer)

Geburt, Taufe und Kindbett

Kleinen Kindern erzählt man auch heute noch Märchen, woher die Kinder kommen. Früher spielten der Kindlesbrunnen und die Hebamme die entscheidende Rolle. Die Herkunft der Kinder aus dem Wasser war besonders wichtig. In Oberöwisheim lockte die Hebamme die Kinder aus dem 'Herrenbrunnen' hervor, indem sie mit der platten Hand auf einen davorliegenden Stein schlug. Buben und Mädchen kamen oft aus verschiedenen Brunnen, so auch in Zuzenhausen, wo die Geschlechter schon vor ihrer Geburt auf Buben- und Maidlebrünnele verteilt waren. Natürlich brachte auch der Storch Kinder aus dem Kindlesbrunnen:

Storch, Storch guter,
Bring' mir einen Bruder,
Storch, Storch bester,
Bring' mir eine Schwester.

Zwei kleine Mädchen in den 1930er Jahren
(Sammlung M. Sitzler)

sind wohl heute noch bekannte Verse. Manchmal teilten sich Storch und Hebamme die Arbeit. In Odenheim brachte Adebar den kleineren, sie den größeren Kindern das Geschwisterle aus dem Badbrunnen, und in Kürnbach war der Storch im Sommer, die Hebamme im Winter tätig. In Grünwettersbach war auf dem Dach des Hauses der Hebamme ein Storchennest angebracht, in das ein von Weiden geflochtener Storch gesetzt wurde, sobald eine Geburt in Aussicht stand. In der Regel galt, daß die Hebamme die Kinder aus dem Brunnen holte, seltener der Storch. Die Hebamme hieß in der Bruchsaler und Wieslocher Gegend 'Base', ein Zeichen ihrer Beliebtheit.
Nach einer glücklichen Entbindung sprach die Hebamme oft einen Segen. Da das Neugeborene vor allen bösen Einflüssen geschützt werden mußte, betete in Helmstadt die Hebamme gegen die Hexen:

Ich lege dich in Gottes Kleid,
Beschütze dich die heilige Dreifaltigkeit,
Jesus ist ein starker Mann,
Wer stärker ist, der greif' dich an!

Mit der Taufe wurde das Kind in die christliche Gemeinschaft aufgenommen, denn vor der Taufe war es ein Heide und den bösen Geistern, Teufeln und Hexen schutzlos preisgegeben. Deshalb taufte man, vor allem in katholischen Gegenden, oft noch am Tag der Geburt. Meist aber tat man dies innerhalb von drei Tagen nach der Geburt, wobei man den Mittwoch und Freitag mied und den Sonntag als Tauftag nahm. Wichtig für das Kind waren (und sind) die Paten, weil diese seine ganze Jugendzeit oft bis zur Hochzeit mit unter ihre Obhut nahmen. In Kürnbach wurde der Pate 'Dote' genannt.

Die Kirche bekämpfte die Unsitte, eine übermäßige Zahl von Paten aufzubieten, in Büchenbronn z. B. acht Paare. Im Jahre 1660 lud Wolfgang Vogt in Zuzenhausen nicht weniger als 19 Taufzeugen ein! Um den außerehelichen Umgang zu brandmarken, mußte in Ubstadt der Büttel jedem unehelichen Kinde Pate stehen. In Heidelsheim wurden dem Kinde bald nach der Geburt Geschenke ins Bett gelegt, und es wurde von einer Verwandten, die vom Vater, der Hebamme, den Paten und bekränzten Patinnen und anderen Verwandten begleitet war, in die Kirche getragen. Gewöhnlich hielt die Patin das Kind über das Taufbecken, links stand die Hebamme, rechts die Paten, aber in Heidelsheim hielt einen Knaben der Pate. Die Paten hatten dann, während der Vater untätig in der Bank blieb, die vom Geistlichen gestellten Fragen zu beantworten. Kinder, die sich bei einer Taufe im Taufhaus einfanden, erhielten in Bruchsal Brezeln oder Brot mit Käse.

Bei den kirchlichen Festen zeigte sich ganz besonders die Verbundenheit der Kinder mit ihren Paten, die 'Gotte' beschenkte sie reich. Zu Weihnachten oder zu Neujahr erhielten sie in Münzesheim oder auch anderswo Brezeln, 'so groß wie ein Scheunentor' oder Lebkuchen. Zum Lohn für ihr Neujahranwünschen: *I winsch ich a a glickselichs nei's Jah(r)* gab es in Mühlhausen eine Brezel und ein Tuch voll Äpfel und Nüssen, gebackene Zöpfe, Vögel und Schnecken. Das charakteristische Neujahrsgeschenk in Dürrenbüchig war eine möglichst große halbmondförmige 'Deier' (siehe Seite 60).

In Mühlhausen liefen die Kleinen ins Haus der Patin mit der Frage: *Hat de Oustrhas schun glegt?* und bekamen meist rot gefärbte Eier oder einen Osterhasen mit einem Ei im Hintern geschenkt. In Menzingen hieß der Gruß der Kinder (Krieger 1933, S. 92):

Eine Bauersfrau mit ihrem Neugeborenen in den 1930er Jahren (Sammlung M. Sitzler)

*Guten Owed, Pfetterich un God,
I will a gugge, wu de Has' na glegt hat.*

Zur Konfirmation schenkten die protestantischen Paten gern ein Buch, z. B. das Neue Testament oder ein Gesangbuch, eine Uhr, eine Brosche oder Geld. In Heidelsheim überreichten die Beschenkten den Paten ihre 'Abdankung', eine schriftliche Danksagung auf gold- oder blumengerändertem Papier. Hier schmückten die Paten die Mädchen zur Konfirmation auch mit Kränzen, die weiter bei Hochzeiten, Taufen oder anderen Festen getragen wurden. Krieger (S. 92) teilt dazu ergänzend einen Gochsheimer Konfirmandenspruch mit:

Heut in dieser Morgenstunden
Find ich mich dazu verbunden
Und bin auch mit Lust bereit,
Dem Herrn Pfettrich und Frau Gettel
Dank zu sagen als ein Erb der Seligkeit.

(Mit Handschlag)

Er meint dazu, daß die gespreizten Reime wohl aus der Feder eines Pfarrers stammen.

Ein besonderes Kapitel im Volksleben bildete die Kindererziehung, die eigentlich schon in der Wiege, d.h. mit dem Wiegenlied begann. Dieses Lied soll vor allem einschläfern, aber auch besänftigen, manchmal gar drohen. Der Schlaf spielt darin die Hauptrolle:

Schlaf, Kindlein schlaf,
Im Garten stehn zwei Schaf,
Ein schwarzes und ein weißes,
Die wolle mein Kindlein beißen.

Noch im Jahre 1954 konnten die Badischen Neuesten Nachrichten (6. Mai 1954) folgende Kinderlieder des Kraichgaus und Bruhrains veröffentlichen, die der Vollständigkeit halber hier aufgeführt werden sollen, damit sie nicht ganz der Vergessenheit anheimfallen:

Eia, popeia,
Kocht dem Schelm einen Brei,
Tut brav Zucker und Butter hinein,
So kriegt der Schelm einen geschmeidigen Sinn,
Eia popeia!

Ein andermal versucht es die Mutter mit diesen Versen:

Höre, mein Kindchen,
was will ich dir singen,
Äpfel und Birnen soll Vater dir bringen
Pflaumen, Rosinen und Feigen,
Mein Kindchen soll schlafen und schweigen.

Oder:

Schlaf, Kindlein, schlaf,
So denk' ich dir ein Schaf,
Mit einer gold'nen Schelle fein,
Das soll dein Spielgeselle sein,
Schlaf, Kindlein, schlaf!

Weit bekannt waren die Verse:

Eia, popeia,
Schlag's Göckerle tot,
Legt mir keine Eier
Und frißt mir mein Brot.
Rupfen wir ihm dann die Federchen aus,
Machen dem Kindlein ein Bettlein daraus!

Ein anderes Schlaflied ging so:

Eia, popeia,
Schlaf süße.
Ich wiege dich mit den Füßen,
Ich wieg dich mit dem schwarzen Schuh,
Schlaf, mein Kind, schlaf immerzu,
Eia, schlaf süße!

Auch Gott und die Engel haben natürlich Platz im Kinderschlaflied:

Eia, eia, schlaf mein liebes Kindelein,
Dein Christ bringt dir gut Äpfelein,
Baut dir ein schönes Häuselein
Im Himmelreiche.

Beinahe wie ein frühmittelalterliches Bild mutet das folgende Lied an:

O du mein Gott, o du mein Gott,
Singen Engelein so fein,
Singen auf und singen ab,
Schlagen Trillerlein drein!

Die arme Bettelfrau sang ihr Kind so in den Schlaf:

Eia, popela, popole,
Der Herrgott wird dich bald hole,
Kommt er mit einem güldenen Lädchen,
Legt dich hinunter ins Gräbchen,
Über dich, über mich,
Kommen mit'nander ins Himmelreich!

Die Mutter wird müde:

Eia, popeia, schlief lieber wie du,
Willst mir's nicht glauben, sieh mir nur zu,
Sieh mir nur zu, wie schläfrig ich bin,
Schlafen, zum Schlafen,
da steht mir der Sinn.
Eia, eia, popeia!

Mutter mit Kind um die Jahrhundertwende
(Sammlung M. Sitzler)

Schließlich muß die Mutter energischer werden:

Schlaf, Kindlein, schlaf,
Und blök' nicht wie ein Schaf.
Sonst kommt des Schäfers Hündelein
Und beißt mein böses Kindelein,
Schlaf, Kindlein, Schlaf!

Ganz unmißverständlich sind folgende Verse:

Eia, popeia,
Schweigst du nicht stille,
Gib ich dir, du Sünderlein,
Die Rute vor dein Hinterlein,
Eia, popeia!

Auch Krieger (S. 115) kennt Kinderlieder. Das Schaukeln auf den Knien des Vaters wurde zu einem Ritt, der von einem Reiterlied begleitet wurde. So im Elsenztale:

Hoß, hoß, troß,
Was koscht das Korn im Schloß?
's Simmre koscht drei Batze,
Mei Büwele (Mädele) muß noch wachse,
Plups liegt's im Neckar drin'n!

In Reihen hieß das:

Hoß, hoß, drill,
Ze Mannem steht a Füll,
Ze Mannem steht a großes Haus,
Gucke drei Bobbere raus.
Die oinde spinnt Seide,
Die ander dreht Weide,
Die dritte isch an Brunne,
Hat a Kindl gfunne,
Wie solls haiße,
Böckl oder Gaisl.
Wer soll d' Windel wasche?
Unser aldi Schlapperdasche.

In Menzingen erzählte die Mutter ihrem Kinde folgende Verse:

Hangt a Kindle an der Wand,
Hat a Gackele an der Hand,
Däd's gern esse,
Hat kai Messer,
Fellt a Messerle ower rab,
Schlecht am Kindle's Ärmle ab.
O weh, o weh, mei Ärmle!
Hockt der Gickler uffem Dach,
Hot sich halwer z'bucklich glacht!

Hat sich das Kind weh getan, so hauchte die Mutter die schmerzende Stelle mit den im ganzen Land üblichen Worten an:

Heile, heile Sege,
Drei Tag Rege,
Drei Tag Schnee,
Tut's meim Büwle nimme weh!

Oder:

Dreiblättrig Kraut,
Heil mer mei Haut,
Still mer mei Blut,
Daß mer's nimme weh tut!

Mit folgenden Versen wurden dem Kinde in Wiesloch das Schuhanziehen erleichtert:

Schmid, Schmid, Schmid.
Nemm dei Hämmerle mid;
Wann du wit des Gäule b'schlage,
Musch dei Hämmerle bei dir hawe,
Schmid, Schmid, Schmid,
Nemm dei Hämmerle mid!

oder nach demselben Anfang:

Will em Gäule Eise schlage,
Wieviel Nägel muß es hawe,
Ein, zwei, drei;
Haw'en eins zuviel g'schlage,
Muß'en wieder raus grawe,
Gruwele, gruwele!

...und dann beginnt das Krabbeln an der kitzligen Fußsohle.

Am 22. August, dem Tag der durch ihr reiches Haar berühmten Magdalena, kürzte man in Tiefenbach kleinen Mädchen die Zöpfe, damit diese recht stark wurden. In Diedelsheim gab man kleinen Kindern Regenwasser zu trinken, damit sie besser sprechen lernten. Die Kinder durfte man nicht kitzeln, sonst stotterten sie. Nach dem Nachtläuten holte der allgemein bekannte 'Nachtkrab' die Kinder, die noch auf der Straße waren.

Schon immer boten die Naturgewalten auch Sensationen für die Kinder, wie hier um die Jahrhundertwende ein vom Blitz getroffener Baum im Zeuterner Wald (Sammlung W. Stier)

Kindergarten in Sinsheim etwa um 1930 (Sammlung R. Besserer)

Die Jugend

Kinder enteilen so schnell wie möglich den Stuben, um sich mit den Nachbarskindern zu treffen und zu spielen. Neben dem Reigenspielen der Mädchen gab es schon immer die Laufspiele der Buben, in denen sie ihren Bewegungsdrang mit Kraft und Gewandtheit austoben konnten. Die Jahreszeiten hatten ihre verschiedenen Spiele: Spiel mit den 'Klickern', Ballspiele, Seilhüpfen, Tanzknöpfles, Spiel mit Reifen, die man durch die Straßen trieb. Begann es zu regnen, dann sang man

Rege, Rege, Tropfe,
Alte Weiber hopfe...
(siehe Kinderreime)

Die Buben machten gerne Pfeifen und Spritzen aus Holunderzweigen. Im Oberland gab es dazu viele Bastlösereime, im Kraichgau sind nur zwei aus Flinsbach bekannt:

a) Saft, Saft, Salleholz!
Der Müller het e junge Wolf,
Schmeist en über de Grabe,
Fressen en die Rabe.
Frißt er alles Schweinefett,
Pfeifle, Pfeifle, spring mr net!

b) Saft, Saft, Seide,
Schlange in de Weide,
Krote in de Bäch,
Daß mei Pfeifle net verbrech!

In Flinsbach gab es auch ein Kinderlied beim Ringeltanz, überliefert von Hermann Kaspar:

König in der Wiese,
Sieben Jahr verschließe,
Acht Jahr rumbelibum,
Die Fräulein Dora kehrt sich um.
Die Fräulein Dora hat sich dreht,
Hat der Katz de Schwanz abtret!

Die Kindheit war vor allem in Bauernfamilien viel enger in den Alltag der ganzen Familie eingebunden als heute; die Kinder waren bei den meisten Arbeiten mit dabei, wie hier beim Herbsten in den 1930er Jahren (Sammlung Ch. Trendl)

Der erste über das Dorf fliegende Storch wurde freudig begrüßt:

Storch, Storch, Schnibelschnabel
Mit der langen Heugabel...
(siehe Kinderreime)

Das 'Herrgottskäfferle' bringt dem Glück, zu dem es fliegt. Man darf es nicht töten, sondern man bat es im Elsenztal, in des Bäckers Haus zu fliegen und Wecken zu holen, dem lieben Herrgott eine ganze Wanne voll.

Der **Nikolaustag** und **Weihnachten** sind Höhepunkte im Jahreslauf für die Kinder. In vielen Gegenden wurde der St. Nikolaus von dem schellenrasselnden Pelznickel begleitet, der die unartigen Kinder in den Sack stecken mußte. Im Kraichgau kam (und kommt) der Nikolaus mit weißem Bart und roter Kutte, meist ein ehrwürdiger Herr, zwar mit einer Rute ausgestattet, der aber letztlich immer Gnade vor Recht ergehen läßt. Das Christkindle, ein weißgekleidetes, verschleiertes Mädchen, manchmal vom Pelznickel begleitet, legte in bestimmten Gegenden am Christabend die Geschenke der Eltern in die Küche oder Nebenstube oder überreichte sie selber den Kindern. In Tiefenbach ließ die Weißgekleidete die Kleinen beten und singen, die Bösen aber mußten auf den Esel, von einem Burschen dargestellt, sitzen und bekamen die Rute. In Menzingen legte man am Heiligen Abend ein Bündel Heu vors Haus, damit das vorübergehende Jesuskind es segne. Dieses gesegnete Heu wurde dem Vieh zum Fressen gegeben, damit es das ganze Jahr vor Seuchen und Krankheit bewahrt blieb. In der Brettener und Bruchsaler Gegend legte man abends ein Bündel Heu vor die Haustüre

Buben bei einer Papiersammlung 1915 (Stadtarchiv Bruchsal)

Weihnachten um die Jahrhundertwende in Bad Rappenau (Sammlung R. Besserer)

oder häufiger auf den Mist, das dann am Christmorgen dem Vieh zum Fressen gegeben wurde. Deshalb sangen dort die Kinder am Christabend:

> *Christkindle, komm in mei Haus,*
> *Leer die goldenen Kistchen*
> *(Körble, Taschen usw.) aus,*
> *Stell d'Esel uff de Mist,*
> *Daß er Heu und Haber frißt!*

Zum Anwünschen des **Neujahres** besuchten die Kinder die Paten und sprachen meist, wie in Menzingen:

> *Guten Owed, Pfetterich un God,*
> *I wünsch ich a a glückselich neis Johr!*

Der Lohn war die begehrte Neujahrsbrezel.

Am **Läuferlestag** (2. Januar) hatten in Kürnbach alle Armen das Recht, von Haus zu Haus zu betteln. Die Kinder sangen oder beteten dabei:

> *Ich bin ein kleiner Knabe,*
> *Ich wünsche, was ich kann,*
> *Ich wünsche Euch Glück und Segen,*
> *Der Höchst wird's Euch geben,*
> *Prost! auf das neue Jahr!*

Sommertagszüge waren im Kraichgau wenig verbreitet. Sie konzentrierten sich auf die Bruchsaler Gegend. Vorbild war wohl der berühmte Heidelberger Sommertagszug, bei dem die Buben einen geringelten Haselstecken, der oben mit Gold- oder Silberpapier verziert war und an der Spitze eine größere Brezel trug, in der Hand hielten. Im Zuge marschierten die Hauptfiguren, der Strohmann Winter und der in Tannenzweige gehüllte Frühling. Sie symbolisieren bis heute den Kampf der erwachenden Natur gegen die dunklen Mächte des Winters. Und dann tönte es:

Strih, Strah, Stroh
Der Summerdag is do,
Der Summer un der Winter,
Des sinn Geschwisterkinder,
Summerdag, Staab aus,
Blost em Winter die Aache [Augen] aus usw.

Ähnliche Lieder wurden in Huttenheim gesungen.

In Oberhausen zogen die Kinder mit einer bebänderten, geringelten Weidengabel, an der oben eine Brezel hing, und sangen:

Ri, ra, ro
Der Summertag is do,
Der Summer und der Winter,
Der Gock, der is e Stinker,
Eier raus, Eier raus,
Jagt de Madel ins Hühnerhaus,
Mach ihn nicht so dick,
Daß er nicht verstickt!
Die drittletzte Zeile lautete wohl richtig wie in Schatthausen:
Der Marder hockt im Hühnerhaus!

In der Bruchsaler Gegend, z. B. in Karlsdorf, wurden religiöse Gedanken beigemischt und man sang:

Freut euch, ihr Christen,
der Frühling wird kommen,
Es hat Gott von uns den Winter genommen.
Er wollt uns auch geben
schöne fruchtbare Zeit,
Felder und Wälder sind grün bekleid't.
Das himmliche Heer im Himmel tut singen,

Alle Menschen auf Erden,
die Lämmlein springen.
Preist Gott für seine Güte,
der uns Gnad verleiht,
Höchster Herr im Himmelreich,
in der armen Winterzeit.

Bekamen die Sänger keine Gabe, schallte es:

Ri ra Stockfisch
So kriche wir alle Jahr nix!

Ostern gab der Jugend neben dem Besuch der Paten Gelegenheit zum Eiersuchen. Aber die Eierbeute wurde nicht einfach verzehrt, sie wurde zum Spiel gebraucht. In der Durlacher Gegend warfen die Kinder auf der Wiese ihre gefärbten Eier in die Luft, um, so meint die Volkskunde, deren Fruchtbarkeit dem Grase mitzuteilen. Allgemeiner Brauch war und ist es, daß zwei Kinder die Spitzen ihrer Eier aneinanderschlugen, bis eines zerbrach und dem Sieger zufiel.

An Himmelfahrt Mariae wurden die Kräuterbüschel geweiht. Würz- oder Wirzbüschel hießen diese in Zuzenhausen; Wärzwisch um Bruchsal und Wiesloch. In Mühlhausen kannte jedes Kind die zum Wärzwisch gehörenden Kräuter und sammelte sie wochenlang, nämlich einen Wielestengel (eine möglichst lange Wollblume), die Dunnersdistel, Altmotterskraut (wahrscheinlich eine Minzenart), Liebrohr (Liebstöckel), Wermet (Wermuth), Raute, schwarzen Kümmel (Gretl in der Huk), Router Hersche (Fuchsschwanz), brauner Doschte, weißer Doschte (Schafgarbe), Routlafekraut (Wasserhanf oder -dost), Tausegildekraut, Rai(n)faht (Rainfarn), Oude(n)mennlin (Odermennig), Hatemagen (Mohn), Blutströpflein (Wiesenknopf), Moda(r)gottesdeffilin, Muttergottes-Pantöffelchen (Leinkraut), drei Haselgerten, Eiche(n)lab (3 Eichenzweige), ein dreiklumpe(n) Nuß und drei kleine Haselnüsse. Das war ein stattliches Sortiment, das von der Jugend gute botanische Kenntnisse verlangte. Die Hauptpflanze, um die die anderen Kräuter gebunden wurden, war oft die Königskerze oder ein verwandtes hochragendes Wollkraut, wie in Mühlhausen. Diese Pflanze löscht den Brand, die Feuersbrunst und die hitzige Krankheit nach dem schwäbischen Segen:

*Unsere Frau geht durch das Land
Und hat einen feurigen Brand in der Hand
(Königskerze),
Brand schlag aus und nicht ein,
Der Brand soll gelöscht sein.*

Erstkommunikant in Rauenberg in den 1930er Jahren (Sammlung M. Sitzler)

Der Würzwisch wurde in Odenheim im Zimmer und im Stall aufgehoben und bei schweren Gewittern verbrannt, damit sein schützender Rauch zum Himmel aufstieg.

Die wohl wichtigsten Ereignisse der ersten Jugendzeit, die diese gewissermaßen auch abschließen, sind die Entlassung aus der Schule, die erste **Kommunion** bei den Katholiken und die **Konfirmation** bei den Protestanten. Bei den kirchlichen Festen gab es im ganzen Land eine Vielzahl ausgeprägter Riten und Bräuche bis hin zu Anzug und Kleid, Schmücken der Gotteshäuser, Tagesverlauf usw. Die Freude gipfelte in dem Fest, das die Familie feierte, sei es daheim oder in einem Wirtshaus, manchmal auch von den Paten gestiftet, und oft wurden Pfarrer und Lehrer dazu eingeladen. In Oberöwisheim zogen – wohl die ärmeren Erstkommunikanten – von Haus zu Haus, sangen Lieder und wurden bewirtet.

An Judica fand die **Konfirmation** statt. In der Brettener Umgegend wurde diese noch im vorigen Jahrhundert von Bräuchen anderer Frühlingsfeste beeinflußt, z. B. daß die Konfirmanden von jungen Eheleuten Brezeln erhielten. In Kürnbach wurden die aus der Schule entlassenen Kinder beim Konfirmationsunterricht nach ihren Kenntnissen, später nach ihrem Alter festgesetzt. Diejenigen Knaben und Mädchen, welche die gleiche Ordnungszahl hatten, hießen 'Gleichsteher', die Überzähligen wurden als 'Witwer' und 'Witfrauen' verspottet. Oft entstanden noch während der Schulzeit unter den Gleichstehern Liebschaften, die später sogar nicht selten zu Ehen führten. In anderen Orten, z. B. Gondelsheim, führte das Gleichsteherwesen zu keinen Liebschaften. In Kürnbach überreichten am Vorabend der Feier die Konfirmanden ihren Taufpaten einen selbst geschriebenen 'Patenbrief',

Erstkommunikantenklasse vor der Rauenberger Kirche, zu Beginn der 1940er Jahre (Sammlung M. Sitzler)

Konfirmandin in den 1930er Jahren (Sammlung M. Sitzler)

ein Blatt Papier mit farbigem Rand, worin sie ihnen den Dank für die erhaltenen Wohltaten ausdrückten. Sie wurden dann am nächsten Tag zum Essen eingeladen. E. H. Meyer schreibt dazu: „Der Glanzpunkt an diesem ist der Brezelmarkt. Nach dem Mittagsmahl erscheinen alle Konfirmanden, 6, 10, 12, 15 Dutzend Brezeln an einem farbigen Band über der Schulter tragend, auf dem vor einem der drei Tore liegenden freien Platz, der in regelmäßigen Wechsel nach der Lage des Wintergetreidefeldes bestimmt wird. Hier werden sie mit Jubel von der Schuljugend und den noch nicht schulpflichtigen Kindern, sowie von älteren armen Leuten empfangen, umringt und ihrer Last entledigt, ohne Entgelt zu bekommen. Jedes Mädchen erhält von ihrem Gleichsteher zwei Dutzend Brezeln, oft auch noch ein schönes 'Gunkelband' (Spinnrocken-band), wofür der Knabe zu Ostern von ihr als Gegengeschenk zwei Dutzend Eier er-hält. (...) Die bedauernswerten Witwer und Witfrauen müssen ihre Brezeln und Eier selber essen. Die dem Gleichstehertum an-haftenden Übelstände schwinden übrigens von Jahr zu Jahr, und z. B. in Dürrenbüchig und Diedelsheim teilen die Konfirmanden beiderlei Geschlechts ihren Brezelschatz, die Mädchen in Körben, die Knaben an Schnü-ren herantragen, nur an Kinder, Freunde, Verwandte und Bekannte aus; auch ist jenes Eiergeschenk in Gondelsheim in eine kleine Geldgabe seitens der Eltern der Gleich-steherin verwandelt." (S. 117)

An **Pfingsten**, dem lieblichen Fest, gab es im Kraichgau wenig besondere Bräuche. Man hatte z. B. keine Pfingstspiele, die mit verteilten Rollen gesprochen wurden, keine Umritte, wohl aber kannte man den 'Pfingstdreck' in modifizierter Form. Der Pfingstdreck, ein Knabe, wurde derb nach dem letzten 'Nachlaß' des letzten Tieres auf der Pfingstweide benannt, er ist im Grunde eine Figur der Hirtenbräuche. Mit dem Pfingstdreck wechselte der 'Pfingstbutz' ab, so um Bretten, der 'Pfingstlümmel' um Bretten und Bruchsal, der 'Pfingstnickel' in Mühlhausen und Helmsheim. Ein hübscher Name war der 'Pfingstpflütteri', der sich in etwas gewandelter Form vom Breisgau bis in die Gegend von Busenbach erstreckte.

Der Pfingstdreck, der in ein mit Laub und Reisen bedecktes Gestell gesteckt wurde, ist also eine Figur des Frühlings. Die Einklei-dung in Grün und Blumen bedeutet in die-ser Form befruchtende, glückbringende Kraft. Dazu gehörte der Brauch, daß der

Pfingstlümmel in Mühlhausen die Mädchen schlug, ein alter Fruchtbarkeitszauber. Auch in Neuhausen, Kürnbach, Ubstadt kannte man den Pfingstlümmel, dem man dort ein Bündel Heu ins Bett steckte, hier aber grü-nes, mit Weiden umwickeltes Gesträuch an-legte. Deshalb rief er in Kürnbach:

Hi, ha, ho, der Besemann isch do!
Ihr liebe Leid kaaft Bese ab,
Daß i Geld zum Saufe hab,
Hi, ha, ho, der Besemann isch do!

Die **Kerwe** (Kirchweihe) war schon immer ein hohes dörfliches Fest, in früheren Zeiten bildete sie den Schluß des Hirtenjahres. So sammelten in Grünwettersbach die Gäns-hirten, die vom 23. April bis Ende Oktober hüteten, und der Schweinehirte, der das gan-ze Jahr hütete, im Dorfe Kuchen und Weiß-brot.

Vielerorts war die Kirchweihe mit einem Markt verbunden und geriet zu einem fröh-lichen Volksfest. Noch vor gar nicht langer Zeit sangen die Menzinger Burschen das allbekannte Lied, so ihre 'Kerwestimmung' ausdrückend:

Heit isch Kerwe,
Morge isch Kerwe
Bis zum Mittwoch Owed.
Wanne zu meim Schätzle kumm,
Sage: guten Owed,
Guten Owed, Lissebeth,
Weis mer, wu dei Bettle schdeht –
Hinnerem Ofe an sellem Eck,
Wu der Knecht sein Fuß rausschdreckt!

Liebe und Hochzeit

Über das Schönheitsideal eines heiratsfähigen Mädchens gab es landauf-landab verschiedene Vorstellungen. Im Elsenztal galt: *Aage wie Kersche, en Hals wie Schnee, e purpurrot Mäulche, was will e schöns Mädche meh?* Liebesorakel und -zauber wurden häufig angewendet, denn welches Mädchen wollte nicht wissen, ob nicht bald ein Mann in Erscheinung tritt, der es heiratete. Die Andreasnacht (30. November) spielte dabei eine besondere Rolle, denn da suchten die jungen Leute Aufklärung über ihr Schicksal. Gleiches gilt für die Thomasnacht (21. Dezember). In dieser Nacht wurde in Helmstadt das Bettstroh 'gestrippelt' und der hl. Thomas um die Erscheinung des oder der Zukünftigen angefleht. Es waren altertümliche Bräuche, teilweise noch im vorigen Jahrhundert im Lande lebendig. Dazu gehörte das Rütteln der Bettlade und sprechen eines Bittspruches z. B. in der Ettlinger Gegend. Noch nicht ganz verschwunden war die geforderte Nacktheit der Jungfrau beim Bettrütteln, die damit vom Alltagsleben gelöst und zum Gewahrwerden des Verborgenen bereit wurde. Splitternackt oder nur mit einem Hemd bekleidet, kehrte das Mädchen rückwärtsgehend um Mitternacht die Stube und sah dann ihren künftigen Liebhaber im Spiegel, ein altertümlicher Brauch, der bei uns nicht mehr geübt wurde, jedenfalls gibt es keine Beweise dafür.

Liebeszauber waren aber nicht unbekannt. Da gab es im Land seltsame Mittel, die angewendet wurden, um den Geliebten zu binden. Ein südbadischer Brauch wirkte bis in den Kraichgau: Das Mädchen schabte ungesehen von seinem Fingernagel – vielleicht beim Tanz – in des Burschen Wein, der ihn dann vor Liebe wahnsinnig machte! Faßte er aber das Glas in den drei allerhöchsten Namen mit drei Fingern, oder hauchte er es in diesen Namen dreimal an, dann zersprang es in tausend Scherben.

Die Dorfschönen von damals beim Sonntagsspaziergang in Hoffenheim um 1900 (Sammlung K. Zimmermann)

Vergangene Spinnstubenromantik

Früher, als es weder Radio noch Fernsehen gab, welche Unterhaltung frei Haus liefern, saßen unsere bäuerlichen Vorfahren an schönen Abenden nach getaner Arbeit gerne auf der Bank vor dem Haus. Man besprach die Tagesereignisse, erzählte und hatte einen Feierabend. Und kamen Herbst und Winter ins Land, zog man sich in die Geborgenheit der Stuben zurück.

Im Ofen knisterte das Holzfeuer, und die Öllampe verbreitete ihren Lichtkegel über Tisch und Stühle. Und bald hörte man draußen das Klappern der Holzschuhe, eine Nachbarin nach der anderen kam in die Stube, auch die Mädchen traten hintereinander ein, freundlich die Anwesenden grüßend. Jede hatte ihr Spinnrad dabei, den Hanf auf der Kunkel. Schnell surrten die Räder um die Wette. An Gesprächsstoff konnte es da nicht fehlen, wo so viele Frauen beisammen waren. Dieser Faden riß so wenig ab wie der, den sie spannen. Die Bratäpfel schmorten auf dem Ofen, und gutmütig stellte der Hausvater einen Krug Wein auf den Tisch, damit den Frauenzimmern der Mund nicht trocken wurde. Auch die Burschen stellten sich jetzt ein und nahmen im Hintergrund Platz. Nun war man in der Stimmung, ein Lied zu singen, und die alten Volkslieder klangen auf. Dann nahm wohl einer der Burschen das Wort und erzählte eine der alten Sagen. Gewiß, man glaubte nicht mehr an Geister, aber ein kalter Schauer lief einem doch den Rücken hinunter, wenn draußen der Wind ums Haus heulte, und die Erzählung den Ubstadter 'feurigen Mann', den Gochsheimer 'Hexenkuchen' oder den Mühlhäuser 'Schöpflöffelpfarrer' lebendig

werden ließ. Wie gut, daß man im Dorfe gut behütet war. Eine Anzahl Bürger hielten Nachtwache. Sie waren von Amts wegen angehalten, ihre Pflichten pünktlich zu erfüllen und „keine hierzu untauglichen Kinder an ihren Stellen zu sistieren". So machten sie getreulich ihre Runden durch das Dorf.

In der Spinnstube war inzwischen die Stimmung höher gestiegen. Die jungen Mädchen hatten längst schon ihre Spinnräder in die Ecke gestellt, und lustige Pfänderspiele lösten ihr helles Lachen aus. Da plötzlich polterte es kräftig an die Türe, und eine tiefe Stimme rief: *Macht Schluß, ihr Leut', s'ist Feierabend und schon spät in der Nacht!* Das war der Ortspolizeidiener, welcher der Jugend wohl ihren Spaß gönnte, der aber auch seine Instruktionen kannte, in denen es hieß: „Item haben die Polizeidiener auch ihr Augenmerk darauf zu richten, daß nach der Polizeistunde keine sogenannten Spinnstuben mehr bestehen, wo sie solche bemerken würden, haben sie die Leute mit Höflichkeit zu ermahnen, auseinander und nach Haus zu gehen, und wenn dies nichts fruchtet, den Hauseigentümer und seine Gesellschaft dem Ortsvorstand zur Bestrafung anzuzeigen."

Die Frauen hüllten sich in ihre Tücher, und die Burschen setzten ihre Mützen auf, und mit einem *Vergelt's Gott, gut' Nacht!* zog der ganze Schwarm hinaus ins Freie. Das Dunkel nahm sie auf, und die Mütter nahmen ihre Töchter am Arm. Die Mädchen aber, die allein gekommen waren, fanden in den Burschen zuverlässige Begleiter. Sie alle wurden auf dem besten, wenn auch vielleicht nicht auf dem nächsten Wege sicher nach Hause geleitet. ...

... Diese Spinnstubenromantik ist für alle Zeiten vorbei. An die Stelle der Spinnstube trat das abendliche **Tabakeinfädeln**, das meist in der Bauernstube stattfand, weniger tagsüber in der Scheune. Zum Einfädeln wurden zuerst Schnüre geschnitten, und auf diese wurden die Blätter mit langen Packnadeln gereiht. War die Schnur voll, wurden an beiden Enden Schlaufen geknüpft. Im Schopf wurden die Schnüre an den dort angebrachten Haken aufgehängt, der Luft ausgesetzt und konnten so rasch trocknen. Carl Krieger berichtet dazu folgendes (S. 98): „Ende September versammeln sich Alte und Junge zu gemütlichem Beisammensein, oft finden sich so 20–30 Leute zusammen. Die Arbeit nimmt man der Unterhaltung wegen gerne in Kauf. Man scherzt und lacht, die jungen Burschen tragen den Mädchen die Buscheln zu und sorgen für Garn. Lieder werden gesungen und gelernt, halb vergessene Geistergeschichten erzählt, Schnurren und Schwänke machen die Runde. Um elf, zwölf Uhr wird die Arbeit beendet und ein Imbiß gereicht."

Nun, dreißig Leute waren es wohl nicht oft, die sich zum Einfädeln des Tabaks zusammenfanden. Dazu war der Tabakanbau bei den bäuerlichen Kleinbetrieben im Kraichgau zu gering. Aber der Verfasser dieser Zeilen erinnert sich gerne an jene Abende, wo zwar fleißig gearbeitet wurde, aber dabei die Geselligkeit und die freundschaftliche Nachbarschaftshilfe nicht zu kurz kamen. Der Tabak verlangte viel Arbeit und Sorgfalt, bis er endlich verwogen werden konnte und dem Bauern gutes Geld sicherte, wenn die Qualität stimmte. Ein angesehener Bürger, oft ein Gemeinderat, leitete das Verwiegen auf der Dorfwaage und die

Reihenfolge des Anfahrens. Das alles geschah unter den Augen der Tabakankäufer, mit denen um den Preis des angelieferten Gutes gerungen werden mußte. Dabei ging es oft hart auf hart, und nicht immer war der Bauer mit dem Erlös zufrieden. Am Ende dieses wichtigen Tages aber füllten sich die Wirtschaften, und die Bauern gönnten sich Trunk und Speise, die sie sich redlich verdient hatten.

Das abendliche Tabakeinfädeln gehört inzwischen auch der Vergangenheit an. Der Tabakanbau ist aus verschiedenen Gründen im Kraichgau fast ganz zum Erliegen gekommen. Und wenn er noch bei uns auf breiterer Basis existiert, gibt es die ganz und gar unromantische Tabakeinfädelmaschine.

Alte Frau beim Spinnen in der Stube,
Heidelsheim in den 1930er Jahren
(Heimatmuseum Heidelsheim)

Dieser Brauch ging bis in die Bruchsaler Gegend. Vielleicht erschrickt man deshalb im gewöhnlichen Leben, wenn ein Glas zerspringt. In Kürnbach schüttete man die Asche vom verbrannten Haar in den Trunk. Das kräftigste, aber auch roheste Mittel war, das eigene Blut dem anderen zu trinken zu geben, namentlich das Menstrualblut. Der Bursche schrieb nicht nur den ersten Brief an das Mädchen mit Blut, sondern er tröpfelte ihr auch davon in den Wein. Das Mädchen nahm zum gleichen Zweck ihr Menstrualblut.

Ein längst vergangener Brauch, bei dem Burschen und Mädchen zusammenkamen, war die Spinnstube. Der Flachs- und Hanfanbau ging stark zurück oder hörte ganz auf. Billigere Baumwollerzeugnisse, wie Leinwand, drängten das 'Tuch' und andere Handarbeiten zurück. Die Spinnstube hieß bei uns Vorsetz, ein Wort, das heute noch im Kraichgau bekannt ist. In Diedelsheim setzten sich bei der Vorsetz die Burschen hinter die Mädchen. Sobald einer der Faden verloren ging, nahm der Bursche die Kunkel weg, und sie mußte sie durch einen Kuß wieder einlösen. Das geschah auch beim Einschnurren des Fadens in Adersbach. Auch erlaubten sich die Burschen, dem Mädchen noch die Achel, Ägele, also den Werkabfall vom Schoß zu schütteln. Bei diesen Zusammenkünften wurden Pfänderspiele, Rätselraten gemacht und viele Lieder gesungen. In Flinsbach sang man das Liebeslied:

Was nutzt mich all mein Lieben,
Wo (das) ich hab angewandt!
Du thust mich nur betrüben,
Ich wollt, ich hätt dich niemals gekannt!

Das Ende der Spinnzeit wurde häufig mit einem Fest gefeiert, man verlegte es gerne auf den schmutzigen Donnerstag vor Fastnacht. 'Schmutz' bedeutet Fett, mit dem die Küchlein gebacken wurden. Im Oberland nannte man diese Nacht 'Durchspinnacht', weil die ganze Nacht durchgesponnen und durchgefeiert wurde. Um Bruchsal hieß sie 'lange Nacht' oder 'Schmutznacht', weil viel Fett verbacken wurde. In Mühlhausen brachten die Burschen den strickenden und nähenden Mädchen in der längsten Nacht gegen zehn Uhr Lebkuchen, die in Wein oder Schnaps getunkt wurden. Um 12 Uhr wurden wie an Fastnacht Küchlein gebacken und zum Kaffee gegessen. Es ist der Beginn der Festzeit, der zwölf Nächte, wo alles ruhen, kein Rad sich drehen durfte und wo alle sich laben sollten. Den ganzen Abend aber zogen verkleidete Buben und Mädchen im Dorf mit einem Körbchen oder einer altertümlichen Strohtasche herum und baten:

Heit isch die heilige Schmutznacht!
I heb ghört, eier Pfann hot gekracht,
Gebt ma a e bisl mit!

Man sang früher nicht nur gerne und viel, man verstand im Kraichgau auch zu feiern. Besonders natürlich an der 'Kerwe', wie wir schon gesehen haben. In Münzesheim kam der Bursche an Kirchweih mit einem Freunde, jeder mit einer Flasche Wein und erbaten von den Eltern das Mädchen zum Tanzen. Erhielt er die Erlaubnis, dann trank man den Wein gemeinschaftlich aus.

Unter den Tänzen, welche der Freude über gute Weide und gute Ernte galten, war der berühmteste der Schäfersprung zu Bretten. Meyer schreibt darüber: „Am Laurentiustage (10. August) versammelten sich die Schäfer unter Schalmeienklang in ihrer Zunftherberge, um von da mit Hirtenstäben auf der Schulter zur Kirche zu ziehen. Nach dem Gottesdienst thaten sie sich bis gegen Abend in ihrer Zunftstube gemütlich. Dann aber liefen sie auf einem eine halbe Stunde außerhalb der Stadt gelegenen Felde, die Meisterssöhne und Meisterstöchter paarweise, jene nach einem bunt bebänderten Lamm, diese nach einem seidenen Halstuch um die Wette. Der Tag schloß in der Herberge mit Spiel und Tanz." (S. 189)

In Stein hat der eigentliche Tanz den Wettlauf verdrängt, und es entstand der Hammeltanz. Am Kirchweihdienstag tanzten die jungen Leute auf einer Wiese um einen geschmückten Hammel und ein Licht, an dem eine Schnur mit einem gefüllten Glas befestigt war. Brannte nach etwa einer halben Stunde das Licht bis zur Schnur ab und zerschellte das Glas auf einem darunterliegenden Stein, so hat das gerade tanzende Paar, das einen mit Bändern verzierten Stab hielt, gewonnen, er den Hammel, sie die Bänder und Sträuße des Tieres. Man zog dann vor das Haus des Siegers, und aus einem Kübel Wein wurde auf dessen Kosten gezecht.

Im badischen Norden gab es noch den Holzäpfeletanz, bei dem das Losgehen einer Pistole die Entscheidung herbeiführte und in Mühlhausen den Bundtanz, bei dem bei brennender Kerze ein Kuchen (einen 'Bund') ausgetanzt wurde. Den weitum ausgeführten Hahnentanz gab es im Kraichgau anscheinend nicht.

Die jungen Leute suchten auf alle mögliche Weise, näher miteinander bekannt zu werden. Vom 'Fensterln' war im Kraichgau nicht die Rede, aber es gab bestimmte **Besuchstage**. Weithin üblich waren die drei Speckoder Fleischtage: Dienstag, Donnerstag und Samstag oder Sonntag. In Obergrombach waren der Dienstag und der sonst vermiedene Freitag die Besuchstage. Sie wurden 'Wengertstage' genannt, weil die Weinberge bei der Traubenreife nur an zwei Tagen offen, d.h. zugänglich waren. Das waren die sogenannten 'Kommtage', so wurden sie allgemein genannt. In Kürnbach war es die 'Kommnacht', der Samstagabend, während sie in anderen Dörfern um Bretten, z. B. in Diedelsheim, auf den Donnerstag fiel.

Spärlich sind die Nachrichten für die Zeit zwischen den Jahren. **Lichtmeß** war neben Martini der Tag des Dienstbotenwechsels, der ja hauptsächlich bei den großen Höfen des Schwarzwaldes eine wichtige Rolle gespielt hat. Vom Kraichgau ist nur bekannt, daß in Zuzenhausen der neue Dienstherr den Dienstboten samt dessen Bündel mit einem Wägelchen abgeholt hat. In der ersten Wirtschaft, bei der angehalten wurde, hatte er die Zeche zu zahlen.

In der **Neujahrsnacht** war es Sitte, daß die Burschen den Mädchen das Neujahr anschossen. Es war die Nacht, in der 'durchgemacht' wurde. Die Kinder und die Mädchen bekamen von Paten oder Burschen große Neujahrsbrezeln. In Münzesheim rief der Bursche, nachdem er sich in der Wirtschaft mit Glühwein gestärkt hatte, unter dem Läuten der Glocken und dem Krachen der Pistolen den Namen seiner Liebsten, beglückwünschte sie und sang sie zum neuen Jahre an.

Volkskundlich ist die **Fastnacht** im 19. Jahrhundert im Kraichgau nicht ergiebig, er war keine fastnachtsfreudige Landschaft. Es gab hauptsächlich evangelische Dörfer, wo das Backen der Fastnachtsküchlein das einzige Zugeständnis an die Fastnacht war. In den katholischen Gemeinden war die Situation sicher eine andere, da war der Fastnachtstumult größer.

Da gab es in Zeutern sogar Masken, die 'Schlaraffengesichter', die Schlaraffen, die von Haus zu Haus gingen, um sich die begehrten Küchle zu holen. Krieger berichtet, daß auch in evangelischen Orten z. B. Unteröwisheim und Menzingen Umzüge stattfanden, was allerdings für die ersten Jahrzehnte unseres Jahrhunderts gilt.

In den alten Eschelbacher Gemeinderechnungen aus dem 16. und 17. Jahrhundert fällt ein besonderer Eintrag auf, der aus dem Jahre 1602 stammt und sich bis 1682 wiederholt. Er lautet: *5 Gulden, 1 Batzen, 4 Pfennig ein Gemein verzehrt an Eschermittwoch oder Äschertag, als sie gefrönt,* und unmittelbar darauf *den Weibern an Äschertag zu vertrinckhen gegeben, alten prauch nach.* Das ist der Beweis, daß es auch in den Kraichgaudörfern einstmals Weiberfastnacht gegeben hat, die später ganz verschwunden ist.

Zum **1. Mai** war die Sitte des Maibaumsetzens ein gern geübter Brauch, was ja heute noch der Fall ist. In Wiesloch, Durlach, Bruchsal, Bretten stellten die Burschen einen oft 20 Meter hohen Maibaum vor das Wirtshaus, in dem sie am meisten verkehrten.

Das Mailehen war eine Verbindung des Maifestes mit der Verlobung, eine öffentliche Ersteigerung oder Brauterklärung der Mädchen durch die Burschen des Dorfes, die gewöhnlich am 1. Maitag stattfand, z. B. in Eichelberg und Mühlhausen. Am Abend des 1. Mai versammelten sich die Burschen auf einem Berg und versteigerten die Mädchen. Der Sammelplatz der Mühlhäuser war der Berg Bammerscht, wo sie mit Peitschen zur Versteigerung der Mädchen zogen. Wurde auf eine nicht geboten, hieß es: *Naus mit der Hex!* und alle knallten mit den Peitschen. Dann wurden den Mädchen die Maien gestellt. Das Mailehen verpflichtete Burschen und Mädchen für das ganze Jahr, mit keinem anderen oder keiner anderen zu tanzen, was dann tatsächlich oft zur Ehe führte.

Fastnachtsumzug in Eschelbach (Sammlung R. Besserer)

Hier muß noch einmal näher auf die **Kirchweih** eingegangen werden. In Mühlhausen bekamen die Familien am Sonntag nach Martini Besuch von 'auswärts', d.h. es kamen Angehörige oder Verwandte, die nicht mehr im Heimatort wohnten. Nach der Mittagskirche holten die verkleideten Burschen mit Musik die 'Kärwe' ein. Gewöhnlich war im Zuge ein Fuhrwerk, das von verzierten Kühen oder Geißböcken gezogen wurde und auf dem eine Anzahl Burschen aus einem Wein- oder Bierfaß trank und Kärwekuchen aß. In einem Sack steckte ein Bursche, die 'Kärwesau', die mit Wein und Kuchen traktiert wurde. Andere tanzten als Pärchen verkleidet voraus, oder schwangen Besen, Rechen, Kuchenschießer, oder zeigten, was doch überrascht, mit Moritaten bedeckte Plakate. Einer trug auf dem Rükken ein volles Fäßchen Wein, von dem gezapft und der Wein ausgeteilt wurde.

Junger Mann mit zwei jungen Frauen, Ende der 1920er Jahre (Sammlung M. Sitzler)

In Bauerbach „fahren sie in altertümlicher Kleidung mit geschwärztem Gesicht, 's Männele und 's Weiwele, das eine Kerwebobba auf dem Arm trägt, mit ländlichen Geräten hinaus, zwei Reiter mit dreikantigen Hüten voran. Dann graben, hacken und schaufeln, und jeder will die Kerwe gefunden haben. Dann unter Gesang und Halloh zurück, in den ersten Häusern erwartet sie die Kinderschar mit Musik, und ein großer Weinkrug macht hier die Runde unter den Musikanten und den Kerweholern. Darauf feierlicher Durchzug bis zum Hause des Bürgermeisters. Endlich wird im Wirtshaus die Kerwebobba gesteigert und getanzt. Ebenso wird in Mühlhausen mit Unterbrechung durch das daheim eingenommene Nachtessen bis Mitternacht getanzt und so am Montag auch." (Krieger S. 232)

Ein beliebter Tanz war der Kisseletanz. Der ging so: Ein Bursche brachte ein Tragkissen in den Saal, in das eine Puppe eingebunden war. Er tanzte damit einmal im Saal herum, kniete vor einem Mädchen nieder und überreichte ihm das Bündel. Das Mädchen tanzte dann wieder einmal herum und übergab es einem Burschen. So ging es weiter, bis alle Anwesenden dran gewesen waren.

Beim Spiegeltanz nickt oder schüttelt das auf einem Stuhl sitzende Mädchen den Kopf, je nachdem ihr das Spiegelbild einen genehmen Tänzer zeigt oder nicht. Nach dem Nachtessen aber wird ein großer 'Bund', ein runder Kuchen bei brennender Kerze ausgetanzt. „Am Kerwemontag überbringt unter Musik der Burschenzug der Gewinnerin den Kuchen, der dann samt vielem Wein verzehrt wird. Am Dienstag Mittag gehts zum Dorf hinaus, und mehrere Verkleidete schaufeln auf einem Acker ein Grab aus, in das einige Stücke Kuchen und ein paar Gläser Wein versenkt werden. Einer hält eine rührend komische Grabrede, während die übrigen schluchzen. Darauf tröstet sie der Redner mit dem Wiedersehen im nächsten Jahr, und lustig geht's unter einem Trauer-

*Ein junger Soldat vor der Einberufung 1915
(Sammlung K. Schmidt)*

marsch in die verschiedenen Wirtshäuser. Der Tanz ist aus." (Krieger, S. 233)
Es gab aber noch andere Kirchweihbräuche. Die 'Kerwebobbe' wurde in Bauerbach nach einem Ständchen vor dem Haus des Bürgermeisters im Wirtshaus versteigert. In Busenbach hatte jedes Wirtshaus seine 17–20jährigen 'Kirwebuben', die sich einen Bürgermeister, Gemeinderäte und Büttel wählten. Diese versteigerten eine Brezel, die oft auf 20 Mark kam. Der Erwerber aber verkaufte dann Lose auf die Brezel, ein einträgliches Geschäft.

Das Eingezogenwerden zum **Wehrdienst** unterbrach den Verkehr der Burschen und Mädchen. Früher ging in Neuenbürg der Bursche vor dem 'Spielen', wie man die Aus-

losung nannte, um frei auszugehen, in der Nacht vorher zwischen 11 und 12 Uhr auf den Kirchhof, nahm ein Kreuz heraus, löste ein Stück davon ab und steckte es zu sich. Zum Freiwerden sollte weiterhelfen, wenn man sich von einem sechsjährigen Mädchen gesponnenes Garn um den Arm wickeln ließ. Wer eine Kreuzspinne bei sich trug, wurde frei, so glaubte man weitum ebenfalls. Im übrigen fuhren die Burschen auf einem geschmückten Leiterwagen in die Stadt, ihren Hut mit Bändern verziert und sangen bei der Heimkehr kräftig durchs Dorf. Wer 'gezogen' worden war, d.h. für den Wehrdienst für tauglich befunden wurde, war meist stolz darauf, denn: *Fest wie eine deutsche Eiche stehn wir treu zu Kaiser und Reiche!* Bis zum Einrücken zogen die Rekruten oft durch das Dorf und sangen ihre patriotischen, Liebes- und auch recht wehmütige Abschiedslieder. Die Rekruten hatten, da wo es Brauch war, das Recht zum Scheibenschlagen. Es gab viele Mittel und Abwehrzauber, um den in die fremde Stadt in die Garnison Ziehenden vor den ihn erwartenden Gefahren zu schützen. In der Bruchsaler Gegend nähte die Mutter unbeschrien Farnkraut in den Rock oder die Weste des Burschen. Natürlich waren auch Amulette von besonderer Wirkungskraft. Eine schöne Sitte war es, dem Sohn ein Stück Hausbrot einzustecken, das ihn an das Elternhaus binden sollte.

War die Dienstzeit vorbei, dann hatte der Mann das Alter, um zu heiraten. Es gab im Kraichgau nicht das alte, vielfältige Brauchtum um **Werbung und Hochzeit**, wie es im vorigen Jahrhundert noch im Schwarzwald der Fall war. Immerhin war auch bei uns die Werbung eine wichtige Handlung. Meist ging der Liebhaber selber zu den Eltern und bat um das Mädchen, oft auch begleitet von einem Kameraden, Vater oder Paten. Selten wurde eine 'Kupplerin' in Anspruch genommen. In Zuzenhausen wurde die Überredungskunst einer solchen mit ihrem folgenden Antrag verspottet: *O, die Leut sinn grundreich, kreuzbrave Leut. Sie könnte Gäul halte unn Küh halte unn Schoof dazu, awer sie hawwe e gar zu gudi Gees unn lauter grüne Summerläde!* Das heißt: Es sind blutarme Leute, deren ganzer Viehreichtum eine Geiß ist und deren Fensterläden die grünen Zweige der Bäume sind.

Beim Hochzeitszug spielten die Brautführer und Brautjungfern eine große Rolle, die im Lande verschiedene Namen hatten.In Helmstadt und Schatthausen hießen sie 'Seitenknechte und Seitenmadlin', um Bruchsal und Bretten auch 'Neweg'sellen und Kranzjungfern'. An manchen Orten gingen dem Hochzeitszug die Musik und weißgekleidete Mädchen voran, oft Geschwisterchen der Brautleute. In Zuzenhausen nannte man sie 'Hirsebreimeidli oder -madlin' nach dem Hirsebrei, ein alter Bestandteil des Hochzeitsessens, der am Abend vor der Hochzeit von dem Brautpaar und seinen Freunden gegessen wurde.

Bei der Verkündigung in der Kirche gab es recht verschiedene Gebräuche, die teilweise nur aus der Scham der Brautleute vor der Öffentlichkeit zu verstehen sind. In manchen Gegenden kamen die Brautleute bei der dreimaligen Verkündigung: *Zum heiligen Sakrament der Ehe haben sich entschlossen...* gar nicht in die Kirche, in anderen nur die Braut, zum letzten Mal mit ihren Freundinnen, oder beide Brautleute waren wenigstens bei der dritten Verkündigung anwesend. In vielen Dörfern wurde das Kästchen, in dem das Aufgebot hing, geschmückt. In Menzingen brachte die Braut den dafür bestimmten Blumenstrauß aufs Rathaus.

In Bretten und Umgebung heiratete man gerne bei zunehmenden Mond, Neumond galt als ungünstig. Die beliebtesten Tage waren doch noch immer die alten nach den Hochzeitsgöttern Ziu und Donar benannten Dienstag und Donnerstag. In Nußloch zogen die Protestanten den Dienstag, die Katholiken den Donnerstag vor. Der Samstag war besonders den Fabrikarbeitern gelegen, in Rauenberg der Sonntag, während die dortigen Landwirte an den alten Tagen festhielten. Um Pforzheim hielt man die drei geraden Tage Dienstag, Donnerstag, Sonntag für die richtigen Hochzeitstage. Der Mittwoch wurde gemieden, schon weil er kein 'Tag' ist (Stupferich).

Beim Aufbruch in die Kirche betete man in Helmsheim und Heidelsheim oder sprach einen Bibelspruch. Nachdem so im Hausgang oder vor der Türe gebetet worden war, setzte sich der Hochzeitszug in Bewegung. Sein Weg durch das Dorf war häufig mit Grün und Blumen bestreut. Meistens galt schönes Wetter als glücksverheißend, Wind und Regen für ungünstig. In Münzesheim hieß es: *Dem Glücklichen regnet's ins Grab, dem Unglücklichen zum Hochzeitstag.* Aber in Wössingen bedeutete es Glück und Reichtum, wenn es der Braut in den Kranz regnete. Wer von den Brautleuten beim Zuge sich vordrängte, bekam, so glaubte man in Kürnbach, in der Ehe die Oberhand. Sehr viel wurde auch geschossen, aber nicht mehr wie früher zur Abwehr böser Geister.

Bei der Trauung vollzogen sich dann die wohlbekannten Riten der Konfessionen. Und doch war da Aberglauben mit dabei und mußte auf verschiedene Dinge geachtet werden. In Wössingen glaubte man, daß der, welcher zuerst am Altar niederkniete, auch zuerst sterben müsse. Gelang es der Braut, beim Niederknien vor dem Altar mit dem Knie auf den Zipfel des Rockes des

Hochzeitspaar in den 1920er Jahren (Sammlung M. Sitzler)

Bräutigams zu kommen, dann wurde sie Meister. Heller und ruhiger Brand der Kerzen auf dem Altar bedeutete eine glückliche Ehe, ein 'Butzen' am Docht oder Flackern deutete auf Unglück.

Nach der Trauung wurde an vielen Orten ein 'Opfergang' gemacht. Dabei ging die Braut um den Altar und opferte eine Kerze und dem Pfarrer ein Taschentuch. In Kürnbach ging der ganze Hochzeitszug um den Altar und legte das übliche Opfer darauf, auch in Mingolsheim legte die Braut ein Hals- oder Taschentuch für den Pfarrer auf den Altar. In Oeschelbronn trugen die Brautleute nach der Trauung Wein und Kuchen ins Pfarrhaus, häufiger brachten sie in den evangelischen Gemeinden eine Zitrone, ein Taschentuch und einen Rosmarinzweig mit, z. B. in Heidelsheim. In manchen Orten gingen die Gäste nach der Trauung zunächst heim, um leichtere Sonntagskleider anzuziehen. In Odenheim zogen die Brautleute durchs Dorf und luden nochmals 'zum Mohl' ein. In Stein kehrte das Paar nach der Einsegnung ins Haus zurück, der Bräutigam lud nochmals ein, und in der Dämmerung zog man dann ins Wirtshaus und sang dabei: *Schön sein's die Jugendjahre, schön sein's die Jugend, sie kommt nicht mehr!* Ein wahrer Abschiedsgesang auf die Junggesellenzeit!

Weit verbreitet war das Stehlen eines Schuhes der Braut. Er wurde von einem Burschen gestohlen und mußte dann vom Ehemann wieder durch Wein oder ein Faß Bier ausgelöst werden. Um Bruchsal wurde vom Postboten einem Gast ein großes Paket übergeben. Eine Hülle und Adresse kamen nacheinander zum Vorschein, zuletzt die der jungen Frau. Diese öffnete das Paket und fand darin Strümpfchen, Hemdchen und andere Kindersachen.

Merkwürdig war, daß die Hochzeitsgeschenke manchenorts nicht am Hochzeitstage übergeben wurden, sondern erst später. In Aue bei Durlach kamen Brautführer und Brautjungfern nach acht Tagen mit ihren Aussteuergeschenken und wurden gut bewirtet. Daraus entwickelte sich dann oft eine lustige Nachfeier. In Odenheim sollten die Hochzeitsgeschenke gar erst nach Monaten ankommen. In Siegelsbach brachte man die Aussteuersachen in einem spaßhaften Aufzug. Im protestantischen Heidelsheim besuchte das neuvermählte Paar am folgenden Sonntag die Kirche und feierte gemeinsam das nächste Abendmahl.

Pfarrer Johann Philipp Glock teilt zum Thema Hochzeit in seiner Schrift 'Lieder und Sprüche aus dem Elsenztal' (Bonn 1897) das nebenstehende schöne Lied mit.

Abschieds-Lied der Brautjungfern am Hochzeitsabend

Jetzt trete mir herfür
Unn schtelln uns vor die Kammerdür.
Veilcher im grüne Klee,
Morje bischt ke Mädche meh.
Ade, ade, ade!

Jetzt trete mir uff die Schwell,
Mir sinn der Braut ihr Gsell.
Veilcher im grüne Klee,
Morje bischt ke Mädche meh.
Ade, ade, ade!

Jetzt trete mir uff die Diele,
Mit der Braut noch emol ze spiele.
Veilcher im grüne Klee,
Morje bischt ke Mädche meh.
Ade, ade, ade!

Jetzt trete mir zur Rechte,
Mir sinn der Braut ihr Knechte.
Veilcher im grüne Klee,
Morje bischt ke Mädche meh.
Ade, ade, ade!

Jetzt trete mir zur Linke,
Mim Bräutigam welle mir trinke.
Veilcher im grüne Klee,
Morje bischt ke Mädche meh.
Ade, ade, ade!

Jetzt trete mir an de Heerd,
Die Braut is ehrewert.
Veilcher im grüne Klee,
Morje bischt ke Mädche meh.
Ade, ade, ade!

Jetzt nemmt der Braut ihrn Kranz herab,
Ihr Mann bleib treu bis an das Grab.
Veilcher im grüne Klee,
Morje bischt ke Mädche meh.
Ade, ade, ade!

Das häusliche Leben

Nach der Hochzeit zog das Paar in das eigene Heim ein, das im ganzen Leben fast nie gewechselt wurde. Es begann darin das neue Leben und endete auch da. Zum Glück gab es bei uns im Zusammenleben mit den Eltern und Geschwistern nicht die großen Probleme, wie sie in den Höfen des Schwarzwaldes anfielen. Das Leibgedingwesen hatte im Kraichgau aufgehört zu existieren und damit mancher Unsegen für Eltern, Kinder und Kindeskinder. Das tägliche Leben konnte beginnen, wobei hier auf die Einteilung der Arbeit, die Rangordnung des Gesindes, seinen Lohn usw. nicht eingegangen werden soll, denn der Arbeitsablauf eines Bauernhofes hatte immer seinen den Jahreszeiten angepaßten Rhythmus.

Interessanter sind die Höhepunkte des täglichen Lebens. Dazu gehörte das **Schlachtfest**, das meistens ab Martini stattfand (siehe auch Kasten S. 39). Die Wohlhabenden schlachteten öfters, z. B. auch an der Kirchweih, Fastnacht oder Ostern. Es war ein alter Brauch, daß man den Nachbarn und Freunden die Metzelsuppe schickte, die Wurstsuppe, und auch eine Leber- und Blutwurst

Kürnbacher Familie vor ihrem Haus um die Jahrhundertwende (Sammlung R. Besserer)

oder ein Stück Quellfleisch dazu legte. In Büchenbronn drangen verkleidete Nachbarskinder oder junge Burschen ins Haus, um vom Schlachtfest etwas abzubekommen, in Bruchsal mit dem Ruf: *Würstel raus, Würstel raus, s'isch e brave Frau im Haus!*

Ein alter Brauch war und ist es, mit Kreide die Anfangsbuchstaben der heiligen drei Könige **Caspar, Melchior und Balthasar** an die Haustüre zu schreiben, früher auch an die Stalltüre, um das Vieh vor Hexen zu schützen. Marienbilder fand man an der Außenwand mancher Höfe. In Odenheim wurden vor solchen Muttergottes- oder Christusbildern an besonderen Gedenktagen und

am Samstag Laternen angezündet. Der Bauer wendete außer dem durch Opfergaben verstärkten Gebet in der Not auch andere Mittel an. Dies galt vor allem bei Unwetter, bei herannahendem Gewitter, welches den Ertrag eines Jahres im Feld vernichten konnte und Haus und Hof aufs höchste bedrohte.

Als **Schutz vor dem Blitz** dienten viele, häufig abergläubische Mittel. In Neuhausen z. B. schnitt man einen Splitter von einem Balken oder Stamm, an dem sich jemand erhängt oder schon einmal ein Blitz eingeschlagen hatte und verwahrte ihn im Hause. Dann zogen die schrecklichsten Gewitter ohne Schaden anzurichten vorüber. In

Familie in Zeutern,
Grabenstraße, um 1910
(Sammlung K. Schmidt)

Zusammensitzen, essen, trinken und „kardle" (Kartenspielen) in den 1920er Jahren (Samm-lung M. Sitzler)

Helmstadt steckte man eine versteinerte Mu-schel, wie man sie manchmal auf dem Felde fand, gegen den Blitz unter eine Dachsparre. In Dürrenbüchig legte man beim Blitzen keinen Schlüssel auf den Tisch, wohl aber einen Laib Brot. Man durfte auch auf den Blitz nicht deuten, in Wiesloch nicht den Finger erheben, sonst wurde er abgeschla-gen. Man sollte nicht gegen den Himmel schauen und nicht sagen: *Es blitzt!* Man sollte auch nicht essen, sondern beten. Wetterkreuze, wie sie z. B. im Hotzenwald sehr häufig waren, gab es im Kraichgau kaum. Sie sollten Haus und Flur schützen. In Siegelsbach stand eines vor der protestan-tischen Kirche. Wie Donner und Blitz wur-den Hagel und Sturm gefürchtet, besonders der Wirbelwind, der Heu und Frucht sehr gefährdete. Dieser sich drehende 'tanzende' Wind erschien ausnahmslos als Weib, als 'Windsbraut' oder Hexe. Man erblickte die-se im Wirbelwind, wenn man den linken Schuh hineinwarf oder ein offenes Messer, dessen Klinge mit drei Kreuzen bezeichnet war, in die Mitte des Windes schleuderte. Dann mußte die Hexe nackt heraussprin-gen. In Tiefenbach warf man ein Kleidungs-

stück, eine Kappe oder Schürze, in den Wind. Traf man ihn in der Mitte, sah man die Hexe. Traf man aber nicht, so nahm der Wirbelwind den Werfer mit in die Höhe und ließ ihn hinabfallen, daß er tot war. In Göbrichen bewegten sich im Wirbelwind mehrere böse Geister, an anderen Orten wa-ren es deren sieben.

Als Schutz gegen die bösen Geister und Na-turgewalten nagelte man Pferde-, Kuh- und Farrenschädel an den Dachfirst. Bei uns ist dieser Brauch nicht nachweisbar. Im Lande stellte man einen schwarzen Geißbock, der kein weißes Haar haben durfte, wenn er Hexen abhalten sollte, in den Pferdestall. Er war gewissermaßen der Sündenbock, weil man glaubte, daß die Hexe sich zuerst mit ihm abgeben würde. Auch in Zuzenhausen glaubte man, sie würde den Geißbock zu-erst schinden. In Oberöwisheim brachte man den Bock vor der Geburt eines Füllens in den Stall der Stute.

Ein besonders wirksames Schutzmittel war das Schwarz- oder Heimbrot, das Weißbrot galt damals noch als Leckerbissen. 'Bauern-brot macht Wangen rot' ist ein heute noch gebrauchter Spruch. Daß man in Dürrenbüchig bei Gewitter einen Laib Brot auf den Tisch legte, wurde oben schon gesagt. In Zuzenhausen sagte man im Fluche: *Das Stück Brot soll mir den Tod bringen, wenn ich die Unwahrheit gesagt habe.*

Seit der Speisung der Fünftausend ist nach einem alten Glauben das **Brot** geweiht. Darum fehlen auch an der Hexentafel Brot und Salz. Und wer kennt oder kannte nicht das 'Hasenbrot', das den Kindern viel besser schmeckte, weil es von der Nachbarin oder Patin kam. In Diedelsheim nähte die Mutter der Tochter, wenn sie auswärts in Dienst ging, Brot in den Rocksaum. In Helmstadt bekam sie gar einen ganzen Laib mit zum Angewöhnen. Außerdem schickte die Mutter der Dienstherrschaft ein wenig Staub vom Stubenboden, den dann die Frau unge-

sehen dem Mädchen in den Kaffee schütten mußte. Der Stubenkehricht spielte eine recht unappetitliche Rolle, zumal wenn er in das Brot hineingebacken wurde (Büchenau, Öschelbronn), oder auch einem Kuchen (Wiesloch) oder einer Suppe beigemischt wurde. All das sollte vor Heimweh schützen. Zum Brot kam häufig auch ein Löffel, so in Bretten, auch in Stein nahm der Scheidende einen Eßlöffel mit, damit *es ihn nicht ahne thut.*

Wenig Bräuche sind im Kraichgau beim **Hausbau** überliefert, obwohl der Bau eines eigenen Hauses ein ganz wichtiges Ereignis im Leben war, an dem das ganze Dorf Anteil nahm. Das Richtfest wurde natürlich gefeiert und von einem Zimmergesellen der Richtspruch gesprochen, so wie es auch heute

Daisbacher Bauernfamilie im Hof vor ihrem Haus (Sammlung R. Besserer)

noch an vielen Orten der Brauch ist. Das neue Haus wurde in den katholischen Gegenden vor dem Einzug vom Pfarrer eingesegnet. Um Bretten wurden nach dem Glaswurf des Zimmerers die Choräle *Nun danket alle Gott, Großer Gott wir loben dich* oder *Ich bete an die Macht der Liebe* gesungen. In Helmsheim waren die Richtsprüche mit starken Anspielungen auf die Bewohner des Ortes gewürzt. Alle ins neue Haus Eintretenden bekamen in Göbrichen ein Stück vom ersten Kuchen, den die Hausfrau darin gebacken hat, die anderen wurden mit Wein und Essen bewirtet.

Einschneidend im Leben der jungen Frau war die erste **Schwangerschaft**. Es gibt viele Namen für eine Schwangere (siehe dazu die Volksmedizin) und unzählige, meist abergläubische Mittel, welche die Geburt erleichtern sollen, sie vor allem vor Hexen zu schützen. Bedenklich aber waren die zahlreichen Mittel, welche die Geburt erleichtern sollten, z. B. Schnaps, Wein, Kirschwasser, das die Schwangere zu sich nahm, in manchen Gegenden bis sie einen halben Rausch hatte. Kirschwasser brachte ein schönes Kind. Man rieb der Schwangeren auch ihren Leib mit Schweinefett ein, das mit Hefeschnaps vermischt war, oder man gab ihr Milch von anderen Frauen zu trinken, legte ihr eine Schlangenhaut um den Leib usw., Dinge, die bei uns nicht allgemein üblich waren. Sehr weit verbreitet war das Unter- oder Auflegen von Büchern und Schriften, in Helmstadt der Bibel, in Büchenbronn einen geschriebenen Haussegen, sehr häufig, besonders in Südbaden, Zauberbücher. Damit wehrte man den Teufel und Gespenster ab. In Zuzenhausen stellte die Gemeinde die zur Geburtshilfe nötigen Geräte, z. B. die Geburtsstühle, die auf dem Rathaus aufbewahrt wurden und vor der Entbindung dort abgeholt werden mußten. Mancher Ehemann genierte sich, den Stuhl bei Tage heimzutragen, deshalb wurde von der Gemeinde ein großes Tuch angeschafft, das den Stuhl dann bedeckte.

Starb die Frau im Kindbett, gab man ihr an manchen Orten die Hausschuhe mit in den Sarg, damit sie nach ihrem Kinde sehen konnte. In Grünwettersbach legte man ihr auch eine Schere, Nadel, Faden und ein Stück Leinwand mit hinein – ein schöner Brauch, der es der Toten weiter ermöglichen sollte, für ihr Kind zu sorgen.

Ein junges Paar mit seinem ersten Kind um 1925 (Sammlung M. Sitzler)

Würstel raus, Würstel raus ...

Zu den Höhepunkten des bäuerlichen Lebens zählte das Schlachtfest im Winter, das mit dem traurigen Ende eines Schweins begann, das dann gesotten, gebraten und duftend Wiederauferstehung im Kreise Essender und Trinkender feierte. Es war ein erstrangiger Vorgang im bäuerlichen Jahresablauf und ist es z. T. auch heute noch. Daß das Schlachten mit dem anspruchsvollen Wort Fest bezeichnet wird, sagt viel aus. Zu einem Feste gehören Freude und Geselligkeit. Die Freude ist in diesem Falle berechtigt, hat man doch das Schwein durch Monate gepflegt und gefüttert und kann es nun seinem Zwecke zuführen. Es liefert Fleisch, Wurst, Schinken und Fett, die notwendigen Ergänzungen alles dessen, was der Bauer in Keller und Speicher auf den Winter vorbereitet hat. Die Selbstversorgung erhält einen sichtbaren Schlußpunkt.

Man begeht diesen Tag nicht allein, man braucht auch Hilfe. Die nächsten Verwandten und Bekannten werden eingeladen. Jene Menschen also, auf die Verlaß ist, und die selbst ebenfalls zu geben bereit sind. Wer von den Geladenen nicht dabei sein kann, wird von der Hausfrau reichlich versorgt, bekommt von ihr die 'Metzelsuppe', aufgebessert mit Würsten und Kesselfleisch, ins Haus geschickt.

Das Schlachtfest wickelte sich z. B. in Staffort folgendermaßen ab: Das Vesper gab es um 11 Uhr morgens: Gekochte Leber, Kesselfleisch, Gurken und 'Brühe' (gesäuerte Blutsuppe). Nach getaner Arbeit wurde die eigentliche Metzelsuppe verzehrt. Sie bestand aus Wurstsuppe mit Reis oder Nudeln als Einlage. Dann folgten Sauerkraut, Grieben-, Leber- und Bratwurst. Hungrig war danach wohl niemand mehr. ...

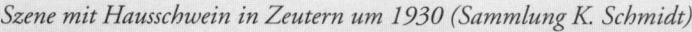

Szene mit Hausschwein in Zeutern um 1930 (Sammlung K. Schmidt)

... Es wäre nachgerade verwunderlich, wenn in früheren Zeiten die Burschen in den Dörfern nicht versucht hätten, sich ihren Anteil am Schlachten zu verschaffen. Da zog man also vor das Haus, wo geschlachtet wurde, und sang seinen Vers: *Würstel raus, Würstel raus, oder i schlag a Loch ins Haus!* Er konnte auch etwas weniger grob fordernd lauten: *Würstel raus, Würstel raus, steht ein junger Bursch vor dem Haus. Gib mir ein Stück Speck, dann geh ich von der Haustür weg!* Man schmeichelte auch der Hausfrau, auf die es ja beim Spenden ankam: *Würstel raus, Würstel raus, sitzt a schöne Frau im Haus!* Führte dies nicht gleich zum Erfolg, so folgte wohl der Vers: *Würstel raus, Würstel raus, sonst kommt a falsche Frau ins Haus!* Dabei waren die Burschen von Stein verkleidet und schwarz angemalt und machten einen Heidenlärm dazu.

Aber es tönte auch: *Singen wir um den kleinen Magen, den großen können wir auch vertragen!* Dieses Singen nannte man 'Würstchenschnerren'. Es mag wohl meist zum Erfolg geführt haben. Seit dem Ersten Weltkrieg gibt es bei uns keine Wurstschnurrer mehr. Dafür haben Heimatvertriebene aus dem Banat, die in Langensteinbach zu wohnen kamen, eine ähnlich schöne Sitte mitgebracht, die sich auf die Dauer aber auch nicht erhalten ließ. Die Burschen dichteten lustige Verse auf die Personen des Hauses, in dem geschlachtet wurde, schrieben diese auf Zettel, die in einen Beutel gesteckt wurden. Der Beutel wurde an einer Stange befestigt. Nun rückte man vor das Haus, klopfte an die Fenster und hielt den Beutel mit den Versen hoch. Die Leute nahmen die Zettel heraus, lasen sie und lachten darüber. Zum Dank füllte man nun den Beutel mit Wurst und Fleisch, worauf die Burschen zufrieden wieder abzogen.

Der Linkenheimer Dichterin Hermine Maierheuser verdanken wir jene köstliche Geschichte von den 'getauften Wurstschnurrern', wobei die Hausfrau die Schnurrer mit einem Eimer Wasser übergießen wollte, in der Eile aber den Kessel mit der guten Wurstsuppe erwischte und diese über die Burschen ausschüttete. Die gute Wurstsuppe! Um aber die Lacher ganz auf ihrer Seite zu haben, begannen die also 'fett Getauften' das untenstehende Lied zu singen.

Nun, so ein Säulein ist auch nebenbei das Symbol des Glückes, und wenn man 'Schwein gehabt hat', muß man es nicht unbedingt im Magen haben.

Wer mit Fett getauft ist, der kann schnurren,
Wurst und Küchle schwimmen gern im Fett, juhe!
Wer keine Wurstsupp hat, ja der muß murren,
Und das Murren, ja das tut so weh.

Doch die Schnurrer schnurren um die Wett,
Wurst und Küchle schwimmen gern im Fett!
Ja, die Schnurrer schnurren um die Wett, juhe!
Wurst und Küchle schwimmen gern im Fett!

Bei der Arbeit

Die Hauptsorge des Bauern galt neben seiner Familie dem **Vieh** im Stall. Dabei war viel Aberglaube mit im Spiel, um die Hauptfeinde des Stalles, die Hexen, abzuhalten, denn sie flochten den Pferden Zöpfe, daß sie schweißnaß wurden, und die Kühe gaben rote Milch. Ein sehr altes Mittel war, daß man einen Besen verkehrt vor die Stalltüre stellte, Kräuterbüschel im Stall anbrachte und Hufeisen annagelte. In Rinderställen wurde häufig ein Viehsegen mit dem Bilde des hl. Wendelin angebracht. In Sinsheim hängte man Steinöl im Stall auf, in Helmstadt sogar ein Pflugrad in die Raufe gegen die Hexen.

Auf die Pferde wurde sorgfältig geachtet, denn *Weibersterben, kein Verderben, Gaulverrecken, großer Schrecken!* Das weitverbreiteste, uralte Mittel gegen Hexen und andere böse Leute war das Dachsfell, das die rechte auswendige Seite des Kummets des rechtsgehenden Pferdes bedeckte. Das Dachsfell wurde deshalb an der rechten Seite des rechtsgehenden Pferdes angebracht, weil das linksgehende Pferd, das Sattelpferd, vom Fuhrmann mit seiner Peitsche genügend geschützt wurde. Er schlug wohl auch dreimal das Kreuzzeichen vor der Abfahrt mit der Peitsche.

Weit mehr Bräuche gab es bei der Rinderzucht, denn Vieh und Vermögen deckten sich oft. Im Badischen gilt: *Eine gute Kuh deckt viel Armut zu.* Die Zahl der Mittel, die man anwendete, um das Vieh vor bösen Einflüssen, hauptsächlich vor Hexen und vor und bei Krankheiten zu schützen, ist Legion. Frisch gekauftes Vieh wurde in Ubstadt rückwärts in den Stall geführt, und man rief dazu: *Hex isch fort!* Die gefürchtete Klauenseuche bekämpfte man vielerorts dadurch, daß man geweihtes Salz in die Trän-

Bauer mit Ochsengespann in den 1930er Jahren (Sammlung R. Besserer)

ke mischte, und man gab von Palmen und Kräuterbüschen etwas dem Futter bei oder hängte es an die Stalldecke. Ein seltsames Mittel aus der Gegend um Mosbach sei als Beispiel angeführt, wie man bei hartnäckiger Krankheit des Viehs verfuhr: Man führte es an Mitternacht auf den Gottesacker und befragte das zuletzt Verstorbene über die Krankheit. Falls man dann aus Furcht oder wegen der Dunkelheit den Ausgang aus dem Friedhof nicht mehr fand, zog man seinen Kittel aus, legte ihn mit der Innenseite auf den Boden und stand darauf, damit man sein Eigentum unter den Füßen hatte, und man fand sich wieder zurecht.

Hatte die Kuh gekalbt, 'gemacht', dann mischte man ihr in Mingolsheim geweihte Kräuter unter das Futter. Wollte eine Kuh die Nachgeburt nicht abstoßen, dann bekam sie in Neuenbürg geweihtes Salz in die Tränke. Hatte die Kuh gekalbt, dann durfte man in Bretten und anderswo nichts ausleihen, ein Brauch, der auch bei der Niederkunft der Frau galt. Wollte das Kalb nicht saufen, so schlug man in Mühlhausen (Pforzheim) drei Sicheln in die Balken der Stalldecke. Wurde das Kalb von der Mutter entwöhnt, was oft bei zunehmendem Mond

oder am Sonntag geschah, hängte man in Wössingen der Kuh den Kälberriemen an die Raufe, um sie über ihr weggenommenes Kälbchen zu trösten.

Das Hühnervolk war beim Geflügel das wichtigste, dann folgten Gänse und Enten. Mehrere Bräuche galten allen drei Arten. Hatte sich ein Huhn oder eine Gans verlaufen, so half in der Bruchsaler ein Gebet zum hl. Antonius, und man stellte eine Schere mit auseinandergespreizten Spitzen ins Fenstergesims, damit die Tiere wieder heimkamen. Fleißig legten die Hühner in Diedelsheim, wenn man sie an Fastnacht mit den ersten Küchlein, die aus der Pfanne kamen, fütterte. In Helmstadt rupfte die Bäuerin den Hühnern die dritte Feder aus den Flügeln, legte diese ins Nest, um das Auswärtslegen zu verhindern. Hühner, die man in Wössingen mit dem, was bei der Frühlingssaat im Sack geblieben war, fütterte, brüteten leicht. Da wollte man natürlich, daß mehr Hühnchen als Hähnchen ausschlüpften. Zu diesem Zwecke sagte man im Oberland beim Zusammenläuten, wenn die Leute in die Kirche gingen, der Henne in die Ohren: *Jetzt gehen lauter Weiber in die Kirche und nur ein Mann!* Ähnlich war dies

Waschtag in Hilsbach in den 1930er Jahren (Sammlung M. Sitzler)

Die Arbeit im Wengert war vielen Kraichgauer Bauern vertraut. Das Herbsten war trotzdem etwas Besonderes: Viele Verwandte und Nachbarn halfen mit, so daß neben dem 'Schaffe' auch das 'Schwetze' nicht zu kurz kam. (Sammlung W. Stier)

in Dürrenbüchig. Um Bretten sagte man: *Es geht a Hochzich in d'Kerch, sein lauter Weibsleut un numme ein Mann!* Um gekaufte Hühner zu gewöhnen, ließ man sie in Ubstadt und Wössingen in einen Spiegel sehen und über einen blauen Schurz gehen, manchmal auch um ein Tischbein laufen. Wurde eine gekaufte junge Henne erstmals aus dem Stall gelassen, war Vorsicht geboten. So ließ man sie z. B. in Würm über die Türschwelle laufen, nachdem ein Hausschlüssel darauf gelegt worden war. Damit wurde das Weglaufen verhindert. In Dürrenbüchig sagte die Bäuerin schon beim Hühnerkauf: *Geh 'naus in Abrahams Rain, am (um) 6 kumm da widda haim!* Um Hühner gegen Läuse zu schützen, wurde in Dürrenbüchig und Eichelberg am Aschermittwoch Asche in den Stall gestreut. Bei Tauben ist ein recht makabrer Brauch be-

kannt gewesen. Ließ man sie in Tiefenbronn aus einem Totenschädel trinken, blieben sie in dem neuen Schlag.

Pflügen, Säen, Ernten, das sind die wichtigsten Arbeiten des Bauern bis auf den heutigen Tag geblieben. Alle diese Tätigkeiten sind mit altem, vielfältigem Brauchtum verbunden. Am Josephstag, dem 19. März, sollte auch der faulste Bauer den Pflug im Felde gehabt haben. Das erste 'Zackern' war in manchen Gegenden eine feierliche Handlung, bei der beim Ausfahren gebetet wurde, oder das Vieh erhielt geweihtes Brot. Zu ersten Ausfahrt waren der Dienstag, Donnerstag und Samstag besonders günstig. Der rechte Bauer säte das Getreide selbst, oder er ging wenigstens mit dem Sämann über das Saatfeld. Dieser durfte in Bruchsal während der Arbeit nicht reden und nicht rauchen.

*Nach Jahrhunderten reiner Handarbeit erleichter-
te der zunehmende Einsatz von Maschinen den
Bauern die Arbeit in der Landwirtschaft; hier
Sulzfelder Bauern mit einer Dreschmaschine.
(Sammlung Heimatfreunde Sulzfeld)*

Der Weizen mußte um Ettlingen aus einem
weißen Tuch gesät werden, das oft von der
Bäuerin selbst gesponnen worden war. In
Baden war ein bestimmter gemeindeutscher
Saatsegen bekannt, der z. B. so lautete: *Hier
stehe ich auf Gottes Land, ich säe aus meiner
Hand, der Herr behüte dich vor Putz und
Brand.* Dabei entblößte der Bauer sein Haupt
und streute drei Handvoll gegen Osten un-
ter Anrufung der drei höchsten Namen.
Ähnlich war es in Büchenbronn. Etwas ab-
gewandelt sprach man in Busenbach: *Ich
nehme die Gerste (Dinkel, Weizen) in die
Hand und säe kei Miltau und kei Brand.* In
Neuburgweier hieß es: *Brand (oder Unkraut)
nimm ab, wie der Tot' im Grab.*
Der Hanf- und Flachsanbau, der immer
mehr zurückging, besaß einmal eine große

Wichtigkeit. Entsprechend bedeutend war
das Brauchtum, das sich um ihn rankte.
Schon die Aussaat war verschieden. In
Helmsheim zog man den Urbanstag vor,
um Karlsruhe und Bruchsal wurde der Hanf
erst Ende Mai oder Anfang Juni gesät. Das
Hauptmittel, sein Wachstum zu fördern, war
im ganzen Lande eine Eierspeise, ein Eier-
kuchen. Ihrem Hanf säenden Mann brachte
die Frau in Neuenbürg eine Pfanne voll
gebackener Eier aufs Feld. In Wössingen
mußte man den Hanfsamen möglichst hoch
werfen. In Münzesheim wurde der Hanf
frühmorgens gesät und zwar mit großen
Schritten. Danach hüpfte man hoch, und
der Hanf wurde lang, hoch und dick. In
Dürrenbüchig wurde Hanf oder Flachs am
Anfang der Woche gesät und ein hoher Stek-
ken in den Acker gesetzt, damit sich der
Hanf nach dessen Höhe richten konnte.
In der Erntezeit wurde früher etwa bis zum
Jahre 1860 viel mehr gesungen, und zwar
nicht nur von den Erntearbeitern, die größere Bauern aus dem 'Schwobeland' anheu-
erten, denn man brauchte viele Kräfte, da
mit der Sichel und später mit der Sense
gearbeitet werden mußte. Die Protestanten
sangen in Flinsbach meist Gesangbuchlieder,
die sog. 'Stundenlieder'. In Münzesheim
schlüpfte man unter den zuerst zu schnei-
denden Halmen durch, um das Kreuzweh
zu verhindern. Wunden waren bei der Arbeit mit Sense und Sichel beinahe selbstverständlich. Deshalb bat man: *Heiliger St. Michel, gib acht auf meine Sichel!* In Busenbach
legte früher der Bauer die ersten Garben
kreuzweise in die Scheuer oder auch schon
die erste Handvoll Ähren auf den Acker.
Noch früher steckten die Erntearbeiter den
Bindnagel in den Boden, also nicht in den
Hosensack, während sie das Seil zusammen-
drehten, um die Mäuse abzuhalten. Mit dem
Schluß der Ernte, mit der letzten Garbe

Bierkutscher in den 1920er Jahren (Sammlung R. Besserer.)

verband sich im Kraichgau mancher Brauch. Jeder Schnitter suchte beim Schnitt der letzten Garbe beteiligt zu sein. Mit dem Ruf: *Hebt ihn!* (haltet ihn) las man die letzten Halme vom Boden auf. Daraus stellte man im nördlichen Teil Badens, z. B. im Taubergrund, die Hebgarbe her, und damit bezeichnete man auch das Festessen nach dem Ausdrusch. Das Wesen (der Mann), zu dessen Festhalten aufgefordert wurde, hieß um Wiesloch und vielen anderen Gegenden 'der Alte', und wer in Schatthausen 'dr Alt' kriegte, bekam vom Erntebraten das größte Stück. In Menzingen hat die Schnitterin der letzten 'Hampfel' (Handvoll) das 'Erntegänschen gefangen'. Die letzte Garbe hieß in Dürrenbüchig Bock. In Münzesheim hieß derjenige, welcher die letzte Handvoll Korn oder Hafer schnitt, Kornbock oder Habergeiß. Der Mäher, der den letzten Streich, und der Drescher, der den letzten Schlag

tat, wurde in Bretten und Helmsheim Mockel genannt. Mockel bedeutete hier Kuh. Der Mockel mußte in Diedelsheim den anderen Männern einen Branntwein bezahlen.

Der letzte Erntewagen wurde auch im Kraichgau an manchen Orten geschmückt. In Münzesheim wurden ein Haselwedel und Blumen auf den Wagen gesteckt. In Odenheim schmückte man einen kleinen Baum mit Bändern, Tüchern und Schürzen und setzte ihn unter Gesang und Jubel auf das letzte Spelzfuder. Die Anhängsel wurden unter die Arbeiter verteilt, und sie wurden mit Brot und Käse bewirtet. Auch in Oberöwisheim wurden früher die Schnitter und Schnitterinnen nach dem Schmücken des letzten Wagens mit einem Strauß beschenkt und auf dem Felde mit Wein versorgt. In Wiesloch wurde auf die letzte Garbe ein Kind mit einem Strauß in der Hand gesetzt.

Neben den Bauern lebten natürlich von jeher auch **Handwerker** im Kraichgau; davon erzählen beispielsweise folgende, nach H. Kaspar aus Flinsbach überlieferte Verse:

Wenn der Schneider gestohle hot,
So rennt er in sei Haus,
Schlupft schnell in e Nodelbichsl
Un gigelt owe raus!

Wenn der Schneider reite will,
Sattelt er de Bock,
Spannt d'Geiß nebedra
Un reitet im Galopp!

Zu den traditionellen Handwerksberufen gehören auch die Siebmacher. (Sammlung K. Zimmermann)

In Bauern- wie auch in Handwerkerfamilien mußten alle Familienmitglieder bei der Arbeit oder im Haushalt mithelfen, die Aufnahme zeigt Holzhändler in Zeutern um 1910. (Sammlung W. Stier)

Zur Festzeit

Die bäuerlichen Feste hatten im Jahresablauf verschiedene Höhepunkte und je nach ihrem Ursprung – christlich oder heidnisch – einen ernsten oder heiteren Charakter. Das verdeutlichte am besten die Zeit zwischen den Jahren mit den Versuchen, in die Zukunft zu sehen. Hierher gehört die Andreasnacht mit ihren vielen Bräuchen, mit denen man nach der (dem) Auserwählten ausschaute oder Geld und Gut zu erlangen suchte. Die Tage von Weihnachten bis Dreikönig wurden als die zwölf Lostage genau beachtet. Jeder Tag bedeutete einen Monat, und das Wetter des Tages entschied die Witterung des entsprechenden Monats des nächsten Jahres (siehe auch Kapitel „Bauernregeln und Lostage"). Als die wundertätigste Zeit wur-

de die Heilige Nacht angesehen, wenn die Glocken anfingen zu läuten und die Geburt Jesu anzeigten. Das geschah um Mitternacht. Dabei sei an die 'Heiliwog' erinnert. Schlag zwölf Uhr nachts wurde am Dorfbrunnen das Wasser in einem Gefäß aufgefangen und als heilbringend den Kranken gegeben, dem Vieh in die Tränke geschüttet und auch etwas dem Wein beigegeben, damit er sich gut hielt. In Ubstadt nahm der Hausvater ein Stück Brot, das 'Mettenbrot', in der Tasche mit in die Christmette und verteilte es nach der Rückkehr unter die Familienmitglieder und dem Vieh im Stall.

Am Tag Johannes des Evangelisten (27. Dezember) weihte der Priester in vielen badischen Kirchengemeinden den Wein, den die Leute mit in die Kirche brachten. Er reichte ihn auch der Gemeinde mit den Worten: *Trink die Johannisliebe im Namen des Vaters...* Die kirchliche Austeilung dieses 'Johannis-

Kornblumentag in Neckarbischofsheim am 14. Mai 1911 (Sammlung R. Besserer)

Agathenzettel

Der 5. Februar ist der Tag der hl. Agathe. Sie wurde als Tochter vornehmer Eltern in Catania (Sizilien) geboren und lebte in der Zeit des Kaisers Decius (249–251). Agathe wies die Werbung des Statthalters Quintian zurück, da sie Christin sei. Dieser nahm fürchterliche Rache. Das Lexikon der Heiligen und biblischen Gestalten berichtet folgendes darüber: Er (Quintian) läßt sie einer Kupplerin übergeben, die sie mit ihren neun Töchtern zur Unzucht verführen soll. Agathes Standhaftigkeit lieferte sie unter Decius dem Martyrium aus: Mit den Händen an einen Balken gehängt, werden ihr die Brüste mit einer Zange zerrissen, mit einer Fackel gebrannt und schließlich abgeschnitten. Ein Greis – Petrus – erscheint ihr im Kerker mit heilendem Balsam, aber sie weist die Erquickung zurück. Tags darauf legt man sie auf spitze Scherben und glühende Kohlen, bis sie stirbt. Es erscheint ein lichtstrahlender Jüngling und legt eine Tafel in den Sarkophag. Am Jahrestag ihres Todes (252) wird durch die aus dem Grabe sich erhebende Tafel der die Stadt bedrohende Lavastrom des Ätna abgelenkt, und es wird auf der Tafel die Inschrift sichtbar:

*„Mentem sanctam spontaneam,
honorem Deo et patriae liberationem",*

das bedeutet etwa:

*„Sie erreichen augenblickliche Heiligung
ihres Geistes, Ehre von Gott
und des Landes Rettung."*

Über die Inschrift der Tafel gibt das Wörterbuch des deutschen Aberglaubens (Bd. 1, S. 121) noch eine andere Version. Danach lautet sie:

*„Mens sancta spontaneus honor
Dei et patriae libertatio",*

was übersetzt heißt:

*„Eine heilige, opferwillige Seele, Gott die
Ehre und dem Vaterland Befreiung."*

Einleuchtender ist die erste Fassung, aber, wie dem auch sei, hatte die Inschrift die Eigenschaft, Brände zu löschen und wurde von Christen und Heiden als Schutzmittel gebraucht, wenn Feuer ausbrach. Agathe wurde zur großen Beschützerin bei Feuergefahr. Die Legende der Inschrift gab auch Anlaß, im späten Mittelalter geweihte Lichtmeßkerzen mit den Worten der Inschrift zu beschreiben und gegen Brandgefahr zu benutzen. Bald kam dann die Sitte auf, die Inschrift auf Papier mit folgendem Zusatz zu schreiben:

„Ignis a laesura protege nos, o Agatha pia",

was übersetzt heißt:

*„Beschütze vor Feuersgefahr (vor dem
verheerenden Feuer), o fromme Agathe."*

Diese Zettel, die Agathe-Zettel genannt wurden, brachte man am Hause und an den Stalltüren an. Sie schützten nicht nur vor Feuer, sondern halfen auch, am Leib getragen, gegen andere Nöte, z. B. Alpdrücken. Darstellungen zeigen Agathe mit Palmzweig, Kerze oder Fackel, gekrönt und auf einer Platte die Brüste tragend, zu ihren Füßen die Tafel mit der Inschrift. Agathe-Zettel mit diesen Darstellungen, Inschrift und Zusatz besitzt das Albgaumuseum in Ettlingen, sie sind in H. P. Stemmermanns Buch 'Volksleben von einst' auf Seite 143 abgebildet.

segens' fand auch in der Bruchsaler Pauluskirche statt. Die Neujahrsnacht hatte im Kraichgau keine besonderen Bräuche, wohl aber der 2. Januar, der 'Läuferlestag'. An diesem Tage wurden in Kürnbach die Gemeindebeamten gewählt, dazu der Nachtwächter, Straßenwart, Gänshirt, Glöckner usw. Am Abend hielt sowohl der badische wie der hessische Ortsvorstand (beide Länder hatten ja Anteil in Kürnbach) die sogenannte 'Herrenzeche', wozu eine Stiftung die Mittel lieferte.

Am 5. Februar genoß die heilige Agathe eine ganz besondere Verehrung, um sie rankte sich ein in seiner Art einmaliger Kultus (siehe Kasten links). Man spendete ihr Brot und Lichter, und die wichtigste Aufgabe der Heiligen war der Schutz gegen Feuersgefahr. Die Kulthandlungen um Agathe sind so zahlreich, daß hier nur ein paar Beispiele gezeigt werden können. Am Agathentag ging man an vielen Orten in die Kirche, in der Brot und Agathezettel geweiht wurden. Von dem geweihten Brot bekam jeder Hausgenosse und jedes Stück Vieh einen Bissen. Ein kleines Stück verwahrte man, um immer etwas Agathenbrot im Hause zu haben, es schimmelte nie. Auch in Stupferich kannte man die Agathezettel. Sie wurden an den Türen zum Schutze gegen Feuer, Hexen und böse Geister befestigt.

An Gründonnerstag wurden schon an vielen Orten Kuchen und Küchle gebacken. In Dürrenbüchig wurden Fastenbrezeln ins Haus gebracht, die nüchtern gegessen werden mußten. Dann blieb man das ganze Jahr fieberfrei. In Königsbach sah man in den Brezeln Sinnbilder des Kreuzes, sie wurden früh morgens vor dem Gottesdienst als erste Speise gegessen. Allgemein war üblich, daß am Karfreitag kein Fleisch gegessen wurde, sondern Fische und Mehlspeisen. Über

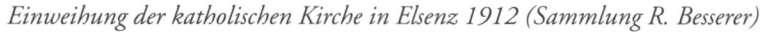

Einweihung der katholischen Kirche in Elsenz 1912 (Sammlung R. Besserer)

Zur Fronleichnamsprozession wurden die Häuser festlich geschmückt, hier in der Zeuterner Hauptstraße um 1920. (Sammlung W. Stier)

die Wirkung der Gründonnerstags- oder Karfreitagseier sei auf das Kapitel Kraichgauer Volksmedizin verwiesen. In Wössingen heilte das am Karfreitag geschöpfte Wasser die Krätze, es wurde nie stinkend, wenn es dann aufgehoben wurde. Das Wasser wurde auch in vielen Kirchen geweiht. Diesen 'Ostertauf', der Feldschaden, Schlangen und Ungeziefer abhalten sollte, goß man in Busenbach an die Bäume.

In der Walpurgisnacht zeichnete der Bauer drei Kreuze an die Türen, um die Hexen abzuwehren. In Helmstadt war es ein kaum nachprüfbarer Brauch, in dieser Nacht einen Spiegel mit dem Glas nach unten auf einem Kreuzweg einzugraben und ihn in der folgenden Nacht zwischen elf und zwölf

Uhr wieder herauszuholen, um dann alles darin zu sehen, z. B. jeden Diebstahl zu entdecken.

Der Johannistag am 24. Juni (Johannes der Täufer) galt in Neuenbürg als Unglückstag, und zwar als so erheblicher, daß sich begegnende Leute zur Vorsicht ermahnten.

Ein ganz besonderer, traditionsreicher Tag war der Martinstag am 11. November (siehe Kasten rechts). Seit den Zeiten Karls des Großen war er der allgemeine Zinstag, er schloß das Acker- und Pachtjahr ab. Pacht und Zins wurden fällig, und deshalb war der heilige Martin für manchen Bauer kein guter Heiliger. Mit dem Martinstag soll die Auswahl der bäuerlichen Feste abgeschlossen werden.

Wenn um Martini Nebel sind...

Nur wenige Tage im Jahr haben einen so festen Platz im Volke wie Martini, der 11. November. Er hat seine große geschichtliche Tradition bis auf den heutigen Tag erhalten, wenn auch so mancher Brauch von seinem Ursprung her in nebelhafte Ferne gerückt oder aber auch ganz verschwunden ist. Die Legenden um den hl. Martin aber bleiben lebendig.

Martin von Tours wurde 316 in Sabaria, Pannonien (Ungarn) geboren. Er wurde auf Wunsch seines Vaters Soldat und leistete schon mit 15 Jahren Kriegsdienst in einer römischen Reiterabteilung in Gallien. Martin schied mit 18 Jahren aus dem Heeresdienst aus und wurde von Bischof Hilarius für das Christentum gewonnen und getauft. Er ging in seine Heimat zurück, taufte seine Mutter und kämpfte gegen die Arianer. Martin wurde des Landes verwiesen und gelangte nach manchen Wundern und Abenteuern auf die Insel Galinaria bei Genua. Dort führte er ein sehr zurückgezogenes Einsiedlerleben, bis ihn Bischof Hilarius um 360 nach Poitiers rief. Er wurde 370 selbst zum Bischof von Tours gewählt und gründete dort das später so berühmt gewordene erste abendländische Kloster seines Namens in Tours. Martin starb am 11. November des Jahres 397.

Um den hl. Martin haben sich zahlreiche Legenden gebildet. Sie alle betonen seine große Bescheidenheit, Demut und schlichte Lebensart. Er wurde durch Chlodwig nach dessen siegreicher Schlacht gegen die Alemannen bei Zülpich (494) zum Schutzpatron des christianisierten Frankenreiches erhoben. Auf ihn gehen die zahlreichen Martinskirchen auch bei uns zurück. Martin wurde zum großen Volksheiligen. Er war der Schutzpatron der Soldaten, der Alpenhirten, der Bettler und Tuchmacher und auch der Tiere (Pferde, Hunde, Vögel).

Die bekannteste Legende, die sich um den hl. Martin rankt, ist wohl jene, die zeitlich vor seine Taufe zurückreicht. Es ist die Begegnung des ritterlichen Reiters mit dem nackten Bettler vor dem Stadttor von Amiens. Martin teilte seinen Mantel mit dem Schwert und schenkte eine Hälfte dem Bettler, ein Vorgang, der in der bildenden Kunst häufig dargestellt wurde. In der Nacht soll Martin Christus erschienen sein, bekleidet mit jener Hälfte des Mantels. Er war es, der Martin als Bettler geprüft hatte. Martini war in der Vergangenheit einer der großen Zinstage und ist es in bäuerlichen Gebieten auch heute noch. Um Martini waren Abgaben aller Art fällig, am bekanntesten ist davon sicherlich die 'Martinsgans'.

Wie kam es zu dieser Ehre? Davon berichtet die Legende. Als Martin Bischof werden sollte, wollte er sich dieser Erhebung aus Bescheidenheit entziehen und versteckte sich in einem Gänsestall. Die Gänseherde aber verriet ihn durch ihr Geschnatter. So wurde die Gans zur Martinsgans, und Martin erhielt sie als Attribut. Zum Dank für ihren 'Verrat' wird sie am Namenstag des Heiligen verspeist. Aber man kann die Martinsgans auch als die Gans bezeichnen, die gezinst wurde. Das Brustbein der Gans diente auch als Orakel. An ihm erkennt man, ob es einen harten oder milden Winter gibt.   ...

... In einem Kalender aus dem Jahre 1602 heißt es bereits: „Der förderste teil beim Hals bedeutet den Vorwinter, der hinterste den Nachwinter, das weysse bedeutet Schnee, das andere gross kälte". Etwas genauer gesagt: Das Brustbein gibt Weissagungen für die Witterung des kommenden Winters. Ist seine Farbe rötlich, gibt es strenge Kälte, ist es weiß, dann ist ein milder, schöner, schneereicher Winter zu erwarten. Weiße Flecken auf dem Gänsebein oder Rückenknochen künden Schnee und mildes Wetter an. Im übrigen ist Gänsefett gut gegen Gicht, und nagelt man den linken Fuß des Vogels an das Haus, ist man gegen Feuer und Unglück geschützt.

An sich hat die Martinsgans mit dem Christentum wenig zu tun. Sie ist Überrest einer heidnischen Sitte und gehörte bei den Germanen zu den Wotan heiligen Tieren. Im Grunde ist sie wohl ein Opfer des angehenden Winters.

Weniger berühmt ist der Martinshahn, der ebenfalls an Martini gezinst wurde. *Wer gibt für mich nun Martinshahn, Zinskorn und Steuer?* fragte ein Bauer. Das Martinshorn dagegen ist ein Buttergebäck in Form eines Hornes, das man in einigen Gegenden zu Martini zu backen pflegte. Einen Mann, der an Martini zinsen mußte, nannte man folgerichtig Martinsmann. In einer sehr alten Dichtung heißt es davon einmal so derb, wie man eben damals schrieb: „Da sauf und frisz, wer sich voll saufen kan, wird ein rechter Märtinsman." Wer sein Hab und Gut verpraßte, hieß im Volke ein ‚Martinsmann'. Deshalb richteten sich viele Kirchen- und Polizeiverbote später gegen den zu üppigen Brauch.

Ende des 15. Jahrhunderts tritt mit der Gans auch der Pokal als Attribut des Heiligen auf. Nach der Legende gab Martin bei einem Mahle des Kaisers, als dieser ihm den Pokal zuerst reichen ließ, diesen nicht an den Kaiser zurück, sondern dem ihn begleitenden Priester.

Der Martinsabend, der festlich begangen wurde, war der Abend vor Martini. Da heißt es wieder so kernig: „Weiter hielt unser Gurgel groß bannlich die zinskappige Martinsnacht und den Martinsbrand: Gäns und Vögel sind gut binen: laszt den bauren die Gäns gan." Damit kann also nur Schnaps gemeint sein, der in der 'zinskappigen' Nacht die Kehle hinunterlief. Übrigens sagte man vom Wein, der in der Martinsnacht getrunken wurde, daß er *mit unten oben lieget*. Fein gesagt vom noch gärenden Neuen! Schmaus und Trunk am Martinstage machten den Heiligen auch zum Schutzpatron der Gastwirte.

Martin brachte auch Gaben für die Kinder, so z. B. beim jährlichen Martinsritt am 11. November, ein Brauch, der in unserer Zeit in vielen Gemeinden wieder belebt wurde. Bei diesem Laternenumzug hinter dem reitenden St. Martin bekommen die Kinder an manchen Orten Brezeln. Dieser Brauch geht auf eine Zeit zurück, da bei den Umritten den Kindern und Armen Gaben gespendet wurden. Auch einen Martinsvogel gibt es, dessen Art aber nicht genau festzulegen ist, denn es werden verschiedene Vögel so genannt. Einmal war damit eine gegen Martini erscheinende kleine Falkenart gemeint, der blaue Habicht, oder ein Eisvogel, ja auch eine Krähe könnte gemeint sein.

Sogar Goethe hat den Martinsvogel gekannt: „Nun war Hintze, der Kater, ein Stückchen des Weges gegangen, den Martinsvogel erblickte er von weitem, da rief er: 'Edler Vogel! Glück auf! O wende die Flügel und fliege her zu meiner Rechten!'"...

... Man kennt diese hübsche Stelle aus 'Reineke Fuchs' und erinnert sich, daß der Vogel sich auf einen Baum zur Linken des Katers setzte und zu singen begann. Und der arme Kater wurde betrübt und glaubte sein Unglück aus dem Gesange zu hören. Die Martinsvögel hatten tatsächlich einen tieferen Sinn. Sie wurden angesehen als Künder des Schicksals und als Weiser des rechten Weges.

Der Bauer hatte natürlich ein besonderes Verhältnis zu dem Heiligen. St. Martin bestimmte den kommenden Winter nach seinem Belieben: Er setzte sich schon mit Dank am warmen Ofen auf die Bank. Er reitet gern auf einem weißen Roß, und hat er einen weißen Bart, dann wird der Winter weiß und hart. Jedoch:

Wenn um Martini Nebel sind,
so wird der Winter meist gelind.

Martinslieder

Einladung zur Martinsgans

Wann der heilige Sankt Martin
Will dem Bischof sehr entfliehn,
Sitzt er in dem Gänsestall,
Niemand find ihn überall,
Bis der Gänse groß Geschrei
Seine Sucher ruft herbei.

Nun dieweil das Gickgackslied
Diesen heil'gen Mann verriet,
Dafür tut am Martinstag
Man den Gänsen diese Plag,
Daß ein strenges Todesrecht
Gehn muß über ihr Geschlecht.

Drum wir billig halten auch
Diesen alten Martinsbrauch,
Laden fein zu diesem Fest
Uns're allerliebste Gäst
Auf die Martinsgänslein ein,
Bei Musik und kühlem Wein.

Martinsgans

Nach Gras wir wollen gehn,
Die Vögel singen schön,
Der Gutzgauch frei.
Sein Melodei
Hallt über Berg und Tal,
Die Mühle klappt zumal;
Der Müller auf der Obermühl,
Der hat der fetten Gänse viel,
Die Gans hat einen Kragen,
Die wollen wir mit uns tragen.

Der beste Vogel, den ich weiß,
Das ist die fette Gans,
Sie hat zwei breite Füße,
Dazu den langen Hals,
Und noch ihr Stimmlein süße,
Ihr Füß sein gel,
Ihr Stimm ist hell,
Der Hals ist lang,
Wie ihr Gesang:
Gickgack, Gickgack, Gickgack, Gickgack,
Wir singen am Sankt Martins-Tag.

Odenheimer Glockenweihe am 29. Juni 1911 (Sammlung W. Stier)

Reicher als an Festtagen war das Jahr an Unglückstagen, die der Bauer 'verrufene' Tage nannte und an denen man weder Wohnungen noch Dienstboten wechselte, weder kaufte noch verkaufte, nicht reiste, weder Verlobung noch Hochzeit feierte usw. Von den Wochentagen zählte der Mittwoch und der Freitag zu den verworfenen Tagen. Der schlimmste Tag war zweifellos der Freitag. Freitag, der 13., ist auch heute noch für viele Menschen ein Tag, an dem sie nichts unternehmen. Mittwoch und Freitag: Jener erinnerte an den Verrat des Judas und den Beginn der Passion, dieser an den Tod des Herrn, den Höhepunkt der Passion. Glückstage sind, wie schon erwähnt, Dienstag und Donnerstag. Am Sonntag, namentlich am weißen Sonntag nach Ostern und den mit einem Quatember zusammenfallenden goldenen Sonntag werden Glückskinder geboren. Die Fron- oder Quatemberfasten treten viermal im Jahr ein: in der ersten Fastenwoche, der Pfingstwoche, der dritten Woche im September und der dritten Adventswoche. In den Fronfasten sind die Geister am unruhigsten! In Baden fahren die Fronfastenweiber auch gruppenweise herum. Sie dulden nicht, daß man an Fronfasten arbeitet. In den Quatembertagen durften die Frauen nicht waschen, sonst wuschen sie ihre Männer aus dem Haus. Auch Sterne 'reden' zu den Menschen. Äußert man bei Sternschnuppen einen Wunsch, geht er in Erfüllung. Wer aber in Dürrenbüchig auf solche hindeutete, mußte bald sterben. Auch der Regenbogen ist eine schöne Himmelserscheinung. Wo er auf der Erde aufsteht, liegt Geld oder ein goldenes Schlüssele, wer es findet, ist ein Glückskind. Wer in Göbrichen den Regenbogen sah, sollte schnell Nelkensamen säen, denn dann erzielte er 'allerhandfarbige' Blumen.

St. Barbara, steh' uns bei...

Am 4. Dezember wird der Barbaratag gefeiert. Es ist der Festtag der Bergleute, Grubenarbeiter und der Artilleristen auf der ganzen Welt, die in der hl. Barbara ihre Schutzpatronin verehren. Barbara wurde von ihrem heidnischen Vater, dem reichen Dioskuren von Nikodemien, in einen Turm eingeschlossen, um ihre Unberührtheit zu bewahren. Ausführlich berichten die Legenden von ihrer Schönheit und ihrem scharfen Verstande, ihren Studien und wie sie die Eltern gefragt habe, ob die Götter Menschen gewesen seien und warum man diese und nicht eine unsterbliche Gottheit anbete. Sie richtete in einem Brief ihre Fragen an Origines (185–254 n. Chr.), der ihr als der gelehrteste Weise von Alexandria genannt worden war. Der Kirchenvater Origines war ein Ägypter, der griechisch schrieb und einen außergewöhnlichen Einfluß auf die frühe griechische Kirche ausübte. Origines schickte ihr durch seinen Priester Valentinus Antwort. Dieser wurde von Barbara ihrem Vater gegenüber als Arzt bezeichnet und erreichte dadurch die Erlaubnis, ihn zu empfangen. Valentinus unterwies Barbara und taufte sie. Selbst das Drängen ihres bösen und erbosten Vaters vermochte es nicht, daß sie ihrem Glauben abschwor. Der Vater übergab sie dem Richter, und Barbara wurde hingerichtet. Darauf tötete Gott den Vater mit einem Blitz, leider zu spät, um Barbara noch zu retten. Sie erlitt im Jahre 306 den Tod, und seither hat sich ein Kranz von Legenden um ihre Person gewunden.

Barbara gehört zu den vierzehn Nothelfern, und auf manch schönem Gemälde ist sie mit ihren Attributen – Kelch mit Hostie, Turm mit drei Fenstern – dargestellt worden.

Die heilige Barbara wurde zur Schutzheiligen der Sterbenden, hauptsächlich der Schwerverwundeten, von denen sie in der Todesstunde angerufen wird. Man weiß, daß wer die heilige Barbara verehrt, vor einem jähen und unbußfertigen Tod bewahrt wird. Sie hält auch die Schildwache, wenn das letzte Stündlein nachts zwischen fünf und sechs Uhr anbricht, und sie schützt ebenso gebärende Frauen, die in Lebensgefahr geraten.

Ein ganz besonderes Verhältnis aber haben die Artilleristen zu der Heiligen. Sie feiern seit alters den Barbaratag in Krieg und Frieden, am dankbarsten wohl in schwerer Zeit, denn die Verehrung der Heiligen bewahrte sie vor feindlichen Geschossen. Früher prangte ihr Bild auf manchem Arsenal, und auf spanischen und französischen Kriegsschiffen hieß nach ihr die Pulverkammer 'Ste. Barbe'. Man weiß von manchem Spruch auf Amuletten, welche die Krieger trugen: *Heilige Barbara, hilf in aller Not, schenk uns den Sieg, den Feinden den Tod!*

Allen, die mit Pulver arbeiten müssen und Feuer zu bekämpfen haben, leiht Barbara ihren Schutz, besonders auch den Bergleuten, die sich ihrer Obhut gegen einen plötzlichen Tod empfehlen. In dieser Linie liegt auch, daß man Kirchenglocken nach der Heiligen benannte, jene Glocken, die man Wetterglocken hieß und die bei schweren Gewittern gegen Blitzschlag geläutet wurden. So wurde sie auch die Patronin der Glöckner.

...

...

Ein schöner Brauch, auch in unserer an Brauchtum arm gewordenen Gegend, ist das Schneiden der Barbarazweige. Man hofft, daß diese Zweige, oft Zweige des Kirschbaumes, am Christtage grünen und blühen. Bauer und Bäuerin suchten aus dem Blühen das Gedeihen des kommenden Jahres abzulesen. Viele verschiedene Bräuche ranken sich um die Barbarazweige. In manchen Familien schnitt man für jedes Familienmitglied einen Zweig. Der hatte das größte Glück zu erwarten, dessen Zweig am schönsten blühte. Blühten die Zweige aber nicht auf, so hing die Sorge um den Tod eines Familienmitgliedes über der Zukunft. Man maß den Zweigen auch magische Kraft zu und glaubte, man könne verborgene Dinge sehen, wenn man sie zur Christmette mit in die Kirche nehme.

Natürlich gilt der Tag auch als Lostag. Man soll an Barbara nicht nähen, sonst legen die Hühner das ganze Jahr nicht. Wer an dem Tage fastet, abends vor dem Schlafengehen einen Weiberrock unter das Kissen legt, kann im Traume seine Zukünftige sehen. Im übrigen:

Barbara kalt mit Schnee,
verspricht viel Kern auf jeder Höh'!

Feststimmung pflegten die Bewohner des Kraichgaus auch bei weltlichen Anlässen, hier beim Besuch des Großherzogs Friedrich von Baden anläßlich der Sinsheimer Gewerbe- und Industrieausstellung 1911. (Sammlung R. Besserer)

Der Bruchsaler Sommertagszug

Ph. J. Schmider aus Bruchsal machte in 'Mein Heimatland' von 1922 interessante Ausführungen über die Entwicklung des Bruchsaler Sommertagszuges. Er stellte fest, daß ausgangs des 19. Jahrhunderts nur noch einzelne Kinder oder höchstens kleine Gruppen mit den traditionellen Sommertagsstecken in der Bruchsaler Altstadt oder in den beiden sog. Heidelsheimer und Grombacher Vorstädten zu sehen waren. Dem Bruchsaler Sommertagszug drohte ein unrühmliches Ende. Um das zu verhindern, machten sich um 1900 der Küfermeister Sebastian Schwaninger und sein Freund Blechnermeister Alexander Lang auf nach Heidelberg, um sich dort den Sommertagszug anzusehen, der sich besser erhalten hatte. Tatkräftig verwirklichten sie nun ihren Plan, den Bruchsaler Sommertagszug 1902 wieder neu zu organisieren. Am 11. März zog dann tatsächlich wieder der Sommertagszug in der alten Weise durch die Straßen Bruchsals. Der Umzug fand bis zur Aufhebung des Josefstages als gebotener Feiertag im Jahre 1912 jeweils an diesem Tag, also am 19. März statt. Seitdem, so teilte Schmider mit, gab es den Sommertagszug jeweils am 2. Sonntag nach Ostern, und er wurde wieder zu dem beliebten allgemeinen Volksfest. Schmider berichtet: „Die Häuser sind beflaggt, frohe Menschenmassen, die Jugend in überwiegender Zahl, beleben die Straßen. Die Erwachsenen haben ihre Freude an der vorüberziehenden fröhlichen Jugend, welche die Sorgen des Alltags noch nicht drückt, und den Kleinen bleibt eine liebe Erinnerung an die schönen Tage der Kindheit. Im Zuge geht die größte Zahl der Kinder mit den Sommertagsstecken, ihre

Frühlingslieder singend, dazwischen Gruppen zu Fuß oder zu Wagen, die Jahreszeiten und die Tageszeiten darstellend. Frühlings-, Rosen-, Ernte- und Spinnwagen, Schnitter, kleine Kinder in reich geschmückten Kinderwagen, von den älteren Geschwistern geschoben, das stramme Trommler- und Pfeiferkorps unter Meister Schmitts Leitung, in den Stadtfarben blau-weiß uniformiert, Musikkapellen, wandelnde Pyramiden aus Stroh und Tannenreisig, welche Sommer und Winter versinnbildlichen, die Kläpperlegarde und die Waisenkinder mit ihren vom Sommertagskomitee gestifteten Stecken. Die am besten gelungenen Gruppen erhalten Preise, und die Hauptsache, alle Zugteilnehmer Fastenbrezeln. Vor etlichen Jahren wurden diese Brezeln, über 5000, auf zwei bis drei Festwagen mitgeführt, um am Schlusse des Zuges zur Verteilung zu gelangen."

Eine weitere schöne Schilderung des Bruchsaler Sommertagszuges soll nun abschließend folgen:

„Am 19. März ist nach dem Kalender Josefstag. Der bildete bis zum Jahre 1912 als Feiertag ein freudiges Ereignis im Leben der schulpflichtigen Jugend. Aber drunten am Bruhrain, in der alten Bischofstadt Bruchsal, hatte dieser Tag des hl. Josef für die Kinderwelt noch eine besondere Bedeutung.

'Schtrih, Schtrah, Schtroh, der Sommertag isch do!' schallt's in den Häusern, auf Straßen und Plätzen aus aller Kinder Mund. Droben in den Stuben werden die Sommertagsstecken gerichtet, mit Blumen und farbigen Bändern geschmückt und an der Spitze mit einer Brezel und einem leeren Ei geziert. Drunten in den Höfen bauen die

großen Knaben aus Stangen zeltartige Ge-
stelle und überdecken die einen mit Stroh
als Sinnbild des Winters, die andern mit
grünem Tannenreis als Zeichen des Sommers. In mancher Einfahrt der Häuser legen
die Erwachsenen die letzte Hand ans Werk,
um einen Kinderwagen, eine Droschke oder
gar einen geräumigen Pritschenwagen festlich herzurichten.

Beim Mittagessen hat die Jugend kein rech-
tes Sitzleder, das Mundwerk steht keinen
Augenblick still, und immer wieder huscht
eines der Kinder ans Fenster und hält Aus-
schau nach dem Wetter, nach dem Treiben
auf der Straße oder nach den Fahnen und
Kränzen und Blumengewinden, mit denen
die Häuser geschmückt sind. Allmählich
wird's lebhafter auf Straßen und Gassen.
Reich verzierte Wagen rollen übers Pflaster,
und einzeln und in Gruppen eilt jung und
alt dem Sammelplatz im Schloßhof zu, wo

der festliche Zug beginnen soll. Selbst die
Sonne lacht und freut sich mit der Jugend;
sie schiebt die letzten trüben Wolken beisei-
te und übergießt die Stadt mit ihrem warmen, goldenen Himmelsstrahl.

Unterdessen ordnen sich die vielen, vielen
Kinder nach Alter und Geschlecht zu verschiedenen Gruppen. Die meisten gehen im
Zug, ihren Sommerstecken schwingend und
Frühlingslieder singend. Selbst die allerklein-
sten Erdenbürger, denen das Gehen noch
Mühe macht, dürfen nicht fehlen; Dienst-
mädchen oder ältere Geschwister schieben
oder ziehen die jüngste Garde in geschmückten Kinder- oder Leiterwagen dahin. Dort
folgt eine Gruppe weißgekleideter Mädchen;
sie tragen paarweise halbrunde Bögen, die
mit Bändern und Blumen umwunden sind.
Zwischen die einzelnen Kindergruppen sind
immer wieder die bekannten Gestalten von
Sommer und Winter, sowie Wagen und

Vor allem für die Jugend war der Bruchsaler Sommertagszug ein Höhepunkt. (Sammlung Habermann)

Droschken eingeschoben. Da gibt es Früh-
lingswagen voll Blütenschmuck und weißgekleideter Mädchen mit Frühlingsblumen
im Haar. Sommerwagen in Form einer Lau-
be mit blühenden Rosen oder mit Garben
und singenden Schnittern und Schnitterinnen ziehen vorrüber. Erntewagen mit den
Früchten des Feldes erfreuen das Auge.
Winterwagen folgen, die einen mit der Dar-
stellung einer Schneelandschaft, die anderen als Spinnstube mit surrenden Rädchen
und lachenden Mädchen. An der Spitze des
Zuges marschiert die Stadtkapelle und bei
den einzelnen Gruppen eine Schar jugend-
licher Pfeifer und Trommler oder eine schnei-
dige Kläpperlesgarde. Den Schluß des großen Kinderzuges bilden zwei bis drei Wagen
mit Brezeln, die nach Beendigung des Um-
zugs an die Kinder zur Verteilung kommen;
denn wenn sich Herz und Auge laben, so
will der Magen auch was haben.
Zu beiden Seiten der Straßen aber stehen
die Erwachsenen, die Eltern der Kinder und
die Fremden aus nah und fern, und schauen
dem fröhlichen Treiben der Jugend zu, erin-
nern sich ihrer eigenen Kindheit und werden selbst für eine Stunde wieder jung und
vergessen die Sorgen des Alltags. Die Kinder
aber sind stolz; denn der Sommertag ist ihr
Tag, und schon der kleine Dreikäsehoch
marschiert wacker mit und singt, wenn die
Musik immer wieder aufs neue das Som-
mertagslied anstimmt, aus voller Kehle:

Drei Bruchsaler Jungen mit ihren Sommertags-
stecken, um 1910 (Stadtarchiv Bruchsal)

So grüßt die Jugend in der Pfalz und am
Bruhrain den Frühling. Es ist ein schöner
Brauch mit doppeltem, tiefem Sinn: Es ist
ein Gruß an die erwachende Natur, die wieder auferstanden ist aus winterlichem Todes-
schlaf, und zugleich ein Vorbote der christlichen Auferstehung am bald kommenden
Ostertag."

Schtrih, Schtrah, Schtroh,
der Summerdag isch do!
Der Summer unn der Winter,
die sinn Geschwisterkinder.
Schtrih, Schtrah, Schtroh,
der Summerdag isch do!

Vom Dambeide und Deie

Der Dambedei ist ein Hefegebäck in Menschengestalt, das früher immer im Haus gebacken wurde, jetzt aber meist von den Bäckern in verschiedenen Größen hergestellt wird. Die Hausfrau war beim Backen des Dambedei an keine Vorschrift gebunden, sie konnte die Grundform, also die Menschengestalt, ändern, so wie es ihr gefiel. „Es scheint nebensächlich, ob zwei Korinthen die Augen andeuten (früher nahm man dazu Wacholderbeeren), ob die Arme schlaff herunterhängen, wie Henkel am Körper anliegen, halb verkümmert als kurze Stummel aus den Schultern ragen, ob ein Arm drohend erhoben ist oder beide Arme flehend erhoben sind." (Waibel)

Der Dambedei gehört zu den Gebildbroten, die nach einer langen Überlieferung fast überall in Deutschland und den Nachbarländern verbreitet sind. „Gebildbrote sind alle in irgendeiner Form existierende Gebäckarten" (Handwörterbuch des deutschen Aberglaubens, Bd. III, 373 ff).

Für Volkskunde und Aberglauben kommen vor allem die tier- und menschenförmigen Gebäckarten in Betracht. Es ist eine schwierige Aufgabe, zu ergründen, welche von den tausenden Gebildbroten nur einer Bäckerlaune oder dem Zufall entsprungen sind, und welche tief im Volkstum wurzeln und auf alte Riten und Gebräuche zurückgehen. Das ist bei unserem Dambedei der Fall.

Man glaubt, daß das Backen, Schenken, Verzehren solcher Brote auf Bräuche und Vorstellungen frühchristlicher Zeit und des Mittelalters zurückgehen, und zwar hätten sich diese Bräuche in der Auseinandersetzung des Christentums mit heidnisch-römischen und heidnisch-germanischen Opferriten herausgebildet. Der Zusammenhang

unseres Dambedeis mit dieser Gebildbrotüberlieferung „ist nach der Form des Gebäckes und der Zeit, zu der man es backt, einwandfrei klar" (Waibel). Bei uns wurde der Dambedei in der Zeit vom Nikolaustag bis zu Dreikönig gebacken.

Die Erklärung der Wortes Dambedei bereitet heute noch unüberwindliche Schwierigkeiten. Fest steht, daß es ein gut badisches Mundartwort ist, so sehr mundartlich meint Waibel, daß wir keinen schriftlichen Beleg dafür besitzen, der über das letzte Jahrhundert hinausreicht. Die sprachwissenschaftliche Untersuchung des Wortes Dambedei brachte sehr verschiedene Ergebnisse, auf die an dieser Stelle nicht eingegangen werden kann. Festgehalten zu werden aber verdienen die Forschungen des Pfälzer Professors Ernst Christmann, der bewies, daß es sich bei dem pfälzischen Gebildbrot 'Christei' um einen 'Christ-Deih' handelte. Das war ein **halbmondförmiges Hefegebäck**, das an Weihnachten von den Paten den Kindern geschenkt wurde. Daraufhin wurde man in der badischen Pfalz aufmerksam. Auch dort kannte man die Sitte des Christeis, das auch da als halbmondförmiges Gebäck aus Hefekuchenteig hergestellt wurde. Das Kind besuchte an Neujahr die Paten und sagte:

Ich wünsch dir e glücklich nei Johr!
E Brezel wie e Scheuretor,
E Christei wie e Ofeplatt,
Do wern ma all minanner satt!

In Walldorf aber hieß es:

E Deihen wie e Ofeplatt!

Christmann leitete Deih von dihen ab, das wir heute noch in gedeihen und gediegen kennen. Das Wort erhält dadurch die Bedeutung *Glücksbringer* (Waibel). Der Deih soll den Kindern, Alten, Kranken Segen bringen. Wenn ein Unternehmen nicht vorankommt, dann ist kein Deih darin. Den badischen Beleg liefert E. H. Meyer (Volksleben S. 402). Er berichtet, daß wenn ein Kalb entwöhnt oder weggebunden wurde, der Bauer sagte: *I bind di on zum Deie un net zum Schreie!* Den gleichen Spruch gebrauchte auch der Bauer in Graben, der das Kalb im Kirchenanzug während des Zusammenläutens anband. Hier wird die segnende Bedeutung klar.

Mit all diesen Ausführungen ist das Wort Dambedei oder Deih sprachlich nicht geklärt. Wort und Sinn des Gebäckes bleiben noch im Dunkeln. Uns scheint aber folgende Überlegung einleuchtend: Der Dambedei stellt ja eine Person dar. In Ettlingen gab es einen Henkeldei, einen krummbeinigen Mensch. Eine Person ist auch der allgemein bekannte Nackedei. Im Schwäbischen sagt man dafür Nackebutz. Das gleiche Wort haben wir im Fastnachtsbutzen, und die Kinder singen: *Es geht ein Bi-Ba-Butzemann in unserm Haus herum.* Der Butz ist eine Schreckgestalt, und wir kennen ihn auch als Butzebär. Man kann diese Überlegungen noch weiter spannen. Der Dambedei wird an Nikolaus gebacken und erinnert somit an den Heiligen. Dessen häufiger Begleiter, der Ruprecht, rasselt mit den Ketten, poltert, trampelt und rumpelt im Haus und auf den Straßen herum. Gibt vielleicht die erste Silbe des Dambedei eine Erklärung? Es gibt in der Mundart viele Wörter, welche den Stamm 'dambe' haben und ein rüpelhaftes, trampelndes, lautes Wesen ausdrücken. Nach dem badischen Wörterbuch gibt es auch in der Form 'dammern' die Bedeutung von

schlagen, hämmern, klopfen. War der Dambedei ein Klopfgeist, ein zweiter Dengelegeist? Das würde ihn auch in die Nähe des Hegaugeistes Poppele rücken, denn auch poppeln bedeutet pochen, poltern, klopfen. „Verwandt ist das Wort mit Puppe, mundartlich Bopp, was nicht nur Spielpuppe bedeutet, sondern auch Vogelscheuche und schließlich in Oberschefflenz, Rappenau, Mörsch bei Karlsruhe eine Puppe aus Weckteig, ein Gebildbrot, so daß wir dieselben Bedeutungen wie bei der Dambedei beisammen haben." (Waibel)

Kehren wir in den Kraichgau zurück. 1958 stellte Dr. Waibel im Verlauf seiner Untersuchungen fest, daß es in Dürrenbüchig nach Mitteilung von Pfarrer Dill noch Deier an Neujahr gab. Ebenso gab es Deie in Helmsheim. Dazu teilte Pfarrer Ochs mit:

1. Deie gibt es auch in Heidelsheim (Was bisher unbekannt war).
2. Die Einzahl heißt Deie (Die Mundarten im Kraichgau bewahren auslautendes e der weiblichen Hauptwörter, daher ist Deie so viel wie Dei).
3. Das Geschlecht der Deie ist weiblich, denn es handelt sich um eine weiblich gekleidete Puppe (Bisher war nur das halbmondförmige Gebäck bekannt).
4. Geschenkt wird die Dei an Neujahr von der Patin.
5. Form, Name und Backrezept sind alte Überlieferung. Ältere schriftliche Belege fehlen bisher.

Danach waren in Dürrenbüchig und Helmsheim um 1900 bis dahin unbeachtete Gebildbrote bekannt, die den Namen Dei trugen. Sie wurden vom 'Gettle und Pfetterich' an Neujahr den Patenkindern geschenkt. Es waren halbmondförmige Gebäcke, die nicht mit den gewöhnlichen Bäckerhörnchen zu verwechseln waren. Sie waren beträchtlich

größer und wurden mit einem Hefekranz-
teig gebacken. 1958 wurden auch noch in
Wössingen und Heidelsheim Deie hergestellt. In Helmsheim und Heidelsheim setzte sich mit der weiblich gekleideten Puppe
eine andere Form durch. In Gondelsheim
wurden bis zum 1. Weltkrieg ebenfalls Deie
gebacken, etwa 20–70 Zentimeter hohe
plumpe Figuren wie die Dambedei. Auch in
Bretten backte man um 1970 noch den
Dambedei zu Nikolaus und Neujahr. Es war
ein Hampelmann mit Zipfelmütze. Aber früher gab es auch in Bretten Deie.

Dr. Waibel hat ein bis daher noch nicht
veröffentlichtes Vorkommen aus Unteröwisheim im Lagerbuch des Amtes Kislau
von 1506(!) gefunden. Dort ist von 'dyhen
und brott' die Rede, die der Hühnervogt
zum Stephanstag den speyrischen Leibeigenen gegeben hat. Auch die Lagerbücher von
1595 und 1606 nehmen darauf Bezug. Interessant ist, was in dem Lagerbuch weiter
steht: "... ist auch abgerett das es nit me sin
soll, und sind diß die nachgeschriben mender
(32 Männer) die es dazu bracht haben und
desmals zu leben gewest." Das bedeutete,
daß man die Gabe des Vogtes nicht mehr
annehmen wollte. Die Leibeigenen wand-
ten sich also gegen ein Geschenk, das ihnen
der Hühnervogt regelmäßig am Stephanstag machte. Wie ist das zu erklären? Man
muß diesen Vorgang im Zusammenhang
mit dem Bundschuh des Joß Fritz sehen.
Man ging "gegen das alte System der Bevor-
mundung und Knechtung an, selbst wenn
es sich so freundlich gab, Wohltaten zu erweisen schien und Männern Deie schenkte"
(Waibel).

Aus der Beschäftigung mit derartigen volkskundlichen Fragen zieht auch die Heimatgeschichte ihren Nutzen. Ein weiterer ge-
schichtlicher Beleg stammt aus dem Jahre
1560, der merkwürdigerweise in der Kraich-

gauliteratur unbeachtet geblieben ist. In
Eschelbach, das hirschhornisch war, mußten damals die Deie, die das Kloster Odenheim den Herrn von Hirschhorn als Abgabe
lieferte, auf ihr richtiges Gewicht geprüft
werden. Die Deie, über deren Form nichts
gesagt ist, müssen außerordentlich groß gewesen sein, denn "es sollen die zwo Theyen
gebacken sei von einem halben malter
ongemulterter kern". Dies geschah "uff sanct
Stepfans des h. ertzmertelers tag", also auf
den 26. Dezember.

Die oben gemachten Feststellungen basie-
ren auf einer Umfrage von Dr. Waibel, die
er im 'Kraichgau' Heft 2/1970 gemacht hat.
Das Ergebnis wurde im 'Kraichgau' Heft' 3/
1972 veröffentlicht. Die Umfrage fand leider kein großes Echo, aber ein paar positive
Mitteilungen gab es doch. Um Silvester 1971
konnte man in einer Bäckerei in Wössingen
noch Deie kaufen. Keine Deie mehr gab es
in Dürrenbüchig. Nachfragen in den Dörfern Hohenwettersbach, Grünwettersbach,
Palmbach, Mutschelbach haben ergeben, daß
zwei Generationen vorher noch Dambedeis
daheim gebacken wurden.

Die zeitlich letzten Forschungen über den
Dambedei hat Dr. Stemmermann 1977 für
die Umgebung von Ettlingen vorgenom-
men. Er stellte fest, daß die charakteristischen Gebildbrote der Gegend die Dambedeis waren, die spätestens am 6. Dezember
in den Bäckerläden zu haben waren. In
Pfaffenrot, Ettlingenweier, Burbach, Etzenrot, Grünwettersbach, Oberweier, Mörsch,
Sulzbach waren sie fest mit dem Nikolaustag verbunden, in Hohenwettersbach und
Reichenbach erschienen sie zu Weihnachten noch einmal. In Völkersbach und Schiel-
berg gehörten sie nur zu Weihnachten, in
Schöllbronn zu Weihnachten und Neujahr,
in Langenalb nur zu Neujahr. Auch Stemmermann kann lediglich feststellen, daß der

Auch in Eschelbach sind Deie belegt, die als Abgabe für das Kloster Odenheim gebacken werden mußten; hier ist ein Festumzug in Eschelbach in den 1920er Jahren zu sehen (Sammlung R. Besserer)

Name Dambedei sehr alt und das Wort Dei weiblichen Geschlechts ist. Im Bereich seiner Untersuchungen gab es für den Dambedei auch noch andere Namen wie 'Bopp' oder 'Bubb' (Puppe) in Malsch, Waldprechtsweier, Schöllbronn, Muggensturm, 'Madam' in Völkersbach, Mörsch, Malsch, 'Dudelmadam', 'Duddeldam' und das unerklärliche 'Duddelmaträtsche' (Etzenrot). Stemmermann ist der Überzeugung, daß „es in einer Zeit, da die große Bescherung noch nicht üblich war wie heute, sie [die Dambedei] die traditionellen Weihnachts- und Neujahrsgaben der Paten an die Patenkinder waren... Später haben wohl Eltern, Großeltern und Tanten das Schenken der Dambedeien übernommen" (Stemmermann S. 131).

In der Ettlinger Gegend waren auch die Deie, die wir als halbmondförmiges Gebäck kennen, unter einem anderen Namen bekannt, es waren die Lebkuchen. Das waren keine Lebkuchen im heutigen Sinn, sondern ein Hefegebäck. Ein rundes oder ovales Teigstück wurde so zusammengeklappt, daß es eine Art Tasche bildete. Dabei wurde das obere Stück etwas kürzer gehalten, so daß der Rand noch als Unterlage zu erkennen war. Das Ergebnis dieser Tätigkeiten ist eine Deie, wie sie in Dürrenbüchig oder Wössingen gebacken wurde.

Damit kann die Betrachtung über Dambedei und Deie abgeschlossen werden. Vielleicht bewirken diese Zeilen draußen in unseren Dörfern etwas, um diese rätselhaften Gebildbrote ihres Geheimnisses zu entkleiden, denn möglich ist es immer noch, daß es Belege gibt, die sich in bisher unaufgefundenen Briefen, Akten, Gemeinderechnungen usw. befinden.

Die Kraichgauer Tracht

Ein Bericht über die Kraichgauer Tracht bereitet einige Schwierigkeiten, weil der Kraichgau zu den Landschaften zählt, über deren Tracht so gut wie nichts mehr bekannt ist. Dr. Heinz Schmitt, einer der besten Kenner badischer Trachten, meint dazu: „Dies wird verständlich aus der Entwicklungsgeschichte der bäuerlichen Bekleidungssitten, die sich bereits früh allgemeinen Modeströmungen anschlossen, so daß zumeist schon um die Mitte des 19. Jahrhunderts von Volkstracht nicht mehr viel vorzufinden war, wenn es sie überhaupt gegeben hat." Friedrich Ratzel schrieb etwa um 1900: „Die alte Tracht war schon vor vier Jahrzehnten in dieser Gegend verschwunden, der letzte Rest lebte in schwarzseidenen Hauben mit zwei hinten hinabhängenden kurzen Bändern, die die älteren Frauen trugen. Was sage ich, sie lebte? Nein, sie war im Sterben, denn kein Mädchen würde sich dazu bequemt haben. Die Bauern trugen bei der Arbeit eine kurze leinerne Jacke aus selbstgewonnenem Stoff, im Dorfe von dem Färber hellblau gefärbt, den ich nie anders, als mit Indigohänden gesehen habe. Sonntags trugen sie blaue Röcke mit langen Schößen, lange Beinkleider und schwarze Schirmmützen. Die Mädchen und Frauen trugen zur Arbeit baumwollene geblümte Leibchen, bei Sonne oder Regen Kopftücher, die bei diesen dunkel, bei jenen bunt waren." Das ist eine interessante Beschreibung, die Ratzel aus der Erfahrung in der Eichtersheimer Apotheke verfaßt hat. Seine Worte bestätigen, daß in der Mitte des 19. Jahrhunderts die Tracht verschwun-

den oder nur noch in Resten vorhanden war.

Die Tracht war ganz allgemein in einem unaufhaltsamen Verschwinden begriffen. Hauptverantwortlich dafür waren die Industrialisierung, der Einfluß der Städte (Mode), der zunehmende Verkehr und die Mobilität der Bewohner u.v.m. Sicher ist es auch richtig, daß die Tracht dort besonders schnell abgegangen ist, wo 'ärmliche' Verhältnisse herrschten. Dies mag für den Kraichgau sicher nicht generell zugetroffen haben, aber unsere Heimat gehört in die Reihe der Landschaften Badens, in denen die Tracht schnell verschwand. Es ist kein einziges Exemplar der ehemaligen Kraichgautracht erhalten geblieben, keines unserer Museen besitzt eine solche. Auch die großen Trachtenmaler haben sie nicht festgehalten. Wir finden sie weder bei den Trachtenfolgen von Rudolf Gleichauf (1826–1896), noch bei Johann Baptist Tutiné (1838–1889) oder gar bei dem von dem Franzosen Charles Lallemand 1860 herausgebrachten Werk 'Les Paysans Badois'. Das ist auch nicht sehr verwunderlich, denn wenn man von badischer Tracht sprach, meinte man in der Regel die schönen Schwarzwälder Trachten, besonders natürlich die Gutacher mit dem Bollenhut. Der Landschaftsmaler Georg Maria Eckert (1828–1901) war ab dem Jahre 1890 im Auftrage des Großherzogs in Baden unterwegs und suchte alle Trachten und Hausgeräte für das 'Großherzogliche Museum' aufzukaufen. Er trug über tausend Inventarnummern zusammen, eine Kraichgautracht war nicht darunter.

Und doch hat es einmal eine Kraichgautracht gegeben, aber wie sah sie wirklich aus? Wir sind da ganz auf die Beschreibung angewiesen, die Carl Krieger in seinem Buch 'Kraichgauer Bauerntum' von der Tracht gibt. Im Bildteil des Buches findet sich eine Zeichnung der männlichen und weiblichen Kraichgautracht zu Beginn des 19. Jahrhunderts nach einem Entwurf des Stebbacher Pfarrers Spörnöder. Die Trachtenschilderung Kriegers folgt den Angaben des Pfarrers, der diese nach dem Bericht einer alten Frau, welche die Tracht noch selbst getragen hat, aufzeichnete. Den Namen der Frau erfahren wir nicht. Wir müssen den Bericht Kriegers so hinnehmen, wie er jetzt im Wortlaut folgen soll:

„Die Kraichgauertracht bestand mancherorts bis in die Mitte des vorigen Jahrhunderts. Sie wies von Ort zu Ort kleine Unterschiede auf. In den folgenden Jahrzehnten wurde sie als Ganzes aufgegeben, jedoch erhielt sich manches davon, wie z. B. das kreuzweisgebundene Umschlagtuch der Frauen bis vor dem Weltkriege. Die Männer und Burschen trugen werktags blaugefärbte oder ungebleichte Kittel und Hosen aus selbstgesponnenem Tuch. Anfangs reichten die Kittel bis über die Knie herab. Sie waren hinten bis zur Taille herauf geschlitzt, um sie beim Reiten aufschlagen zu können. Die weichschäftigen, langen Stiefel waren oben mit einem Riemen festgeschnürt. Als Kopfbedeckung hatte man einen flachen, dunklen Rundhut, sommers einen breitrandigen Strohhut. Um 'über Feld' (auswärts) zu gehen, zog man bei schlechter Witterung seinen festen, langen Fuhrmanns- oder Wetterkittel aus gekauftem blauen Tuch an. Auch die Werktagkleider der Frauen waren aus leinernem Tuche, ungebleicht oder blau gefärbt, später waren sie mit aufgedruckten Farbenstreifen und Blumen verschönt.

Über die weiten Faltenröcke, die mit großen Taschen versehen waren, wurden Halbschürzen aus demselben Stoffe getragen. Strümpfe gab es in allen Farben und Mustern (gewürfelt und gesprenkelt). Zum Schutze gegen die Sonne trugen die Frauen das heute noch übliche Kopftuch oder einen breitrandigen, nach oben schmal zulaufenden Strohhut.

Die Sonntagskleidung bestand für die Männer aus schwarzen oder hirschledernen Kniehosen, weißen Strümpfen, schwarzen Schnallenschuhen, schwarzer tuchener Weste und aus einem schwarzen oder blauen langen Tuchrock. Der Rock war mit eisernen, bei wohlhabenden Bauern mit silbernen Knöpfen besetzt. Die Kopfbedeckung war im Sommer der Dreispitz, auch Krückenhut genannt, im Winter eine Pelzmütze mit Zottel aus bunten und silbernen Fäden. Im Hause hatte man eine Zipfelmütze oder ein schildloses Stoffkäppchen auf.

Die Frauen trugen sonntags Bluse und Faltenrock, in dunklen Farben gehalten (blau, grün oder braun). Über den Rock war eine Schürze aus geblümtem oder buntem Stoffe gebunden. Um die Brust war bei Frauen ein farbiges, bei Mädchen ein weißes, gesticktes Tuch kreuzweise geschlungen, das auf dem Rücken zusammengebunden wurde. Als Kopfbedeckung hatten die Frauen ein schwarzes oder braunes, spitz zulaufendes Mützchen mit kleinen runden Metallplättchen bestickt, 'Kowwlheiwl' genannt. Das Mützchen wurde unter dem Kinn mit einem Taftband festgehalten. Weiße Strümpfe und schwarze, bestickte Stoffschuhe vervollständigten den Sonntagsstaat.

Zum Abendmahl trugen die Frauen ein schwarzes Umschlagtuch, das sich als der bekannte 'achteckige Schal' bis vor dem Kriege erhalten hat. Heute ist die Tracht restlos verschwunden."

Auffallend ist es nun, daß nach dem 2. Weltkrieg das Trachtenwesen einen großen Aufschwung nahm. Gründe dafür gibt es mehrere, Hauptsache aber war eine Doppelfunktion der Trachten, die in letzter Zeit deutlich zum Ausdruck kam: Die Tracht dient einmal der Stärkung des Heimatgefühls, zum andern aber der Werbung nach außen. Tracht läßt sich lokalisieren, man weiß, wo sie getragen wird, und bekommt so einen sicheren Werbeeffekt für den Ort. Beiden Funktionen dienen die Heimatvereine, die Trachten- und Spielgruppen, die großen Trachtenumzüge. Man ist vermutlich auf keinem Abweg, wenn man die Werbung bis hin zum Bollenhut auf der Schnapsflasche als vordringlich ansieht, dient diese doch hauptsächlich dem Fremdenverkehr und der Unterhaltung der Gäste. Aber natürlich stärkt dieses Tragen der Festtagstrachten (um die Werktags- und Arbeitskleidung kümmert man sich kaum) auch das Heimatbewußtsein und das Selbstgefühl einer Gemeinde und deren Geschichte, wenn auch das alte Brauchtum weitgehend verlorengegangen sein mag. Wie dem auch sei, Heinz Schmitt hat richtig erkannt, wenn er schreibt: „Schon länger trachtenlose Gebiete erkennen hier einen Mangel und bemühen sich in unserer Zeit verstärkt, frühere Trachten wieder neu zu beleben oder neu zu schaffen." Für ihn ist die Kraichgautracht ein Beweis dafür, „wie in einer trachtenlosen Landschaft mit viel Mühe Vorbilder ausfindig gemacht werden, die für die Neuschöpfung verwendet werden konnten."

Damit wird die Neuschaffung der Kraichgautracht angesprochen, welche auf die Bemühungen des Ehepaares Albert und Dagmar Wagner in Wiesloch-Baiertal zurückgeht. Frau Wagner hat darüber in Heft 1 'Badische Heimat' des Landesvereins badische Heimat vom März 1983 ausführlich

berichtet. Zusammenfassend kann dazu folgendes festgestellt werden: Es ist erstaunlich, mit welcher Ausdauer, ja Hartnäckigkeit der gebürtige Bayer Albert Wagner, dem das Trachtentragen in seiner Heimat selbstverständlich war, nach Resten der Kraichgautracht suchte und gleichzeitig Beweise anstrebte, wie die Tracht tatsächlich ausgesehen haben muß. Für ihn war es ein Glück, daß er an den integren Heimatforscher Pfarrer Gehrig geriet, der in Elsenz seine Sammlungen zu einem kleinen Museum zusammengestellt hatte. Dort fand Wagner folgendes für die Tracht geeignetes Material:

1. Hosenträger in Gobelin- und Perlenstickerei;
2. eine gelbe Hirschlederhose, knöchellang mit langen Bändern, die oberhalb des Knöchels gebunden wurden, und einen aufknöpfbaren Latz mit reichen Verzierungen;
3. wadenlange weiße und rechtsgestrickte Baumwollstrümpfe, die auf der Außenseite das in Perlen gestickte Monogramm des Trägers hatten.

Hinzu kam noch ein Dreispitz, den Wagner im Sinsheimer Heimatmuseum fand.

Der Grundstock für eine Tracht war damit vorhanden, die weiteren Anstrengungen bis zu ihrer endlichen Fertigung brauchen hier nicht angeführt zu werden. Wichtig für die Tracht im Kraichgau waren die Bestätigungen, die Wagner bei seiner unablässigen Suche für sein Vorhaben fand. Ein hervorragender Beweis für die Tracht ist das Foto eines Eppinger Bauernsohnes in Sonntagstracht um 1860. Weiter sind Bilder auf dem Gochsheimer Gemarkungsatlas (O. Bickel) und Malereien auf Birnkrügen der Durlacher Fayence zu nennen. Besonders wertvoll aber ist die Schilderung der Tracht, die Pfarrer Johann Philipp Glock in seinem Buch 'Burg,

Kraichgauer Tracht (aus: Carl Krieger, Kraichgauer Bauerntum 1933)

Stadt und Dorf Zuzenhausen' (1826) gibt. Einen verläßlicheren Zeugen gibt es nicht. Glock schreibt: „So einfach wie die Nahrung war auch die Kleidung der Alten. Am Werktage bei der Arbeit trugen die Manns-leute leinerne Hosen, Wämse oder lange Kittel und grauwollene Strümpfe, die unterhalb des Knies mit Schnallen festgehalten wurden. An den Füßen waren zwei kräftige Bundschuhe, und den Kopf bedeckte die

altdeutsche Zipfelmütze, welche bei den Ver-
heirateten schwarz, bei den Ledigen weiß
war. Die Weibsleute trugen im Sommer
kattunene, im Winter wollene Röcke, eine
blaue Schürze darüber, eine farbige Jacke,
meist dunkelblau, ebenfalls grauwollene
Strümpfe und Bundschuhe. Als Kopfbedek-
kung war bei den Frauen eine schwarze, bei
den Mädchen eine weiße Zuckhaube im
Gebrauch. Unterhosen trugen, auch im käl-
testen Winter, weder Manns- noch Weibsleute. An Sonn- und Feiertagen legte man
die Feierkleider an. Vor dem Kirchgang verlangte der Mann von der Hausfrau sein
schwarzes Camisol, eine Art Weste mit zwei
Reihen gelber, blanker Metallknöpfe. Das
Camisol wurde oben an der Brust offen getragen, so daß das weiße Sonntagshemd und
das um den aufrechtstehenden Hemdkragen
geschlungene schwarzseidene oder tüchene
Halstuch mit den langen, seitwärts gerich-
teten Zipfeln zur Geltung kam. Der blaue
tüchene Kirchenrock reichte bis über die
Knie, hatte zwei Reihen übersponnene große Knöpfe, einen aufrecht stehenden Kragen und zur Rechten und Linken eine Tasche. Anstatt der grauen Werktagsstrümpfe
zog man heute weiße, gerippte Strümpfe an.
Vermögendere hatten silberne Schnallen an
den Strumpfbändern und Sonntagsschuhen.
Zu dem dunkelblauen Kirchenrock, der
schwarzen, meist sammeten Weste mit den
gelben Knöpfen, dem schneeweißen Hemd
und dem schwarzen Halstuch bildeten die
gelben hirschledernen Hosen einen maleri-
schen Gegensatz. Den Schluß des Staates
machten der große Kirchenhut, ein Dreispitz, wie ihn die benachbarten Odenwälder jetzt noch tragen. Jedenfalls lag in diesem Staat etwas Männliches und Solides,

was man bei dem heutigen Sonntagsstaat
leider oft vermißt. Die Burschen und Knaben trugen ebenfalls hirschlederne Hosen,
nur hatten sie anstatt der Dreispitze ihre
'Brohkäpplein', d.i. Pelzkappen aus Iltis-,
Marder-, Biber- oder Fischotterfell, die mit
blauen oder roten Litzen und Knöpfen verziert waren. Die Brohkäpplein wurden im
Sommer und im Winter getragen. Strohhü-
te kannten die Alten nicht. Die Schildkappen
kamen erst in diesem Jahrhundert auf.
Das weibliche Geschlecht trug am Sonntag
dunkelblaue Röcke, darüber schwarze Jak-
ken und darüber ein großes schwarzes (bei
Reichen seidenes) Brusttuch, das auf dem
Rücken geschlungen beziehungsweise gehef-
tet war. Bei dem hl. Abendmahl trugen die
Frauen anstatt der schwarzen weiße Tücher.
Die Sonntags-Zuckhauben hatten einen
kostbaren gestickten Boden, der bei den Ver-
heirateten von schwarzer, bei den Ledigen
von weißer Farbe war. Die Zöpfe waren in
einem Knoten auf dem Hinterhaupte fest-
gebunden und ganz von der Haube bedeckt,
auch bei den Mädchen. Barhäuptig durfte
keine Frau und kein konfirmiertes Mädchen die Kirche betreten. Beim Tanz am
Erntekranz und an der Kirchweihe legten
die Mädchen weiße Schürzen an."

Es bedurfte noch vieler Mühe des Suchens,
Findens, Probierens, Gestaltens und Über-
prüfens, bis dann die Kraichgauer Tracht
geschaffen war. Sie fand ihre erste große
öffentliche Vorstellung beim Kurpfälzischen
Winzerfest 1982 in Wiesloch, wobei Land-
wirtschaftsminister Gerhard Weiser und die
Honoratioren der Stadt die neue Tracht beim
Festzug trugen, sie so gewissermaßen 'amt-
lich' einweihend.

Kraichgauer Volksmedizin

olksmedizin ist der Inbegriff aller im Volke lebenden Anschauungen von der Krankheit und den dagegen angewendeten Heilmethoden. Sie stand im Gegensatz zur Schulmedizin, denn man sah in der Volksmedizin Formen, die gesunkenes und gewandeltes Kulturgut und veraltete Schulmedizin darstellen. Die Volksmedizin widerspiegelt also die Anschauungen des Volkes über Krankheit und deren Heilung, gewonnen aus eigener Erfahrung und Beobachtung. Sie ist so aus dem volksmäßigen Brauchtum, Denken, Leben und Sprechen herausgewachsen. „Die Medizin ist älter als der Mediziner", heißt es im Wörterbuch der deutschen Volkskunde, das dann weiter fortfährt: „Der Kampf um Dasein, Geltung und Glück und die Abwehr des Feindlichen, des Schmerzes, des Todes haben die ersten Heilmethoden finden gelehrt; auch Liebe und Freundschaft, wenn einer sah, daß sein Kind, sein Weib, sein Gefährte litt."

Wir können heute noch beobachten, wie ein Kind, von niemanden dazu angehalten, die Wunde aussaugt oder die schmerzende Stelle mit Speichel kühlt. Früh schon hat das Volk die heilende Kraft der Pflanzen, Früchte und Getränke erkannt und erprobt. Eine große Zahl wichtiger, heute wissenschaftlich benannter Heilstoffe, z. B. Chinin, Jod, Aspirin, Radium, Ichthyol usw. waren längst in der Volksmedizin bekannt, ehe die Wissenschaft sie übernahm. Diese hat allerdings das Verdienst, daß sie diese Heilmittel vervollkommne und dosierte. Besonders bei der Anwendung von Giften

(Tropein, Opium, Mohn, Haschisch aus Hanf, Bilsenkraut, Spanische Fliege usw.) und Anregungsmitteln lag der Mißbrauch beim Volke nahe.

Mythisches Glauben und rationales Wissen sind bei der Volksmedizin so eng verknüpft,

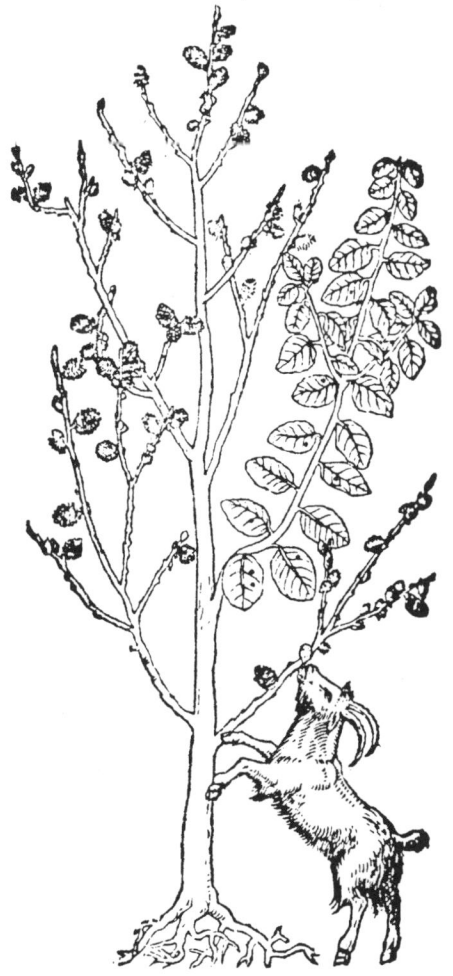

Auch aus Weiden wurden Heilmittel gewonnen – vor allem das Salycin, das heute noch Bestandteil vieler Schmerzmittel ist. (Bock 1512)

daß sie kaum zu trennen sind. Krankheit wurde dem urtümlichen Denken des Volkes nach meist als etwas von außen Gekommenes, Fremdes, aber verhängnisvoll Wirkendes empfunden. Noch heute sagen wir, daß uns etwas 'angeflogen' oder wie 'angehext' sei, und wir vermeiden es, die Gesundheit zu 'beschreien'. Grundsätzliche Anschauungen des Volksglaubens finden sich in der Volksmedizin überall. Vorstellungen von der Seele, Geistern, Dämonen und ihrer Macht (Magie und Zauber), von der Bedeutung des Blutes, Speichels, Kots und anderen 'lebensstoffhaltigen Ausscheidungen' und Absonderungen, von den übernatürlichen Eigenschaften des Körpers und seiner Teile (Kopf, Schädel, Ohr, Auge, Mund, Hand, Fuß, Herz, Leber, Geschlechtsteile usw.) bestimmen das Bild von Krankheiten. Bezeichnungen wie 'Hexenschuß' oder 'Besessenheit' sagen aus, daß diese Krankheiten und Leiden durch die Einwirkung von Dämonen (Alp, Hexen) verursacht wurden. Darüber gibt es unzählige Volkssagen. Diese irrationalen Mächte fürchtete man natürlich in den Zeiten wichtiger Handlungen und Lebensabschnitten, z. B. am Beginn des Lebens (Geburt, Kind, Zahnen), vor der Hochzeit, im Tode. Mutter und Kind waren immer eines besonderen Schutzes bedürftig. Besonders gefährliche Krankheiten wie Seuchen und Epidemien fachten den Dämonenglauben stark an, und die Schuldzuweisungen führten zu wahren Volksbewegungen, wie die Judenverfolgungen im Mittelalter, die Geißler oder auch die Echternacher Springprozession beweisen.

Der Anschauung von der übernatürlichen Herkunft der Krankheit entsprachen die Heilmethoden. Gegen Zauber wurde der Gegenzauber angewendet. Besprechen und Gesundbeten half gegen die den Schaden verursachende Macht, ebenso Gebärden,

zauberkräftige Gegenstände, hauptsächlich Talismane und Amulette. Es wurden selbstverständlich auch natürliche Heilmittel eingesetzt: Wasser, Feuer, Blasen, Streichen, Spucken. Die Anwendung von Heilkräutern wurde häufig von Sympathie begleitet. Die Sympathie fußt auf dem kosmischen Zusammenhang von Sternen, Luft, Erde, Welt und Mensch. Der Sympathiezauber führt nun die Dinge, Mächte und Personen zu gegenseitiger Einwirkung. In der Redensart 'Sympathie machen' im Sinne von Besprechen von Krankheiten liegt die gleiche Bedeutung, bekommt aber die von Aberglauben. Wichtig in der Volksmedizin war der Analogiezauber. Die Krankheit vertrieb man durch Vernageln in einen Baum, durch Verspunden und Verbohren, durch Verpflanzung auf einen Baum, durch Vergraben, Einknoten, Abschreiben, Abmessen, Abstreifen, Durchziehen, Verfüttern an Vieh, durch Wegwerfen (Warzenschnur), Vertauschen, Verkaufen, Verbacken, Verbrennen im Feuer usw., also durch Übertragung in einem sehr vielfältigen Sinne.

Nach dieser Einleitung kann der Weg durch die Kraichgauer Volksmedizin beginnen. Führer dabei ist der ehemalige Apotheker der Heilanstalt Illenau, Walther Zimmermann, mit seiner 1926 herausgebrachten Abhandlung 'Badische Volksheilkunde'. Es ist dabei immer der Beachtung wert, daß es eine bäuerliche Bevölkerung war, welche diese Volksmedizin angewendet hat, und krank ist der Bauer nicht gerne.

Für **Gefühl, Schmerz und Schmerzzustände** gab es eine Menge Bezeichnungen. 'Bitzle' sagte man in Rappenau (und sagt man wohl heute noch allgemein) für bestimmte Empfindungen. 'Man hat's im Knie', und rheumatische Schmerzen wurden mit 'Reißen' bezeichnet. In Odenheim waren es scherzhaft 'reformatorische' Schmerzen. Beim

Kopfweh hatte man nicht nur einen 'blöden Kopf', in Kürnbach litt man am 'Hirnweh'. Eine Reihe abergläubischer Gebräuche dienten der Vorbeugung. Ließ man sich nur an einem Freitag die Haare schneiden, bekam man das ganze Jahr kein Kopfweh.

Rückenschmerzen traten bei den schweren Erntearbeiten immer auf. Um sie zu vermeiden, schlüpfte man in Münzesheim unter den drei ersten Halmen durch. Hier haben wir es mit der Dreizahl zu tun, die in Brauch und Glauben einen großen Einfluß hat. Es gibt z. B. im christlichen Kult drei Marien, drei Nothelferinnen, drei heilige Frauen, im Volksglauben drei heilige weiße Gaben: Mehl, Milch und Salz. Man muß etwas dreimal tun. Die Dreizahl ist der Inbegriff des Segenskräftigen und Mächtigen, und so ist der Zauberspruch meist dreimal zu sagen.

Eingetrocknetes Bocksblut diente in Bretten als Heilmittel bei **Seitenstechen**. Hier liegt wohl das Stoßen der Hörner der Sympathie zugrunde.

Einen mit stark aus den Höhlen tretenden **Augen** behafteten Menschen nannte man in Mühlhausen (und sicher auch anderswo) einen 'Glotzbock'. Ein **Schielender** hieß in Kürnbach und Büchig 'Glauner', ohne dieses Wort erklären zu können, er 'schaute ins Gerstenfeld'. Den Augenschleim nannte man in Rappenau 'Matze'.

Zu einem **Gerstenkorn** sagte man allgemein 'Wegscheißer'. Wer seine Notdurft am Wege verrichtete, oder wer das bemerkte und nicht wegblickte, also etwas Unverschämtes sah, wurde mit einem Gerstenkorn bestraft. Heilung suchte man durch Besprechen. Aus dem Elsenztal gibt es zwei Varianten:

Der Brettener Marktplatz im Jahre 1917 (Stadtarchiv Bretten)

Brand, Fluß und Blattern,
wie unseres Herrn Martern,
wie unseres Herrn Glieder,
so behüt dir Gott deine Augenlider!
Wie unseres Herrn Fußstapfe,
so behüt dir Gott dein Augapfel!

Schußblatter, ich streich dich,
Schußblatter, ich greif dich.
Wie unser Herr den Taubstumm griff
und in seine Ohren nein rief,
also greif ich dich mit dem rechten Daume.
Du mußt zur Stund die unrecht Statt noch
raume!

Der Brand, der hier angeführt wird, ist in der Volksmedizin eine Sammelbezeichnung für eine Reihe äußerlich verwandter 'brennender' Erkrankungen (Gicht, Wurm). Die Brandsegen galten natürlich auch bei wirklichen Verbrennungen. Fluß bedeutet –wie Fieber oder Gicht – eine typische Zusammenfassung einer Vielfalt von Krankheiten nach einem gemeinsamen Symptom. Auch innere Blutungen und verschiedene krankhafte Ab- und Ausscheidungen wurden als Fluß bezeichnet.

Hat man **Husten**, so bellt man. Als Heilmittel galten zu allen Zeiten selbstgesammelte Tees, in denen fast immer ein schwacher Wirkstoff enthalten ist: Hagebutten, Schafgarben, Salbei, Lindenblüten, usw. In Mückenloch ließ man über Nacht Honig oder Kandiszucker in einem ausgehöhlten Rettich stehen und trank dann den Saft.

Keuchhusten war und ist eine gefürchtete Krankheit. 'Blauer Husten' wird er allgemein genannt, weil die Kinder bei einem Stickanfall blau anlaufen. **Hals- und Rachen-**

belege weisen auf Diphterie, Angina oder Krupp hin. Das Volk traf da keine genaue Unterscheidung. Man hatte in Rappenau die 'Halsbräunig'. Bei **Asthma**, Atemnot 'isch's eim eng', ein Asthmatiker ist kurzatmig, er hatte in Rappenau die 'Schnaufit'. Oft will auch der 'Bloosbalg' nicht mehr.

Mit der **Schwindsucht** bezeichnete das Volk eigentlich jeden Kräftezerfall. Der Kranke litt an 'Auszehrung'. Als Heilmittel aß man nüchtern in Essig geriebenen Meerrettich oder nüchtern so viele Gelberüben, wie man konnte. Verbreitet war auch die Ansicht, daß Schwindsucht durch winzig kleine fressende Tierchen hervorgerufen wurde. Schwindsucht bekam man u.a., wenn man Katzenhaare verschluckte, in Ettlingen sagte man, der Kranke habe ein 'Hexenhaar' verschluckt. Als Heilmittel wurden durchweg Zaubersprüche angewendet. Da für den Kraichgau kein entsprechender zu finden war, sei einer von Kirchheim-Heidelberg zitiert: *Schwindsucht, ich treib dich aus dem Marks in das Bein, aus dem Bein in das Fleisch, aus dem Fleisch in das Blut, aus dem Blut in die Haut, aus der Haut in die wilde Erden. Sollst du verbunden werden.* Man mußte den Zauberspruch dreimal an hintereinanderliegenden Freitagen vor Sonnenaufgang sprechen und dabei dreimal in die rechte Hand speien.

Unruhigen Kindern, die nicht einschlafen konnten, gab man 'Kläpperlestee', ein Absud der getrockneten reifen oder unreifen Mohnkapseln, dem 'Magsomen'. Die Verabreichung des opiumhaltigen Mohnkapseltees war eine weitverbreitete Unsitte, die schädlich auf die geistige Entwicklung der Kinder wirkte. Vielfach gab man ihnen auch Stoffbeutelchen, in die Mohn eingenäht war, auf denen sie herumbissen und so ruhig wurden, daß die Mutter ihre Arbeit verrichten konnte.

Das **Alpdrücken** ist eigentlich keine Krankheit. Es war häufig eine Erscheinung, die durch Atembeengung, Blutstauungen oder durch die wenig gesundheitsförderlichen Schlafbedingungen der Bauern- und Arbeiterschlafstuben mit ihren gewaltigen Deckbetten und der schlechten Luft, da sie kaum gelüftet wurden, hervorgerufen wurde. Alpdrücken entstand auch durch Übermüdung infolge der harten Arbeit, durch vollen Magen und Darm, eben durch starkes Essen und Trinken. Das 'Schrättele', das in vielen unserer Volkssagen seinen festen Platz hat, gab es in der ursprünglichen Form im Kraichgau nicht. Immerhin zeigt der Name Alpdruck, daß man sich den Verursacher als ein übelwollendes Wesen vorstellte, vor dem man sich durch vielgestaltige Maßnahmen schützen mußte. Um die Person zu entlarven, die hinter dem Alpdrücken eines Kindes steckte, stand die Mutter in Mühlhausen schnell auf, kehrte die Stube zusammen und verbrannte sogleich den Kehricht. Am anderen Tage hatte die Hexe ein Brandmal. Ebenfalls in Mühlhausen nagelte man eine am Morgen in der Stube eines vom Alp Geplagten gefundene Feder an die Türe. Dann stand dort am nächsten Tag die Hexe nackt! Nun, auch unsere Vorfahren glaubten nicht mehr so recht an solche Dinge, man war der Überzeugung, daß es keine Hexen gibt, wohl aber böse Leute.

Das **Zahnweh** war geradezu eine Volkskrankheit, die durch die sehr mangelhafte Zahnpflege hervorgerufen wurde, ein schmerzhaftes Übel. Hilfe dagegen suchte man häufig im Aberglauben und tausend anderen Praktiken. Vor allem suchte man sich vor dem Zahnweh zu 'feien'. Aus dem Elsenztal gibt es einen Reimsegen, der durch seinen Inhalt die Stunde der Wirksamkeit offenbart:

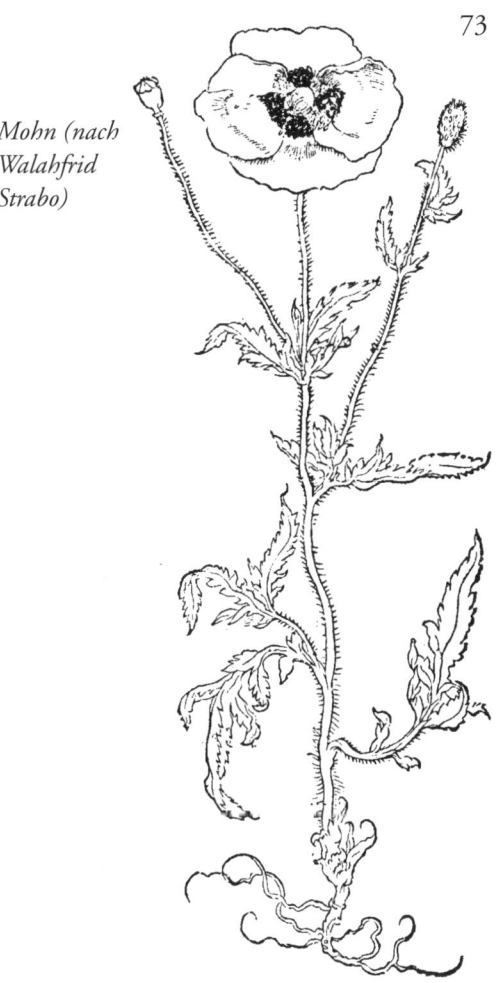

Mohn (nach Walahfrid Strabo)

Voller Mond, grüner Baum, neues Licht, weißer Schaum, macht, daß meine Zähne nicht wütend, tobend werden!

Ein Brauchbuch aus Grünwettersbach (1809 abgeschrieben) enthält die Formel 'vor das Zahnweh': gonto + ganetas + galatas +, was immer das heißen sollte. Ein Mund mit vorstehenden Zähnen wurde in Rappenau 'Zah(n)raffel' genannt.

Für den **Schluchzer** sagte das Volk 'den Gluckser haben', man tat 'gluckse'. Da gab es dagegen auch die heute noch angewendeten Mittel, z. B. mit leerem Mund dreimal schlucken oder schnelles Trinken in kleinen Schlucken bei Anhalten des Atems.

Aufstoßen, Sodbrennen: Beim gewaltsamen und geräuschvollem Heraufsteigen von Verdauungsgasen rülpste man. Das Aufstoßen nach dem Essen wurde als gesund betrachtet und sein Ausbleiben auf längere Zeit als ein Zeichen einer Magenerkrankung angesehen. Hatte man eine Magenverstimmung, so 'fehlte es einem am Magen', man hatte einen 'blöden Magen', und wenn der Magen schlecht verdaute, so war er 'schwach'. Brechreiz führte zum 'worgse', mußte man brechen, dann kotzte man, ein heute noch gebrauchtes Wort. 'S Abführe', 's Abweiche', 'Dünnschiß', 'Durchmarsch', die 'Scheißet' waren die derben Namen für den **Durchfall.** Heilmittel waren getrocknete Heidelbeeren, Eichenrindentee, Eichelkaffee, Eichelkakao.

Bei **Leibschmerzen,** Bauchweh, Kolik, Grimmen tat der Schnaps gute Wirkung. Man holte aus der Apotheke Magentropfen, Chinatropfen, Wermutstropfen. Zur Vorbeugung, daß man keine Kolik bekam, verzehrte man in Untergrombach unbeschrien die Blütenähre eines Fruchthalmes.

Harnwege: Guter Stuhlgang und regelmäßiger Harnabgang galten dem Volke als Hauptzeichen der Gesundheit. Man benützte eine Reihe von Pflanzen, die 'gut fürs Wasser' sind. Beliebt waren die jungen Frühlingstriebe der Brennessel, Hopfen, Löwenzahn, Kresse. Besonders bekannt ist ja heute noch die harntreibende Wirkung des Löwenzahns, seine Volksnamen 'Bettbrunzekraut', 'Pissangli' spielen darauf an. Zum Harnen sagte man 'das Wasser lassen', 'das Wasser abschlagen', 'seichen', 'brunzen', die kleinen Kinder 'rollten', machten 'rolli-rolli' oder 'rappelten'.

Das **Bettnässen** ist ein lästiges Kinderübel. Alle Heilmittel, die man brauchte, waren abergläubischer Natur. Im ganzen Land wurde der hl. Veit in der Not angerufen:

*Heiliger Sankt Vit,
weck mich in der Zit!
Nit z'früh und nit z'spoot,
daß es nit ins Bett goot!*

Es gab auch lustige Bitten:

*Betet au e Vaterunser
für e arme Bettbrunzer!*

Gicht wurde Gliederreißen genannt, auch der Hexenschuß wurde dazu gerechnet. Man war durchweg der Meinung, daß eine Erkältung an der Krankheit schuld sei. Das im Volke bekannt gewordene Wort Rheumatismus hat vielerlei Verdrehungen erfahren, die bekannteste ist sicher 'Reißmatheis'. Beliebte Heilmittel waren Einreibungen mit Kirschen-, Zwetschgen-, Kartoffelschnaps, Spiritus, Ameisengeist, Ölen mit Tiefenwirkung wie Terpentinöl oder Salmiakgeist, schmerzbetäubende Einreibungen mit Kampferspiritus oder Bilsenkrautöl. Daneben gebrauchte man Pechpflaster, Senfpflaster und Aspirin, das sich zu einem Volksmittel entwickelte. Gicht ist vom Wesen her dämonisch und hat 77erlei Gesichte. Ihnen suchte man mit Zaubersprüchen und Bräuchen zu begegnen. Ein Zauberspruch aus dem Elsenztal lautet:

*Sieben und siebzigerlei Gicht,
weiche aus meinem Gesicht,
weiche aus meinem Gebein
so lauter und so rein
wie das Kind Jesulein!
††† Amen!*

Bei diesem Spruch begegnet uns die Siebener-Zahl. Wie 3 und 9 ist 7 eine heilige

Zahl. Nach Eugen Fehrle (Badische Volkskunde, 1924) ist sie als solche auf den Mond zurückzuführen. Teilt man die Umlaufzeit des Mondes, die etwa 28 Tage beträgt, nach seinen Erscheinungsformen als Neumond, 1. Viertel, 2. Viertel, Vollmond, letztes Viertel durch 4, so ergibt dies 7. Es gibt viele Beispiele dafür, daß die Siebenzahl im Volke im Verlauf des Lebens immer präsent geblieben ist. Im 7. Monat bekommt das Kind Zähne, im 7. Lebensjahr verliert es sie wieder. Das 7. Lebensjahr ist das 1. Schuljahr, mit 2 x 7 Jahren kommt das Kind aus der Schule. Es gibt 7 Sakramente und 7 Todsünden, wir haben 7 Wochentage. Der 7. Tag ist bei vielen Krankheiten der 'kritische' Tag, der die Entscheidung nach dem Guten oder Bösen bringt. In der Ettlinger Gegend ließ man, um Wunden zu heilen, 7 Tage eine Werre (Maulwurfsgrille) in Rapsöl liegen und bestrich mit dem so gewonnenen Öl die wunde Stelle, indem man sagte: *Wärr, Wärr, Schindmärr, schärr mer mei Elend ab!* Wie wir oben gesehen haben, wußte der Volksglaube viel von '77erlei Gichter', und wohl jedes Brauchbüchlein kennt Mittel gegen 77 Fieber.

Bei einer **Schwangerschaft** war die Frau in Hoffnung, sie ging mit einem Kinde, und – viel vulgärer – sie war 'hops'. Im ganzen Lande gab es vor Zeiten interessante Versuche, Schwangerschaft zu verhüten. Wenn man vom ersten in einem neuen Ofen gebackenen Brot aß, wurde man nie schwanger. Vielleicht spielte da die Erinnerung an das Märchen mit, daß die erste Begattung ohne Folgen sei. Auch das Essen von Obst von einem Reis, das auf einen Weißdorn gepfropft worden war, verhinderte eine Schwangerschaft. Hier liegt ein Vergleich der Pfropfung mit dem Beischlaf vor. Als Abtreibungsmittel nahm man starke Senfbäder.

Gegen **Brüche**, Hodenbruch, Nabelbruch, Leistenbruch waren sämtliche Heilmittel abergläubischer Art. Häufig war das 'Überlupfen' die Ursache der Brüche. Gründonnerstagseier, besser noch Karfreitagseier am Karfreitag oder Ostersonntag nüchtern getrunken oder gegessen, bewahrten allgemein vor Krankheit, besonders vor Brüchen. Deshalb wurden die Karfreitagseier auch besonders den Knechten, also den Schwerarbeitern, gegeben. In ihrer Wirkung waren sie bisweilen an Bedingungen geknüpft. In Siegelsbach mußte das Ei von einer schwarzen Henne stammen.

Die **Englische Krankheit (Rachitis)** war ein gefürchtetes Übel, das den Kindern zu schaffen machte. Auch hier waren die Mittel abergläubisch, indem man das Kind mit heißem Fett einrieb und dazu im Elsenztal folgende Segen sprach:

*1. Herzgespann und Anwachs,
du hast bei diesem Kind kein Platz.
Weich aus dem Kind seine Rippe
wie unser Herr Jesus Christ aus der Krippe.*

*2. Herzgespann, weiche!
Ich geb dir ein Zeiche.
Mein Finger greife
unter deine Rippen
wie das Jesuskind in der Krippen.*

Atembeschwerden wurden als Herzgespann bezeichnet.

Der **Kropf** war strichweise eine häufige Krankheit. An ihr hingen viele Redensarten, man sagt z. B. heute noch: **Das ist so unnötig wie ein Kropf!** Leute mit Kropf hatten viel Spott zu ertragen. In vielen 'Kropfgegenden' wurde erzählt, daß einst ein 'Glatthals' durch einen Ort kam und ihm alle Kinder nachliefen, bis eine alte

Frau ihnen dies mit den Worten verbot: *Was kann der arme Mensch dafür, daß er nicht alle Glieder hat wie wir!* Heilmittel waren Kropf- und Jodsalbe. Bei zunehmendem Mond faßte man im Elsenztal an die Schwellung und betete:

Was ich seh, soll wachse,
was ich greif, soll vergehn,
in alle vier Winde soll's verwehn!

Über Schönheitsfehler schreibt Zimmermann: „Die harmlosesten 'Hauterkrankungen' sind die Schönheitsfehler. In den Zeiten des Freiens und Gefreitwerdens, in den Jahren des Reifens und Reifseinwollens und damit des Gefallenwollens erwächst selbst in den am wenigsten zur Reinlichkeit und Gesundheit Erzogenen der Wunsch, schön zu sein. Runzlige, mißfarbene Haut, Hautflecken, Unreinigkeiten mag niemand haben." Zu den Schönheitsfehlern gehörten auch die **Sommersprossen**. Dagegen gab es altbewährte, seit Jahrhunderten erprobte Mittel, nämlich das Waschen, das Baden in Tau, besonders im Maientau. Im Elsenztal wusch man sich das Gesicht zur Zeit des Vater-unser-Läutens und sprach dazu:

Alleweil läut's Vaterunser aus,
alleweil wäsch ich mein Sommerflecke aus.

Kaum eine andere Krankheit hat die Volksmedizin so beschäftigt wie die **Warzen**. Um sie zu vertreiben, gab es eine unendliche Zahl von Volksmitteln, die meist einen sympathetischen Charakter hatten. Sie alle aufzuzählen, ist unmöglich, auch waren sie von Gegend zu Gegend verschieden. Wichtig war, daß der größte Teil der Sympathiemittel gegen Warzen bei abnehmendem Mond gebraucht wurden, sonst blieben sie

ohne Wirkung. Ein paar Mittel aus der Vielzahl seien aber doch angeführt:
Man lasse die Warzen von einem anderen zählen, dann bekommt sie dieser. Man mache so viele Knöpfe (Knoten) an einen Faden, als man Warzen besitzt und lege den knotigen Faden vor Sonnenaufgang in ein Brunnenrohr; wer zuerst pumpt, bekommt sie. Lege so viele Steine auf einen Brunnentrog als man Warzen hat. Wer die Steine herabstößt, bekommt sie.
An erster Stelle der Warzenbekämpfung stand der Übertragungszauber. Kraft eines Spruches glaubte man, das Übel einem Toten, einem Lebenden oder einem leblosen Ding übertragen zu können. Während es zu einer Leiche läutet, steht man an einem fließenden Wasser, wäscht den Teil, wo die Warze ist, und spricht dabei:

Jetzt läutet man zu einer Leiche,
und was ich wasche, das weiche!

Im Elsenztal sagte man:

Wann die Toteglock läut't ins Grab,
Maidle spring und wäsch dei Warze ab!

Helfer kamen auch aus der Tierwelt. Bei uns sagte man den Spruch:

Wolfsmilch und Schneckenschleim
solle mei Kind vun de Warze befrein.

Gegen Warzen und Sommersprossen bedient man sich der schwarzen Schnecke, die man frühmorgens auf den Fußwegen findet. Man bestreiche mit derselben die betreffenden Körperstellen und lege die Schnecke nachher wieder auf den Weg, wo sie vorher gelegen hatte.

Man schmiert die Warzen mit frischem Speck eines soeben geschlachteten Schweines und vergräbt ihn nachher in die Erde. Wenn der Speck verfault, fallen die Warzen ab.

Hautentzündungen, die durch Druck oder Verletzungen entstanden waren, oder wenn die Entzündung die tieferen Gewebe angriff, beschwor man den 'Rotlauf' oder 'kalten Brand' im Elsenztal folgendermaßen:

Unser Herr Jesu zog über Land,
an dem Bach er einen Stock fand.
der Stock war schwarz und doch nicht
schwarz.
Er nahm ihn in seine schneeweiße Hand
und versprach damit den kalten Brand.
Kalter Brand und Rotlauf,
ich lege meine rechte Hand drauf.
††† Amen!

Im ganzen Land bewahrte man sich vor **Haarausfall**, wenn man sich die Haare bei zunehmendem Mond schneiden ließ, denn bei abnehmendem geschnitten, wuchsen sie nicht mehr. Den 'Haarwurm', eine mit Anschwellungen verbundene Entzündung der Kopfhaut, besprach man im Elsenztal mit dem Spruche:

Hoorwurm, ruck dich!
Hoorwurm, druck dich!
Mit meine rechte Hand
bann ich dich in e anneres Land!

Hier soll noch etwas über das Besprechen gesagt werden. Die dem Wort innewohnende Kraft äußert sich in Zaubersprüchen, Beschwörungen in dem im ganzen deutschen Sprachgebiet verbreiteten Besprechen von Krankheiten der Menschen und Tiere.

Besprechen kann man fast alle Krankheiten, am häufigsten Warzen, Flechten, Rose, Blutungen, Erscheinungen, deren Behandlung oder Beeinflußung durch Suggestion auch die wissenschaftliche Medizin anerkennt.

Die **Bräune**, Kinderbräune, Mundfäule wurden im Elsenztal durch folgenden Zauberspruch bekämpft:

Sankt Jakob ging über Land,
er hott en Stock in seiner Hand.
Do frägt'n unser Herr Jesus Christ:
Ich seh, daß du so traurig bist.
Sankt Jakob muß so traurig sein,
weil's ihm sein Mund so bös dut sein.
Do spricht unser Herr Jesus Christ:
Geh hin an die Quell
unn trink zur Stell;
geh hin an den Brunne,
dann hoscht's bald gfunne.
Nimm Wasser ins Maul,
spich's aus nit faul,
spich's aus in de tiefste Meeresgrund,
jetzt werd meim Kind sein Mäule widder
g'sund.

Verwundungen waren durch den Umgang mit Sichel, Sense und Beil häufig und fast unvermeidlich. Da rief man die Heiligen zum Schutze an:

Heiliger Sankt Michel,
gib acht auf mei Sichel!
Heiliger Sankt Veit,
gib acht, daß ich mich nicht schneid!

Anhaltenden Blutungen suchte man Herr zu werden, indem man beim Verbinden dreimal das Vaterunser bis 'auf Erden' betete. Im Kraichgau sprach man außerdem:

Es wuchsen drei Rosen an einem Stiel.
Drei blutrote Rosen und doch nur ein Stiel.
Die erste hieß: Güte,
die zweite: Gemüte,
die dritte: Wie Gott will.
Blut, ich gebiete dir, steh still!
Im Namen des Vaters. Amen.

Bei **Brandwunden** galt:

Hat jemand sich die Haut verbrannt
und hilft kein Feuersegen,
so darf er auf die Wunde nur
Kartoffelschabzig legen.

Das wußte schon S. Fr. Sauter in seinem 'Kartoffellied'. Auch rohes Sauerkraut legte man auf. Im Elsenztal hatte man außerdem noch den Spruch:

Unser Herr Jesus ging über Land,
er hat ein Buch in seiner Hand,
damit stillt er allen bösen Brand.

Bei **Verrenkungen** war das Besprechen üblich, wie z. B. in Wössingen:

Die Juden haben unsern Heiland gehenkt,
und du hast dich verrenkt.
Dem Heiland tat das Henken nichts,
und dir's Verrenken nichts.

Geschwüre wurden vom Volke unterschieden in einfache Geschwüre, Karfunkel, Eiterungen, die sich nicht öffnen wollten usw. Bewährte Heilmittel waren das Auswaschen, Abkochungen, Saft von Wegerich, Kamille, Leinsamen und Zugsalben und Zugpflaster aus der Apotheke. Dann *het's G'schwür sich*

z'sammezoge (Rappenau). Bei Heilungen spielte der Aberglaube eine große Rolle. Damit Geschwüre, namentlich Furunkel, nicht um sich griffen, setzte man ihnen mit Besprechungen Grenzen, wie z. B. in Grünwettersbach:

Laurenze lag auf einem feurigen Rost,
und unser Hl. Christus kam mit seinem Trost,
er kam mit seiner starken Hand,
er löscht den kalten und heißen Brand.

Geschwüre am Fingernagel bezeichnete man mit Umlauf, vielerorts auch mit 'Wurm'. Mit Wurm benannte man die mit bohrenden und nagenden Schmerzen begleiteten Krankheiten, wie die Volksmedizin lehrte, daß jeder Mensch im Innern einen Wurm berge, der ihm langsam den Tod bereite. Der Wurm muß also getötet werden. Man badete den Finger in einem Bad aus geschabter Seife, was man wohl heute auch noch tut. Im Elsenztal aber besprach man den Wurm so:

Unser Herr Jesus Christus ging zackern,
zackerte drei Würmer raus.
Der eine war weiß,
der andre war schwarz,
der dritt war rot.
Nun drück ich den Wurm im Finger tot.
††† Amen!

Damit soll der Gang durch die Volksheilkunde des Kraichgaus abgeschlossen werden. Viele Krankheiten fanden dabei keine Erwähnung, z.T. auch deshalb, weil dafür für den Kraichgau keine Angaben zu finden waren. Die Volksmedizin aber gibt tiefen Einblick in die Denkart und den Glauben unserer Vorfahren. Und weil an die vielfältigen angewandten Heilmittel geglaubt wurde, halfen sie auch oft. Der Glaube kann wirklich Berge versetzen.

In der bis jetzt geführten Abhandlung war oft von Brauchbüchern die Rede. Nun gibt es glücklicherweise ein von Franz Heidelberger, Karlsruhe, im Hause seiner Großeltern in 'einem **schmucken Kraichgaudorf**' aufgefundenes **Brauchbuch**. Leider hat er den Namen des Kraichgaudorfes nicht genannt, so daß die Zuordnung des Buches allgemein auf den Kraichgau erfolgen muß, was dem volkskundlichen Wert für unsere Zwecke keinen Abbruch tut. Es stellt eine schöne Ergänzung der Kraichgauer Volksmedizin dar. Deshalb soll ein Auszug des von Heidelberger 1924 veröffentlichten Materials nun erfolgen.

Es erstaunt bei der bäuerlichen Bevölkerung des 'schönen Kraichgaudorfes' nicht, daß von 150 Rezepten und Formeln über zwei Drittel der Sorge für die Haustiere gewidmet sind und nur etwa ein Drittel zum Gebrauch für die Menschen bestimmt ist. Viele gute und nützliche Ratschläge dienen also der Pflege des Haustierbestandes, z. B.: „So einer **im Frühling erstmals das Vieh austreibt.** Das liebe Vieh geht diesen Tag und so manchen Tag und das ganze Jahr über manchen Graben, ich hoff und trau, da begegneten ihm drei Knaben, der erste ist Gott der Vater, der ander ist Gott der Sohn, der dritte ist Gott der heilige Geist, die behüten mir mein Viehe, sein Blut und sein Fleisch, und macht ein Ring um sein Vieh und den Ring hat gemacht Mariam ihr liebes Kind und der Ring ist beschlossen mit 77 Schlösser, das behüt mir Gott mein Vieh, sein Blut, Milch und Fleisch, das mich kein böser Mensch anschau, keine böse Hand nicht angreif, kein böser Wind anweh, kein Thier reiß wie auch kein wildes Thier zer-

reiß, kein Baum fällt keine Strecke, und kein Dieb wegnimmt und wegfirt im Anfange des erstenmal sei beschlossen und das ganze Jahr mit ††† also erst beschlossen."
Über die '**Krankheit das das Vieh nicht fressen kann**' wird ausgeführt: „Die Augen werden ihnen roth das Wasser rint zum Maul und Nasen heraus, schreien immer bis an den 9. oder 10ten Tag alsdann sterben sie, es sind 1663 in Frankenland unterschiedlichen Orthen gar viel Viehe zu schanden gangen, bis sie diese nachfolgende Mittel erfunden und gebraucht haben: Erstens: Nimm 3 dürre aiglen wie sie an den Bäumen wachsen verstoß sie klein, giebs dem Viehe in einem gläslein voll Wasser will es nicht helfen, so verstoß 5 und giebs dem Viehe wieder in Wasser ein, hilft es wieder nicht, so verstoß 7 und giebs dem Viehe wieder ein, mit diesen Mittel hat man der Krankheit widerstand gethan, und Viehe zur Gesundheit gebracht."
Gegen Vergiftung findet sich folgender Ratschlag: „So nimm menschen hor, hunds Koth, Knoblich misch es durcheinander, machs warm und bins dem Viehe auf den Schaden, es nimmt den gieft und die geschwulst hinweg."
Tiere, die nach dem Volksglauben Unheil bringen, weil in ihnen böse Mächte wohnen, sieht der Landmann in Haus und Hof nicht gerne. Auch in diesem Falle weiß das Brauchbuch zu helfen: „Vor die Krotten in einem Stall, und die Kühe im winder saugen so geschwüllen die Aitter und geben keine Milch, sondern Blut, so schmir das Aitter mit Buttter, so vergeth es wieder thue hernach wagenschmir in ein scherblein und stell es in stall, so kommt dir keine Krott in den stall."
Gegen **Verhexung**, vor der der Bauer immer Angst hatte, brauchte man starke Gegenmittel: „Wann ein Viehe verhext oder vergift

wird. Nimm rothes garn und siets in der Aschen hernach bins warm über so heis es leiden kann so vergeth ihm die geschwulst übernacht."

Auch die **Satorformel** finden wir im Brauchbuch. Sie ist seit dem 4. Jahrhundert n. Chr. zuerst in Kleinasien nachweisbar und hat in ganz Europa und in der neuen Welt Verbreitung gefunden. Seit Jahrhunderten also wird die Formel zu zauberischen Zwecken benutzt, ohne daß es bis jetzt gelungen ist, eine wirklich stichhaltige Erklärung für die Bedeutung der Worte zu finden. Die Formel lautet:

$$S \quad A \quad T \quad O \quad R$$
$$A \quad R \quad E \quad P \quad O$$
$$T \quad E \quad N \quad E \quad T$$
$$O \quad P \quad E \quad R \quad A$$
$$R \quad O \quad T \quad A \quad S$$

Das erste, dritte, vierte und fünfte Wort sind richtige lateinische Wörter, das zweite ein völlig unbekanntes und undeutbares Wort, zugleich die Umkehrung des Wortes OPERA, ein gleiches Verhältnis besteht auch zwischen SATOR und ROTAS. Die Formel diente als Feuersegen, gegen den Biß toller Hunde, gegen Fieber. Sie wurde als Amulett, auf einen Zettel geschrieben, um den Hals getragen. Auf Papier geschrieben und gegessen heilt sie Krankheiten, den Tieren eingegeben hilft sie gegen Kolik. Vor allem schützt sie vor Bezauberung. Die Zauberformel hilft, wenn sie von vorn nach hinten gesprochen wird. Der Zauber wird wieder aufgehoben, wenn die Formel rückwärts gelesen wird. Die Satorformel zählt vielleicht deshalb zu den kräftigsten, weil sie, wie auch immer gelesen, stets dieselbe blieb. Das Brauchbuch beweist, daß sie auch im Kraichgau bekannt gewesen ist: „Wann ein stall unsauber, oder eine Viehe angegriffen

ist, so gieb dem Viehe diese Buchstaben auf einem Zettel zu essen und im stall genagelt."

SATOD
AJEBO
TERET
OBERA
ROEAS

An einer anderen Stelle lautet sie (wie das Original), gleichfalls gegen 'Gespenst und Hexerei' zu gebrauchen:

SATOR
AREPO
TENET
OPERA
ROTAS

Der Charakter, welcher dazu gehört, heißet: Gott segne mich hie zeitig und dort ewiglich. Amen."

Heidelberger bemerkt dazu: „Beim letzten Beispiel stehen im Brauchbuch neben der Formel zweimal die Buchstaben der Kreuzaufschrift J.N.R.I. und die Worte 'Sanctus spiritus'. Man kann sich des Eindrucks nicht erwehren, als hätten die Schreiber und Benutzter des Brauchbuches das Bedürfnis gehabt, die wohl als heidnisch empfundene Beschwörung durch eine Art 'Rückversicherung' mit christlichen Anschauungen auszusöhnen, denn mit dem Christengott wollte man es durch den Gebrauch des Zauberspruches offenbar nicht verderben. Die Abweichungen der Formelworte von der Originalformel, die sicherlich auf Abschreibefehler zurückgehen, lassen gleichwohl keinen Zweifel aufkommen, daß es sich in dem angeführten Beispiel um die Satorformel handelt."

Wenden wir uns den Haus- und Segensmitteln zu, die das Brauchbuch für die Menschen vorsieht. Gegen Fieber wird empfohlen:

„Nimm 7 erd oder regen worm lewentig thu sie in ein Trinkglas voll brandenwein und las sie darin absterben wann sie Tod sind tust sie heraus, thu sie dörren und zu Pulver gemacht und wieder in vorhin brandenwein gethan, wann das fiber kommt, eß mit einander ausgetrunken hilft, ist es nicht genuch an 7 wörm, so nimm das andere mal 9."

Vor das **Zahnwehe** wird folgendes empfohlen: „S. Petrus stand unter einer Eichen busch da sprach unser lieber Herr Jesu Christ zu Petro, warum bist du so traurig! Petrus sprach, warum wollt ich nicht traurich sein, die Zähne wollen mir im Mund verfaulen, da sprach unser lieber Herr Jesu Christ zu Peter. Peter gehe hin in Grund, und nimm Wasser in den Mund, und spey es wieder aus in Grund †††"

Gegen **Würmer** wurde diese Formel gebraucht: „Pedrus und Jesus fuhren aus gen Acker. Ackert 3 Fürchten, Ackert auf 3 Würmer der eine weiß, der andre schwarz, der dritte ist roth, da sind alle Würme Tod, im nahmen ††† sprich diese wort 3 mal."

Auf einfache Weise ließen sich **Läuse** bekämpfen: „Ihr Läus vergeht wie der Tod im Grab †††. Dies 3 mal gesagt über den Rükken gefahren."

Natürlich enthielt das Brauchtum probate Mittel gegen **Diebsgesindel und Verbrecher**, es half alle Räuber und Mörder zu 'stellen' und gegen einen Schuß zu schützen. Das Büchlein selbst umfaßt 24 Blätter (mit 96 Seiten) starken, weißen Papiers und ist von einer Hand sorgfältig und gewissenhaft geschrieben. Näheres über seine Herkunft konnte Heidelberger nicht ermitteln. Wo es sich heute befindet oder ob es überhaupt noch existiert, ist nicht feststellbar.

In der alten Eichtersheimer Apotheke

Wenn auch die Menschen, wie wir gesehen haben, viele Hausmittel und Beschwörungen zur Bekämpfung von Krankheiten in Anwendung brachten, so kamen sie doch nicht ohne Apotheke aus.

In der alten Eichtersheimer Apotheke lebte von 1858 bis 1862 Friedrich Ratzel, der später berühmte Wissenschaftler, Geograph und Begründer der modernen Völkerkunde als Lehrling. Ratzel, der dem Kraichgau in seinem Buche 'Glückinseln und Träume' ein unvergängliches Denkmal gesetzt hat, wurde am 30. August 1844 in Karlsruhe geboren, konnte aus finanziellen Gründen nicht studieren und wurde deshalb von den Eltern als Apothekerlehrling nach Eichtersheim gegeben. Er schrieb den folgenden Bericht, der einen lebhaften, unverhüllten und zugleich humorvollen Einblick hinter die Kulissen einer Landapotheke in der zweiten Hälfte des vorigen Jahrhunderts gewährt. Dieser Bericht zeigt aber auch, daß ein Hauch von Magie in dieser Giftküche wehte, als ginge Dr. Faust hindurch, und daß die Menschen des Kraichgaus noch an die Wirksamkeit allerlei obskurer Mittel glaubten: ...

„Eine alte Landapotheke war noch nach der Mitte des vergangenen Jahrhunderts eine der altertümlichsten und barocksten Einrichtungen weit und breit. Viele von den Herrschaftssitzen, deren es in unserer Landschaft sehr viele gibt, waren im Vergleich damit modern. An und für sich ist eine Apotheke ein buntes Wirrwarr von Büchsen und Gläsern, Kisten und Flaschen, und der hundertfältige Inhalt zahlloser Gefäße besteht bald aus uralten Pflanzen- und Tierstoffen, nach denen kein vernünftiger Mensch mehr fragt, bald aus den modernsten Präparaten, die tödliche Eigenschaften hinter dem reinlichen Vorhemd bergen. Die schwarzen Totenköpfe, die auf vielen von diesen Behältern gemalt sind, die Aufschriften Gift! und Vorsicht! vermehren die Schauer, die in den Räumen der Apotheke walten. Nun war aber damals eine Zeit, in die noch die obsoletesten Arzneimittel der Zeit der Goldmacher und Wunderdoktoren hineinreichten. Man zeigte mir in einem alten irdnen Topfe von der plumpsten Gestalt braune Erdstücke mit anhängenden Leinwandfetzen als Mumia vera, und in einem lavendelgefüllten Glase steckte eine weißbäuchige Eidechse, trocken wie Papier, Scinus marinus; auch Hechtkiefer und Kellerasseln waren in den Gläsern aufgestellt. Man zeigte mir lachend getrocknete Schlammhäufchen von der Straße, die mit geschmolzenem Schwefel dünn überstrichen waren, und nannte sie Sulfur caballinum, Roßschwefel; früher hatte diesen Namen eine unreine, billige Schwefelsorte getragen, und da es jetzt nur reinen Schwefel zu kaufen gab, kam man auf diese billige Art der fortdauernden Nachfrage nach unreinem Schwefel nach. Der Schinder verkaufte uns das halbflüssige, grauliche Hundefett, Abfall der Hundebraten, die er sich schmekken ließ, und wir befriedigten damit den Wunsch der Bauern nach Armesünderfett, Menschenfett, Affenfett, Katzenfett, Bärenfett. In staubigen Winkeln standen Windöfen und Retorten, in denen vielleicht einst der Stein der Weisen geglüht oder die Muttertinktur aller Heilsäfte zum Lebenselixier digeriert, gekocht und destilliert worden war. Täglich wurde gestoßen, gerieben, gehackt, geschnitten."

Ein paar Seiten weiter heißt es: „Wenn wir grünliches Chlorgas destillierten und alles ringsumher sich die Nase zuhielt, und der blauhändige Färber, unser Nachbar, von jenseits der Hofmauer rief: Nächstens krepiert mein Schwein noch von eurem Gestank! dann schwollen unsere Herzen. Es ist wahr, es riecht schlecht, es verursacht Hustenreiz, aber es ist Chlor! Wie das schon klingt! Und wir husteten und fühlten unsere Augen brennen; aber nur nicht klagen, sondern mit ernster Würde wiederholen: Chlor! Dörfliche Einsamkeit ist gerade der rechte Boden für das Gedeihen dieses bescheidenen Gewächses. Im Winter, wenn tiefer Schnee den Verkehr auf das allernotwendigste beschränkte, die weite Welt wie verschlafen unter ihrer Decke lag, und wir uns mit Muße dem Destillieren und Sublimieren im qualmenden Laboratorium, genannt Hexenküche, hingeben konnten, kam etwas von alchimistischer Stimmung über uns. Gold oder den Stein der Weisen machen zu wollen, dafür waren wir ja zu aufgeklärt; aber wenn die Destillation irgend eines bekannten Stoffes gelang, sahen wir in jedem Tropfen, der in die Phiole fiel, 'das Werk, das gelungen', und es wurde uns weit um die Brust."

Über den Bauerngarten

Unsere Bauergärten besitzen eine sehr alte Tradition, die man ihrem Blühen und Gedeihen nicht ansieht. Jahrhunderte haben in den Gärten gearbeitet, bis sie zu ihrer heutigen Gestalt gefunden haben.

Der erste Garten entstand wohl bei den Germanen, die Haus und Hof zum Schutz vor Feinden und wilden Tieren eingezäumt und auch das Vieh in der Nacht innerhalb der Umzäumung untergebracht haben. Die dadurch fortwährende Düngung machte den Boden besser, und zufällig aufgegangene Samen gediehen gut. Dadurch wurden die Menschen wohl veranlaßt, zur Aufbesserung der Kost gewisse Kräuter und Gewürze anzubauen und zum Schutze vor dem Vieh ein Stück des guten Landes mit einem Zaun zu versehen. Damit haben sie schließlich einen Garten angelegt. Sie pflanzten darin auch den wilden Apfelbaum und erzielten bessere Früchte. Bohnen, Linsen, Erbsen, Möhren, Rüben ergänzten den Speisezettel aufs vorteilhafteste. Nur von Blumen haben wir keine Nachricht.

Diese ganz auf Nutzen ausgerichteten 'Gärten' erfuhren eine außerordentliche Veränderung durch durch die zweihundert Jahre dauernde Besetzung durch die Römer. Was sie aus dem Süden zu uns brachten, war eine Bereicherung erstaunlicher Art und Vielfalt. Dazu gehörten bessere Sorten an **Gemüsepflanzen**, so Kohl, Rettich, Zwiebeln, Spargel. Wir verdanken ihnen edlere Obstbäume. Kirschen, Pflaumen, Zwetschgen, Pfirsiche, Aprikosen, Walnüsse, Birnen, Quitten, Mandeln, Kastanien u.v.m. haben sie aus dem Süden mitgebracht. Natürlich fehlen auch die **Gewürze** nicht, auf welche die Römer auch bei uns nicht verzichten wollten: Kümmel, Dill, Fenchel, Kerbel, Koriander, Petersilie, Knoblauch, Majoran und Bohnenkraut. Wichtig waren auch die sog. **Arzneipflanzen**, vor allem Gartensalbei, Raute, Wermut, Liebstöckel, Eibisch, Rainfarn, Rosmarin und die Minzen. Von den eigentlichen **Zierpflanzen** sind hier nur Rose, Lilie, Schwertlilie (Iris), Pfingstrose und Buchs zu nennen.

Beinahe alle anderen Bauernblumen sind später zu uns gelangt. Aus dem Orient kamen am Ausgang des Mittelalters Hyazinthen, Tulpen, Malven, Levkoien, Goldlack, Gartennelke. Auch das Zeitalter der Entdeckungsreisen im 16. und 17. Jahrhundert schlug sich in den Bauerngärten nieder. Von Amerika erhielten wir die Sonnenblume, Georgine und Aster, Ostindien und Ostasien steuerten Behamninen und Chrysanthemen bei. Später kamen dann noch Flieder, Gartenrittersporn und die Akelei hinzu und erst gegen Ende des 18. Jahrhunderts die duftende Resede. Es gab auch viele Arten von 'Modeblumen', die in den Gärten zu finden waren, so z. B. die 'Tränenden Herzen' (Frauenliebe), die erst um 1850 in die Bauerngärten gelangten. In der Summe blühte da ein herrlicher Strauß wunderschöner Blumen in den Bauerngärten, gehegt und gepflegt von der Bäuerin, zu deren Herrschaftsbereich der Garten gehörte.

Früh schon befaßten sich die Kräuterbücher mit den nun bei uns wachsenden Pflanzen. Es waren die Klostergärten, welche einerseits der Ernährung dienten, andererseits aber vor allem auch Apothekergärten waren. Die darin wachsenden Heilpflanzen waren wichtige Gehilfen des Apothekers und Arztes. Diese Pflanzen gelangten durch die Mönche als Lehrer in die Burggärten und in die Bauerngärten, wo sie auch heute noch gedeihen. Sankt Gallen und die Reichenau waren die Mittelpunkte dieser Kulturarbeit. Die folgenden Ausführungen stützen sich deshalb auch auf zwei berühmte Männer, nämlich auf Walahfrid Strabo und Hieronymus Bock. Strabo, der große Reichenauer Gelehrte und Abt, schrieb in seinem Werk 'De cultura hortorum' – vom Gartenbau – eines der frühesten botanisch-pharmazeutischen Kulturdenkmale des deutschen Mittelalters. Das Buch entstand im Jahre 842. Die erste Ausgabe besorgte Joachim von Watt, der sich Vadianus nannte, 1510. Er nannte das Buch 'Hortulus', Gärtchen. Dieses schöne Werk besteht aus 23 Gedichten in Hexametern über die einzelnen Pflanzen und beruht auf genauer Beobachtung der Natur, „die den Menschen erfreut und gütig beschenkt, denn die Kräuter sind voll heilsamer Kräfte, die den Krankheiten wehren". Das 16. Jahrhundert war das Jahrhundert der Kräuterbücher. Das waren geschriebene oder gedruckte Abhandlungen, die in großer Zahl entstanden und nach praktischen Gesichtspunkten – Nährwert und Heilanwendung – abgefaßt wurden. Das Wissen, das diese gelehrten Bücher enthielten, wurde von den nachfolgenden Kräuterbüchern fast ausnahmslos bis in die heutige Zeit hinein übernommen. Zu den Vätern der Pflanzenkunde gehört der Theologe Hieronymus Bock, unser Kraichgauer Landsmann. Bock wurde 1498 in Heidelsheim geboren und starb 1554 in Hornbach in der Pfalz. 1539 erschien zu Straßburg sein berühmtes 'New kreutter Buch von underscheydt, würckung

und namen der kreutter so in Teutschen landen wachsen'. Aber Bock konnte von seinem großartigen Werk keinen Nutzen ziehen. Es war damals urheberrechtlich nicht geschützt, und es gab zahllose Raubdrucke. Diese waren leicht herzustellen, weil Bocks Kräuterbuch keine Abbildungen enthielt. „Umso mehr Sorgfalt verwendete er deshalb auf die durch den berühmten Holzschnittbildschneider David Kandel illustrierte, zweite, in deutscher Sprache geschriebene Auflage, die mit ihren 530 ansprechenden, wenn auch vielfach stilisierten Bildern, die nur heimische Pflanzen darstellten, und mit ihrer populären Schreibweise sich nunmehr zu einem vollen Erfolg gestaltete." (I/15)

Im folgenden sollen nun die wichtigsten Heilpflanzen und einige Blumen dargestellt werden, die in den Bauerngärten wuchsen, wie sie in Bezug ihres Heilvermögens in den Kräuterbüchern von Strabo über Bock bis heute beschrieben sind.

Salbei

Salbei war schon im alten Rom als Arzneipflanze geschätzt und wurde gegen Nachtschweiß und als Absud als Gurgelwasser gebraucht. Walahfrid Strabo dichtete den Salbei so an:

Leuchtend blühet Salbei
ganz vorn am Eingang des Gartens,
Süß von Geruch, voll wirkender Kräfte
und heilsam zu trinken.
Manche Gebresten der Menschen zu heilen,
erwies sie sich nützlich,
Ewig in grünender Jugend stehn,
hat sie sich dadurch verdienet.

Aber sie trägt verderblichen Zwist in sich selbst: denn der Blumen Nachwuchs, hemmt

Salbei (nach Walahfrid Strabo; 1512)

fahren/von denen es billich in Gärten als die edelst Teutsch wurtz gepflantzt solt werden ...."

Und dann zählt er die unendlich vielen Heilwirkungen des Salbeis auf. Auch heute noch bedienen sich die Volksheilkunde und die Homöopathie des Salbeis in erster Linie als Gurgelmittel bei Angina und Entzündungen in der Mundhöhle, bei Menstruationsstörungen, Hämorrhoiden, Blasenkatarrh, Leber- und Nierenleiden, Durchfällen, Wundbehandlung usw. Bei einem derartig weiten Wirkungsgrad wundert es nicht, daß Salbei auch zu den Zauberpflanzen gehört, als Aphrodisiakum diente und als Lebensrute benützt wird.

Raute (Weinraute, Gartenraute)
Im Wörterbuch der Volkskunde wird der Name der Raute erklärt: „Denkt man die Spitze der vier Kronenblätter der Rautenblüte durch eine Gerade verbunden, so erhält man die Figur eines Rhombus, der darum seit 1539 Raute heißt." Auch diese Pflanze wurde schon im Altertum als Arznei gegen Schierlingsvergiftung und später gegen die Pest benutzt. Es ist klar, daß stark riechende Pflanzen schon früh die Aufmerksamkeit auf sich gelenkt haben, und so ist die Raute eine der ältesten bekannten Heilpflanzen. In den mittelalterlichen Kräuterbüchern finden sich lange Ausführungen über ihre Wirksamkeit, z. B. ist die Raute wärmend, blasenziehend, krampfstillend, nervenberuhigend, harn- und schweißtreibend, menstruationsstillend, wurmtötend, antiseptisch und Gegengift gegen Schlangenbisse. Es gibt kein Leiden, wogegen die Raute nicht hilft, sie ist schlichtweg ein Allheilmittel in der Volksmedizin und Homöopathie. Wie andere durch einen starken Geruch auffallende Pflanzen, spielte

man ihn nicht, vernichtet grausam den Stammtrieb, „Läßt in gierigem Neid die alten Zweige ersterben."
Bock ist ebenfalls Zeuge der hohen Wertschätzung, die sich der Salbei im Mittelalter erfreute. Er schrieb: „Under allen stauden ist kaum ein gewechs/uber die Salbay/dann es dienet dem Artztet/Koch/Keller/armen un reichen. Ist ein sonderliche Wurtz denen so nit gehn Franckfurt und Venedig haben zu

Wermut (nach Walahfrid Strabo; 1512)

*Dicht daneben der Platz trägt die
Stauden des bitteren Wermuts,
Der mit zähem Gezweig der Mutter
der Kräuter verwandt ist.
Anders jedoch ist die Farbe des Laubs,
der entwickelten Zweige
Duft ist ein andrer, und bittrer bei weitem
schmeckt er zu trinken.
Brennenden Durst zu bezwingen
und Fieberglut zu vertreiben,
Diese Wirkung durch rühmliche Kraft
kennt man lang aus Erfahrung.
Auch wenn plötzlich vielleicht der Kopf
dir hämmert in scharfem
Stechendem Schmerz oder quälender
Schwindel erschöpfend dich heimsucht,
Wende an ihn dich um Hilfe und
koche des laubigen Wermuts
Bitteres Grün; dann gieße den Saft
aus geräumigem Becken
Und überspüle damit
den höchsten Scheitel des Hauptes.
Hast du mit dieser Brühe
die feinen Haare gewaschen,
Lege dir auf, daran denke,
zusammengebundene Blätter,
Und eine mollige Binde
umschlinge das Haar nach dem Bade.
Ehe noch zahlreiche Stunden
im Laufe der Zeiten verrinnen,
Wirst du dies Mittel bewundern
nebst all seinen anderen Kräften.*

die Raute eine große Rolle als Zauberpflanze, als Abwehrmittel gegen den Menschen feindliche, dämonische Kräfte. So legte man in manchen Gegenden der Braut Raute in die Schuhe, „damit ihr nichts Unrechtes an den Leib komme".

Wermut

Wermut ist ein in den Kräuterbüchern hochgelobtes Heilkraut. Walahfrid Strabo widmete ihm folgendes Gedicht:

H. Bock schrieb:

„Der Weromut ist ein bewert und berhümt gewächs / beynahe zu allen presten des inwendigen und eusserlichen leibs / in alle weg zu geniessen / bekompt wol dem magen / macht dawen / erwörmet den leib / stillet schmertzen / treibet aus allerhand gifft und gallen / macht lust zu essen / das wissen die vollen brüder / benimmet das grimmen und bauchwehe / treibet aus die würm / zertheylet

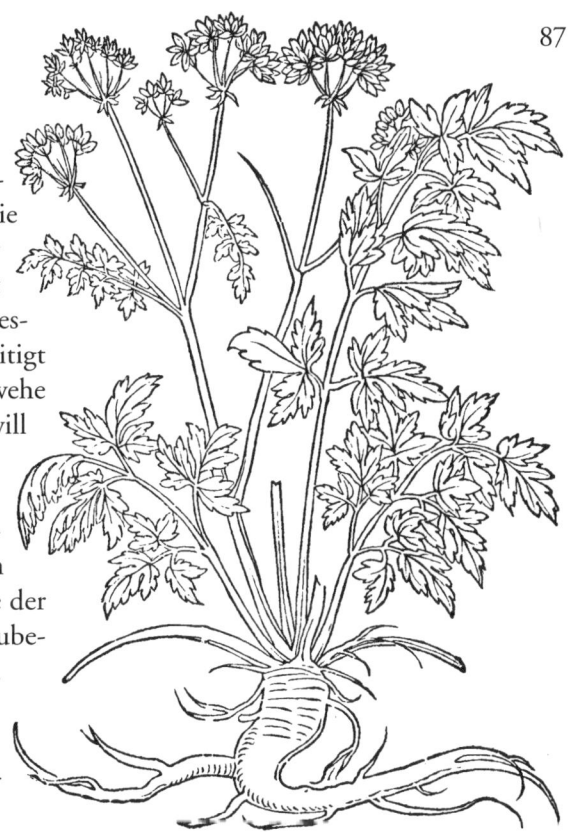

und füret auss die gälsucht / der frawen blödigkeit / weycht und eröffnet die verschlossene verstopffte beuch / und die beuch so zu sehr fliessen / stillet der Weromut. Stillet das hauptweh / machet trübe dunckele augen klar un hell / desgleichen die schmertzlichen ohren / zeitigt wol das halsgeschwär / benimpt das zanwehe / stillet den ohrenschmetzen – , Wer will seine tugent alle erzölen?"

Wermuttinktur wurde als vorzügliches Mittel gegen Stiche giftiger Insekten gerühmt, und mit dem Kraut vertrieb man das Ungeziefer. Lang hat sich im Volke der Glauben erhalten, daß Wermut Verzauberung, böse Geister und Hexen abwehrt. Heute noch wendet man Wermut gegen Magenbeschwerden an, und altüberliefert ist auch die Versetzung von Wermut mit Alkohol (Liköre, Wermutwein)

Liebstöckel(nach Walahfrid Strabo; 1512)

Liebstöckel

Das Liebstöckel besaß im Mittelalter als therapeutisches Mittel ein hohes Ansehen. Auch Walahfrid Strabo hat es in sein 'De cultura hortorum' aufgenommen:

„Liebstöckel, kräftiges Kraut, dich zu nennen im duftenden Dickicht heißt mich die Liebe, mit der ich im Gärtchen alles umfasse. Zwar durch Saft und Geruch, so glaubt man, soll diese Pflanze Schaden den Zwillingssternen der Augen und Blindheit bewirken. Fügt sie jedoch ihre Sämchen als Beisatz zu andern Arzneien, Pflegt sie durch fremdes Verdienst sich manchmal Lob zu erwerben."

Anders sahen es die Verfasser der Kräuterbücher des Mittelalters. Ihre Angaben wurden in die neuzeitlichen Kräuterbücher weitgehend übernommen. Auch diese Pflanze galt als Universalmittel gegen jedes Gebre-

chen. Danach ist die Liebstöckelwurzel schleimlösend, wasser- und schweißtreibend, magenerwärmend, krampfstillend, nerverregend und Blähungen behebend. Die Volksmedizin macht vom Liebstöckel Gebrauch bei Wassersucht, Schleimflüssen der Lunge und der 'Harnwerkzeuge', Leber- und Milzleiden, chronischen Katarrhen und Herzleiden, Hysterie, mangelnde Menstruation, Engbrüstigkeit, Harnverhaltung, Nervenleiden, Schwächezuständen, Steinleiden, Mund- und Halsgeschwüren u.a.m.

Das Liebstöckel zählt zu den stark riechenden Pflanzen und spielte seit altersher eine große Rolle im Volksglauben zur Abwehr höllischen Zaubers. Es vertreibt die Dämonen, und gegen Unwetter hilft das an Himmelfahrt Mariä geweihte oder bei der Fronleichnamsprozession getragene Liebstöckel. Auch als Liebeszauber diente die Pflanze, obwohl der Name Liebstöckel nichts mit Liebe zu tun hat. Mädchen trugen Blüten unter dem Mieder, auch kochte man mit Liebstöckel einen Liebestrank. Ob der geholfen hat, steht freilich nicht in den alten Büchern.

Rainfarn (Wurmkraut)

Als besonderes Charakteristikum verbreiten zwischen den Fingern zerriebene Blätter des Rainfarns infolge der zahlreichen Öldrüsen einen kampferartigen durchdringenden Geruch. Durch den deutschen Namen soll eine gewisse Ähnlichkeit mit einem Farnwedel zum Ausdruck kommen.

Hieronymus Bock schreibt in seinem Kräuterbuch: „Der samen von dem Reinfar ist ins geschrey kommen/dass er mit honig und wein eingedruncken/die würm soll austreiben/den bauch schmertzen stillen/und den schweiss austreiben. Andere krafft und vermögen des Reinfars seindt wie der Chamillenblumen/und Metterkraut (Wermutspflanze)."

In der Volksmedizin gilt Rainfarn als wasser- und schweißtreibend, magenstärkend, krampfstillend und wehenfördernd. Zeitgenössische Kräuterbücher empfehlen die Pflanze bei Magenkrampf, Kolik, Gicht, Wechselfieber, Steinleiden, Schwindelanfällen, Seitenstechen, Nervenleiden, Würmern u.v.m. Auch der Rainfarn gehört durch seinen auffallenden, starken Geruch zu den Pflanzen, die vor Dämonen und Hexen schützen.

Ringelblume (Studentenblume)

Ihren Gattungsnamen Calendula, der sich vom lateinischen ‚Calendae', das war bei den Römern der erste Tag des Monats oder auch der Monat selbst, herleitet, verdankt die Pflanze der langen Zeit ihrer Blüte von Mai bis November. Die Ringelblume nimmt eine hervorragende Stellung als granulationsförderndes Mittel bei gerissenen und gequetschten Wunden, bei bösartigen Geschwüren, Ekzemen und Brandwunden ein. Sie führt den Wundverschluß und die Heilung ohne Entzündung und Eiterung herbei, was vermutlich ihr gallertartig aufquellender Bitterstoff, das ‚Calendulin', bewirkt. Als Verbandsmittel konkurriert die Ringelblume mit der Arnika, die sich mit der aus ihren Blättern hergestellten Tinktur bei Verletzungen und Schnittwunden jederart als außerordentlich wirksam erweist.

Die Volksheilkunde schätzt an der Ringelblume die schweiß- und harntreibende, brechenerregende, auflösende, krampfstillende, fieberbekämpfende und abführende Wirkung und benützt sie bei Leber- und Milzanschwellungen, Gelbsucht, Drüsenverhärtungen, Durchfällen, Wassersucht, Magenkrämpfen, Magengeschwüren, Veitstanz, Warzen u.v.m. Und dies ist nur eine Auswahl der Wirkungsmöglichkeiten der Blume.

In seinem Kräuterbuch aber schreibt H. Bock: „Etliche weiber treiben supersition damit/brauchen sie zu der bulschafft". Sie galt also als Mittel, Liebe zu erzwingen und diente auch als ‚Barometerblume': Geschlossensein morgens nach sieben Uhr verkündet Regen; Öffnen zwischen sechs und sieben verheißt einen schönen Tag. (I/289)

Lilie

Die weiße Lilie ist eine Zierde unserer Bauerngärten, sie wurde schon von den Griechen und Römern als Symbol der himmlischen Reinheit betrachtet. Strabo

lobt die schöne Blume mit den folgenden
Versen:

Leuchtende Lilie, wie soll im Vers
und wie soll im Liede
Würdig euch preisen die dürftige Kunst
meiner nüchternen Muse?
Euer schimmerndes Weiß ist Widerschein
schneeigen Glanzes,
Holder Geruch der Blüte gemahnt
an die Wälder von Saba.
Nicht übertrifft an Weiß der
parische Marmor die Lilien,
Nicht an Düften die Narde.
Und wenn die tückische Schlange
Listiger Art gesammeltes Gift
aus verderblichem Munde
Spritzt und grausamen Tod
durch kaum erkennbare Wunde
Sendet ins innerste Herz,
dann zerreibe Lilien im Mörser,
Trinke den Saft, dies erweist sich
als nützlich, mit schwerem Falerner.
Oder bei Quetschungen lege man sie
auf die bläuliche Stelle,
Alsbald wird man auch hier
zu erkennen vermögen die Kräfte
Die diesem heilenden Stoffe gegeben sind,
Wunder bewirkend.
Schließlich ist der Liliensaft auch gut
bei Verrenkung der Glieder.

Lilie (nach Walahfrid Strabo; 1512)

Pfarrer Sebastian Kneipp war ein großer
Freund der Lilie. Nach ihm gewinnt man
durch Ansetzen der zerschnittenen Blüten
mit Olivenöl und nachfolgendem Verdampf-
en der Feuchtigkeit das Lilienöl. Dieses ist
ein bewährtes Hausmittel bei Brandwunden, Geschwüren, Geschwulsten, Karbun-
keln, Hautunreinigkeiten, Ausschlägen,
Quetschungen, Gicht, Rheumatismus und
Hexenschuß.

Goldlack

Im Frühling steht der Goldlack in
voller Pracht im Garten und übertrifft an Duft alle anderen Pflanzen. Er war
und ist eine wirkliche Zierde unserer Bauerngärten, die ohne ihn nicht zu denken sind.
Er kam im 13. Jahrhundert aus Südeuropa
zu uns, und von den Kloster- und Burggärten übernahmen ihn unsere Bauern-

gärten. Der Goldlack genoß in der Vergangenheit ein gewisses Ansehen bei der Behandlung von Gelbsucht, Krämpfen, Verstopfung und Herzleiden.

Pfingstrose

Die Pfingstrose ist zur Pfingstzeit ein stolzer Schmuck des Gartens. Sie ist in vieler Hinsicht eine interessante Pflanze. Die Pfingstrose – Paeonie – galt den Alten als Schutzmittel gegen die die Felder besiedelnden Faune. Wollte man sie als Sympathiemittel gebrauchen, mußte man beim Ausgraben bestimmte Gebräuche beachten. Geschah das um Mitternacht, wurde sie zur Springwurzel, mit der sich verborgene Schätze auffinden ließen. Am Karfreitag ausgegraben, soll sie besonders heilkräftig sein.

Die in das erste Bad des Neugeborenen gelegte Pfingstrose verleiht diesem Gesundheit. Treten später aber trotzdem Schwierigkeiten beim Zahnen oder gar Krämpfe (Gichter) beim heranwachsenden Kinde auf, so hängt man ihm die Wurzel oder aus dem schwarzen glänzenden Samen hergestellte Ketten um den Hals. Hieronymus Bock schreibt dazu: „Die wurtzel von den roten Peonien gedörrt/gestossen/und mit einer Mandel gross mit wein eingegeben/reiniget die Weiber nach der geburt/treibet ire blume/den Lenden un Blasenstein/desgleichen die Gälsucht/stillet den bauchschmertzen/stopffet herwiderum das auslauffen/so die wurtzel in Wein gesotten würt/und etliche tag davon getruncken. Zwölff Peonien körner zerstossen und getruncken/stillet den Blutgang der Weiber/wehret dem auffstossen/gelegt das kotzen/und laßt den Stein bey den jungen Kindern nicht wachsen. (...) Das Wasser von disen Rosen und wurtzelen gebrant/stercket das hertz/dienet sehr wol

zu den jungen Kindern/so mit der großen krankheit beschweret seind. Die wurtzel und körner soll man anhencken für allerlei bös gespenst sonderlich aber für die gross fallende kranckheit (...)"

Zeitgenössische Kräuterbücher empfehlen die Pfingstrosenwurzel gegen Magenkrämpfe, Steinleiden, Gicht, nervöse Schwäche, Kinderkrämpfe, Neuralgie, Asthma, Epilepsie.

Rose

Die Heimat der Rose ist Persien. Von dort wanderte sie zu den Babyloniern und dann nach Griechenland. Schließlich kam sie nach Italien, und die Römer werden sie zu uns in den Norden gebracht haben. Fehrle (S. 143) vermutet, daß sie auch mit den Römern wieder verschwand und nur Wildlinge bei uns übrig geblieben seien. Unsere Gartenrose läßt sich nicht lückenlos bis auf jene Zeit zurück verfolgen. Die Rose wird etwa zur Zeit Karls des Großen ihren festen Platz bei uns eingenommen haben, und sie hat alle Stürme seither überdauert und ist die stolzeste und wohl auch gehegteste Blume unserer Gärten geblieben. Schon Walahfrid Strabo preist sie als köstlichen Strauch und meint, weil Germanien keinen 'tyrischen Purpur' besitzt und Gallien keine 'leuchtende Purpurschnecke', deshalb:

Schenkt zum Ersatz die Rose alljährlich
üppig goldgelben
Flor ihrer purpurnen Blüte,
die allen Schmuck der Gewächse
Alsbald an Kraft und Duft, wie man sagt,
so weit überstrahlte,
Daß man mit Recht als die Blume der
Blumen sie hält und erkläret.
Sie erzeugt ein Öl, das nach ihrem Namen
genannt wird.

Wie oft dieses zum Segen der Sterblichen
nützlich sich zeiget,
Keiner der Menschen vermag es zu wissen
oder zu sagen.
Ihr zur Seite, bekannt und geehrt,
stehn der Lilie Blumen (...).

Keine andere Blume wird wie die Rose be-
sungen. Liebe und Rosen sind zeitloser Bestandteil des Volksliedes, und Rosenlieder
gibt es sonder Zahl. Diese herrliche Blume
ist mit Liebe und Leid der Menschen unteil-
bar verbunden.

Verlassen wir nun die alten Kräuterbücher
und wenden uns einer Zeit zu, die uns nahe
liegt, dem 19. Jahrhundert. Friedrich Ratzel
hat auch von den Bauerngärten erzählt, wie
er sie in seiner Eichtersheimer Zeit bei uns
gesehen hat. Das sind nun 130 Jahre her. Er
schreibt: „Da jedes Haus seinen Grasgarten
hat, über dessen Rasen alte und junge Obstbäume ihren Schatten werfen und nacheinander ihre Blüten, Früchte und Blätter aus-
streuen, und da diese Gärten immer viel
ausgedehnter sind als die Häuser und die
Hofreiten, liegen unsere Dörfer buchstäb-
lich in Gärten. Man hat aber auch andre alte
Bäume stehen lassen, als man neuen Häusern und Gärten Raum schuf, und ehe sie
abstarben, sorgte man für Nachwuchs. So
ist das Dorf nicht bloß mit den Bäumen
seiner Gärten, sondern auch mit Eichen,
Linden, Ahorn eng verschwistert. Das sind
dankbare Freunde, die Stürme abhalten,
Schatten spenden und den Bienen Nahrung
geben. (...) Ein Grasgarten ist weder ein
reiner Nutzgarten, noch ein Park, sondern
beides zugleich. Die Bäume stehn zerstreut
über den Rasen hin, ihre Reihen haben die
Tiefe eines Hains, und deshalb scheinen diese
Gärten größer, als sie sind. Das Hinein-
ziehende und Anheimelnde teilen sie mit

Rose (nach Walahfrid Strabo; 1512)

den Buchenhainen. Von der Schönheit ihrer blütenbedeckten und fruchtreichen Zweige will ich gar nicht reden. Die Bauern kümmern sich wenig um diese Gärten, es sind
die Frauen und die Mädchen, die auf dem
Grase ihre Wäsche bleichen oder es mähen,
wenn es hoch genug gewachsen ist. Wenn
die Früchte der Bäume nicht sehr reichlich
sind, wird wenig Wesens daraus gemacht.
Wer rationelle Obstkultur betreibt, bepflanzt
Äcker und Wiesen mit Fruchtbäumen oder
zieht an den Mauern Spalierbäume. Die Bäume in den Grasgärten sind deshalb oft ganz
sich selbst überlassen. (...) Das Dorf steht
gewissermaßen selbst im Garten, und jedes
Haus davon nimmt einen Raum ein, den
man als Lebensraum einer Bauernfamilie bezeichnen könnte. Es ist der alte 'Gard', der
umfriedigte, zaunbewehrte nächste Besitz.

Welches friedliche Bild, diese Umfriedung, dieser 'Gard' von heute, wo nicht nur bloß Raum für das Durchschlüpfen von Katzen und Hunden, sondern in manchem baufälligen Zaun sogar für Menschen ist. Man bedarf seiner nicht mehr als Schutz; Holunder und Rosen, die ihn umböschen, verraten die friedliche Natur der Palisade.

Man baut bei uns die Zäune aus jungen Fichtenstämmchen, die mit der Rinde dicht nebeneinander in die Erde gesetzt werden, sie haben etwas Naturmäßiges und sehen sogar zierlich aus, solange sie neu sind; wenn sie alt werden, trocknet die Rinde ab, löst sich los, und sie haben dann etwas Rauhes. Sind sie aber so alt geworden, daß die in der Erde steckenden Teile morsch werden, so neigen sie sich hierhin und dorthin und werden nur noch durch den vielleicht auch schon morsch werdenen Querbalken zusammengehalten, an dessen Außenseite sie befestigt sind. In den Ecken der Zäune stehn Holundersträucher, und früher gab es auch viel Weißdorn an ihnen entlang. An dessen Stelle sind Heckenrosen getreten, seitdem man den Weißdorn in Verdacht hat, Ungeziefer anzuziehen; sie sind auch schön, erheitern nicht bloß im Sommer die Umgebungen unserer Häuser, wenn die weißen oder Purpurrosen mit dem goldnen Mittelring der Staubfäden blühn, sondern auch im Spätherbst, wenn der Wind die Sträucher entblättert hat, wo dann die glänzenden roten Hagebutten übrig bleiben. Die Holunderbüsche sind ernster mit ihrem dunkelgrünen Laub, ihren grünweißen Dolden und schwarzen Beeren. Es gibt einige Heckenrosen an deren kräftigen Duft die edelste Gartenrose nicht heranreicht.

Der angeborene Farbensinn der Menschen offenbart sich in der Art, wie die hellen Farben der Geranien, Nelken, Tulpen, Kaiserkronen, Lilien und einiger andrer zum Schmuck des Weiß, Grau und Braun der Wände und Mauern, Tore und Dächer, der Holzstöße und Düngerhaufen herangezogen werden. In diesen Menschen, die Tag für Tag in Staub und Schweiß ihr arbeitsreiches Leben einförmig hinbringen, lebt ein Sinn für die Poesie der blütenreichen Pflanzen, die kein Mühn und Sorgen ersticken konnte. So wie sie sich im Frühjahr an ihren blütenschweren Äpfel- und Birnbäumen freuen, wollen sie sich den Sommer lang an den unermüdlich knospenden Kräutern und Sträuchern des Hausgartens und der Fensterbretter ergötzen. Je tiefer sich das Braun der Giebelverschalung mit dem Alter vertieft, desto fröhlicher soll es das sich jährlich verjüngende Leben der Pflanzen aufhellen. Neuerdings sind zu den alten Blumen des Bauerngartens Schlingpflanzen gekommen, die die Gartengitter umranken oder sich über die Grenzhecken legen. An einem Haus hat die große blaue Klematis bis tief in den Herbst ihre breiten Flächen gedrängter großer Blüten ausgespannt, deren Ausläufer phantastische Spitzen und Ranken an die Wand zeichnen, alles leuchtend blau."

Und wirklich, da taucht vor dem geistigen Auge der Garten der Jugendzeit auf, die mit Buchs umsäumten Gartenwege, die wohlbepflanzten Beete mit allem, was der Haushalt verlangte. Und blühende Blumen vom Frühling bis zum Herbst. Weiter hinten aber die Obstbäume. Es grüßen aus der Vergangenheit herüber der Geißhirtlesbaum und der schöne Baum mit den Goldreinetten. Am hintern Hag liegen die Zitronenbirnen, die vom Nachbargarten herüberfielen und deshalb besonders gut schmeckten. Was waren das für Herrlichkeiten!

„Heute haben wir die Natur weitgehend aus unseren Siedlungen vertrieben. In unseren Gärten haben monotoner Einheitsrasen, sterile Jägerzäune und exotische Koniferen ihren Siegeszug angetreten und heimische Obstbäume und Sträucher, Wildhecken und Blumenwiesen verdrängt." (Naturschutz ums Haus, S. 3) Ist es schon so weit, daß Bauerngärten in den Freilichtmuseen angelegt werden müssen, um den Menschen zu zeigen, wie schön so ein Garten ist und was sie im Begriffe sind, endgültig zu verlieren? Das Rad der Zeit läßt sich nicht zurückdrehen, und wir können unsere Dörfer nicht mehr Jahrzehnte zurückverwandeln. Aber wir können die Natur wieder in Haus, Hof und Garten holen, über dreizehn Millionen Hausgärten bieten dazu alle Möglichkeiten. Wir sollten dem alten, guten, nützlichen und schönen Bauerngarten, der doch auch die Lebensqualität der gestreßten Menschen erheblich verbessert, wieder eine Zukunftschance bieten und die gottlob noch vorhandenen hegen und pflegen.

Der Holderstrauch, der Holderstrauch, der blüht so schön im Mai...
– Brauchtum, Aberglauben und Volksmedizin rund um den Holunder –

Der Holunder stand prachtvoll in der Blüte. An den Häusern, Wegen und Waldrändern entfaltete der Strauch seine ganze Lebenskraft in seinen Blütendolden, bei deren Anblick Erinnerungen an vergangene Zeiten sich geradezu aufdrängten. Da stand ein alter, vertrauter Bekannter im schönsten Kleid und forderte zum Besinnen und Sinnieren auf. Der Mensch braucht Assoziationen, um seine erinnernden Betrachtungen zu wecken, die Holunderblüte lieferte sie.

Die Bubenzeit im Kraichgau steigt herauf. Und zunächst sind es – wie könnte es anders sein – kulinarische Genüsse, die lebendig werden. Der Duft des **Holunderkuchens** kommt in die Nase, den die Bäuerinnen so gut backen konnten und auch heute noch backen können. Auf dem Boden aus Hefeteig (wie beim Zwiebelkuchen) lag eine dicke Schicht Rahm. Darauf kamen die entstielten Holunderblütchen, welche beim Backen knusprig und rösch wurden und so spezifisch dufteten. Und obendrein durften Butter und Speckwürfel nicht fehlen. Welch ein Genuß für Buben, ein großes, warmes Stück dieses herrlichen Kuchens zu verzehren! Und wie gut schmeckten auch die Holunder-Pfannenkuchen und der Saft, der aus den Beeren gepreßt wurde!

Der Schauplatz wechselt. Buben sitzen am Rain und bearbeiten dicke Holunderstengel. Sie entfernen das Mark und erhalten so Röhren von etwa 30 cm Länge. Nun kommt die Hauptschwierigkeit, soll eine zünftige Wasserspritze entstehen. Die Röhre muß verschlossen werden mit einer Scheibe, die in der Mitte ein kleines Loch hat. Und dann noch der 'Stempfel' mit einer Scheibe, die mit einem Läppchen oder Hanf umwickelt wird und die genau in das Rohr passen muß. Denn nur so kann man Wasser ansaugen und wieder verspritzen, so wie die Luftpumpe Luft ansaugt und in den Schlauch abgibt. Nur ist in unserem Falle der Effekt weitaus größer, denn Mädchen mit dem Wasser naß zu spritzen, ist allemal schöner als ein Rad aufzupumpen.

Die Mädchen spielen auf dem Schulhof. Sie bilden einen Kreis und singen:

> *Petersilie, Suppenkraut*
> *wächst in unserm Garten,*
> *und die Marie ist die Braut,*
> *kann nicht länger warten.*
> *Unter einem Holderbusch*
> *gab sie ihrem Schatz ein' Kuß.*
> *(oder Hochzeitskuß)*

Das Bild des Vaters taucht auf. Nach des Tages Mühe und Plage singt er mit uns eines seiner Lieblingslieder:

> *Der Holderstrauch, der Holderstrauch,*
> *der blüht so schön im Mai.*
> *Da sang ein kleines Vögelein*
> *ein Lied von Lieb und Treu.*

Und schließlich gesellt sich noch die gute, längst verstorbene Tante hinzu, die mit großer Bestimmtheit erklärt: *„Ein Holunder muß in jedem Garten stehen, das gehört sich einfach so!"* Warum eigentlich, und warum taucht der Holunder so häufig im Zusammenhang mit dem dörflichen Lebenskreis auf? Vom Holunder (auch Alhorn oder Flieder genannt, Sambucus nigra) heißt es in

dem Kräuterbuch des Hieonymus Bock im Jahre 1551: „In Teutscher Nation ist der Holder jedermann bekant, darumb nit von nöthen viler Wort, wie, wo oder wann derselbig wachse." Es ist fraglich, ob das heute noch gilt für eine Pflanze, die seit Urzeiten dem Bauern ans Herz gewachsen war und die in seiner nächsten Nähe wuchs. Kümmert man sich um das rein Botanische, denn darin liegt doch der Wert des Holunders, kann man etwa lesen: „Holunder, Strauch mit einpaarig gefiederten Blättern und gelblichweißen, in großen flachen Trugdolden angeordneten Blüten. Wächst in der Nähe menschlicher Siedlungen, Häusern, Gärten, Zäunen ohne Pflege, ab und zu im Wald und an Waldrändern, wo er auf frühere Siedlungen hindeuten kann. Die Wurzeln haben eine sehr starke Ausschlagefähigkeit. Der Strauch treibt immer wieder, auch wenn er öfters umgehauen wird."

Dr. Ludwig Klein, Hofrat und Professor der Botanik an der TH Karlsruhe, geht etwas mehr ins Detail: „Der Gemeine oder Schwarze Holunder, Sambucus nigra, auch Holder oder Flieder genannt, hat bis 30 cm lange, unpaarig gefiederte Blätter mit 2–3 Paar Fiederblättchen, kleine, gelbweiße, im Juni erscheinende Blüten mit rundlichen Zipfeln und gelben Staubbeuteln. Die reichblütigen, endständigen Ebensträuße mit fünf Hauptstrahlen sind zur Blütezeit aufrecht; später hängen sie und tragen kleine, schwarzvioletten, blutroten Saft führende Steinfrüchte. Das Mark der Zweige ist weiß. Der schwarze Holunder, allenthalben in Dörfern und Gärten angepflanzt und hier vielfach durch Vögel, welche die Früchte fressen, verbreitet, bewohnt fast ganz Europa, findet sich an Hecken und Zäunen, auch als Unterholz in lichten Waldungen, besonders auf humosem, frischem bis feuchtem Boden (...). Er bildet große Büsche oder 4–5 m

(§. 14.) Holunder. (Sambúcus.)

Der **schwarze Holunder oder schwarzer Flieder** (*S. nigra*) wächst als Baum oder Strauch in feuchten Wäldern und Gebüschen wild und angepflanzt in unsern Gärten; er bildet einen Strauch, wenn mehrere Stämme aus der Wurzel kommen, welche sich gleich über der Erde verästeln. Die Aeste bilden eine ziemlich weite, von weissem Marke gefüllte Röhre. Die Blätter sind unpaarig gefiedert und die Blättchen eiförmig, lang zugespitzt und gesägt. Die Blüten bilden Doldenrispen mit 5 Hauptachsen. Der Kelch (Fig. 16, *d*) ist 1blättrig und 5zähnig und die 1blättrige, weisse Blumenkrone radförmig; letztere besteht nämlich aus einer kurzen Röhre und einem flach ausgebreiteten Saume. Der Blumenkrone sind 5 Staubgefässe eingefügt. Auf dem Fruchtknoten sitzen 3 Narben (*d*). Die Frucht ist eine kugelige, erbsengrosse, schwarze Beere mit 3 Samen. Die getrockneten Blüten (Flieder-thee) riechen stark und geben einen schweisstreibenden Thee, welcher bei Erkältungen mit Erfolg angewandt wird; letzteres gilt auch von dem **Mus**, welches man aus den Beeren kocht.

Aufgabe. Unterscheide Baum und Strauch!

Fig. 16. Schwarzer Holunder. (*Sambúcus nigra.*) *a.* Blätter und Blüten. *b.* Beeren. *c.* Blumenkrone und Staubgefässe. *d.* Stempel und Kelch. *e.* Staubgefäss. Bis 6 m. hoch.

Schwarzer Holunder (aus: Lehrbuch der Botanik von 1880)

hohe, 20–30 cm starke Bäume mit malerischer Krone und bogenförmig abwärts gekrümmten Ästen."
Ähnlich berichtet der 'gute, alte Schmeil'. Alle Autoren stimmen darin überein, daß der Holunder, der seit Jahrhunderten in unmittelbarer Nähe des Menschen wächst und durch seine enorme Lebenskraft beeindruckt – eine der volkstümlichsten Pflanzen überhaupt – eine sehr wichtige Rolle in der Volkssage, im Volksaberglauben und der Volksmedizin gespielt hat, was in dem Wort gipfelt, daß der Holunder die 'Hausapotheke' des Bauern war, und daß man vor dem Holunder 'den Hut abnehmen muß'.
Der Holunder wurde als **Lebens- und Sippenbaum** verehrt. Das Umhauen und Verstümmeln des Strauches bedeutete Unglück, ja Tod. Parallelen zu anderen Pflanzen tun sich auf, z. B. dem Rosmarin, wenn man glaubte, daß das Verdorren der Pflanze das Sterben eines Familienmitgliedes nach sich ziehe. Eine schlesische Sage berichtet, daß jedem Mann, der einen Holunder ge-

fällt hat, ein Jahr später sein Haus abbrennt. Der Holunder erscheint als Lebensbaum, der Sippenvegetationsgeist steckt in ihm. Das Handwörterbuch des deutschen Aberglaubens trägt hierzu noch interessante Einzelheiten bei. Nach alten slawischen und nordgermanischen Zeugnissen wohnen unter dem Holunder die 'Unterirdischen', der Erdgott Puschkaitis, dem man in Preußen Brot, Bier und andere Speisen opferte. Auch die Zwerge sitzen gerne unter dem Holunder, dessen Duft sie lieben. Wörtlich: „Die in populären Darstellungen oft gebrauchte Deutung des Namens Holunder als 'Baum der Frau Holle' ist ethymologisch unhaltbar, folglich sind es auch die daran geknüpften Spekulationen. Immerhin ist vielleicht doch die hl. Maria in einer Sage aus dem Odenwald, die erzählt, daß an der Stelle der Gnadenkapelle zu Schneeberg einst ein Holunder gestanden habe und daß auf diesem immer wieder das Muttergottesbild der Pfarrkirche gewesen sei, die Nachfolgerin einer im Holunder verehrten germanischen Gottheit. Nach einer badischen Sage hat die Muttergottes die Windeln des Jesuskindes an einem Holunder getrocknet, was man sonst meist von der Weinrose erzählt." In diesem Sinne galt der Holunder wohl als heiliger Strauch, dessen Holz nicht oder nur von Witwen und Waisen verbrannt werden durfte. Sonst gab es Unglück und Krankheit, Zahnschmerzen das ganze Jahr über, man bekam den Rotlauf (Farbe des Feuers!) oder die Pferde im Stall gingen ein. Aus der Verehrung des Holunders, aus der Vermeidung des Verstümmelns des Busches oder des Verbrennens des Holzes läßt es sich erklären, daß man den Holunder am Haus oder am Stall hielt als Mittel, Menschen und Vieh vor Unheil, Hexen und Zauber zu bewahren. Als Schutzbaum des Hauses wurden dem Holunder ganz allgemein apotropäi-

sche Eigenschaften zugeschrieben. Die wichtigsten seien wenigstens aufgezählt: Vor der Stalltür gepflanzt, bewahrt er das Vieh vor Zauberei, am besten ist es, wenn auch die Türriegel aus Holunderholz gemacht werden. Der Teufel und sein Anhang verabscheuen den unangenehmen Leichengeruch (!) seiner Blüten. Sie meiden deshalb den Strauch. Der Geruch scheint es auch zu sein, der Maulwürfe vertreiben soll, wenn man Holunderzweige in die Maulwurfshügel steckt. Dies ist auch für den Kraichgau vor nicht allzu langer Zeit verbürgt. Die Sperlinge in der Saat kann man vertreiben, wenn man am 'stillen Freitag', mittags 12 Uhr, Sand unter einem Holunder wegnimmt und diesen gegen sie ins Feld streut. Interessant ist, daß wenn man ein Haselstöckchen mit einem Holunderzweig zu einem Kreuz formt, dieses gegen das wütende Heer schützt. Das christliche Kreuz und der Aberglaube liegen dicht beieinander. Für den Bauern spielt das Vieh eine besondere Rolle, dessen Gedeihen macht seinen Stolz und seinen Reichtum aus. Die Nachgeburt einer Kuh, die zum erstenmal gekalbt hat, muß man unter einem Holunder begraben, denn dann kann das Vieh nicht verzaubert werden, und die Milch versiegt nicht (1. landw. Arzneibuch des 18. Jhdt. aus Niederösterreich). Fehlt der Milch der Rahm, soll man sie unter den Holunder gießen, dann hört das Übel auf.

Der Holunder ist nicht nur eine Hexen abwehrende Pflanze, man kann diese auch mit seiner Hilfe erkennen. Ein Rezept dazu ist folgendes, das wieder ganz aus dem bäuerlichen Bereich stammt: Man schnitzt einen Löffel aus Holunderholz, legt ihn nach Sonnenuntergang in gute Milch, so daß Rahm daran hängen bleibt und läßt ihn dann trocknen. Dies wiederholt man am Sonnwendabend, und wenn man dann damit zum

Sonnwendfeuer geht, müssen einem alle Hexen nachlaufen (Tirol). Auf der Schwäbischen Alb ging das so: In der Nacht von Gründonnerstag auf Karfreitag mußte man mit dem Schlag 12 Uhr auf dem Friedhof einen Holunderzweig abschneiden und aushöhlen. Damit konnte man am Karfreitag während des Gottesdienstes die Hexen erkennen. Es ist kein Wunder, daß der Strauch, dessen Wurzeln eine so starke Ausschlagekraft haben, daß sie selbst bei schlimmen Verwundungen immer wieder treiben, in der Volkserotik eine Rolle spielt. In dieser Beziehung ist der Holunder geradezu ein Fruchtbarkeitssymbol. Er steht um die Sonnwendzeit in voller Blüte. Im Thüringer Wald sagte man: *Auf Johannistag blüht der Holler, da wird die Liebe immer toller!* In Thüringen steckte man unkeuschen Mädchen auch Holunderzweige vor das Fenster. Ein altes Motiv findet sich in einem Brauch des Innviertels: Schütteln die Mädchen am Thomastag während des Ave-Läutens eine Holunderstaude, so kommt der Bräutigam aus der Richtung, aus der ein Hund bellt. An dieser Stelle soll noch einmal auf den Kinderreim 'Petersilie, Suppenkraut' zurückgegriffen werden. Im Volksglauben steht das Wachstum der Petersilie mit dem Menschenleben in einem ursächlichen Zusammenhang. In der Gegend von Mosbach sollten die Frauen beim Säen lachen, sonst ginge sie nicht auf. Wenn aber die Petersilie nicht aufgeht, stirbt jemand im Haus. Nun heißt es in dem Mädchenspiel weiter: *'Und die Marie ist die Braut, kann nicht länger warten.* Und unter dem Hollerbusch gibt sie ihrem Schatz den Hochzeitskuß. Man kann spekulieren: Warum kann Marie nicht mehr länger warten? Ist sie etwa schwanger? Um Johanni wird ja die Liebe immer toller! Hier scheint es, spielt die Volkserotik eindeutig in das Spiel der Mädchen hinein.

Daß ein Strauch vom Ansehen des Holunders von den Bauern in seinem Wachstum und Verhalten aufmerksam beobachtet wurde, geht aus dem bisher Gesagten eindeutig hervor. Auch daß vom Holunder aus Rückschlüsse auf das landwirtschaftliche Jahr gezogen wurden, ist selbstverständlich. Diese **Wetterregeln**, besser landwirtschaftliche Orakel, hatten eine Verbreitung, die weit über unsere Heimat hinausging. In Schwaben, der Schweiz, Pfalz und Frankreich, alles Länder mit Weinbau, sagte man: *Wie der Holunder blüht und Früchte ansetzt, so blüht und fruchtet auch die Weinrebe.* Daß dem Bauern die Ernte besonders am Herzen liegt und er deshalb vielerei Anzeichen für eine Voraussage beachtet, ist eine Binsenwahrheit. Auch der Holunder spielte dabei eine Rolle. *So viel früher vor Johanni der Holunder blüht, so viel früher kann man vor Jakobi schneiden (ernten)* (Schwaben, Lüneburger Heide, Mecklenburg). In Bayern sagte der Bauer: *Blüht der Holunder lang, so gibt es auch eine lange Ernte.* Das bedeutet, daß durch ungünstiges Wetter die Ernte oft unterbrochen und damit hinausgezögert wird. *Blüht der Holunder ungleich, so gibt es eine ungleiche Ernte* (Schwaben). Auch eine Wettervorhersage ermöglicht der Holunder: Wenn er Blüte und Frucht gleichzeitig trägt, ist ein strenger Nachwinter zu erwarten. Dagegen kann man auf einen zeitigen Frühling hoffen, wenn man in der Christnacht um 24 Uhr frische Holundertriebe findet. In Bayern glaubte man, daß wenn es donnert, so lange der Holunder noch unbelaubt ist, es kein Futter für die Kühe gebe. Hat der Holunder Blattläuse, so bekommt sie auch der Hopfen. In der Walpurgisnacht, dieser Nacht voller Zauber und Unheimlichkeiten, steckte man Holunderzweige an den Rand der Flachsfelder und sprang darüber. So hoch man sprang, so hoch wuchs der Flachs. Und abschließend eine allüberall und auch bei uns heute noch geltende Regel: Blüht der Holunder, so hören die Hühner auf zu legen.

Begleitete also der Holunder den Bauern über das ganze Jahr hinweg, so ist es auch sehr verständlich, daß er ihn auch als '**Hausapotheke**' (wie er vielfach genannt wurde) nützte. Die Volksmedizin hat die Kraft der Pflanzen, Früchte, Getränke seit Jahrhunderten erprobt. Sie wuchs aus dem Ganzen volksmäßigen Glaubens und Brauches, Denkens, Lebens und Sprechens heraus. Schließlich liegen ihr alle Erfahrungen zugrunde, alle Anschauungen von der Krankheit und die gegen diese nützenden Heilmethoden. Die Medizin ist – nach einem altem Wort – eben älter als die Mediziner, wobei an dieser Stelle keinesfalls das Verhältnis der Schulmedizin zur Volksmedizin angesprochen werden soll. Die sympathetische Medizin spielt beim Holunder ebenfalls eine große Rolle, wird ja der Kranke schon gesund, wenn er in seinem Schatten schläft. 'Sympathiemachen' heißt Krankheiten besprechen und fußt auf dem Glauben, daß zwischen den Dingen, Mächten und Personen eine geheime und geheimnisvolle Verbindung besteht, daß sie aufeinander einwirken. Und so kam es dann zu folgenden Anschauungen: Der Holunder ist besonders zum 'Übertragen' von Krankheiten geeignet. Man band z. B. um einen Holunder, der auf der Grenze stand, in der Nacht bei abnehmendem Mond einen Bindfaden und sprach dabei: *Guten Morgen, Herr Flieder, ich bring dir mein Fieber, ich binde dich an, nun gehe ich in Gottes Namen davon.* Die Bekämpfung des Fiebers spielt naturgemäß eine große Rolle in der sympathetischen Medizin. So sollte sich z. B. in Schwaben und Franken der Fieberkranke während des Scheidungsläutens an einem Freitag unbe-

schrieen an einen Holunderstrauch hängen (diesem also die Krankheit übertragen), danach aber den Strauch abhauen, weil derjenige das Fieber bekommen würde, der von den Blüten oder Beeren dieses Astes in Tee- oder Latwergenform etwas genießen würde. Auch Gichtknoten konnte man vertreiben, indem man sie am Karfreitag vor Sonnenaufgang dreimal über Kreuz an der rauhen Rinde des Holunders rieb. Um ein Überbein loszuwerden, rieb man es ebenfalls mit einem Aststück oder den Blättern ein.

Interessant ist auch das 'Verbohren'. Gegen Zahnweh ritzte man das Zahnfleisch mit einem Holunderspan blutig, was sicher eine gewisse Erleichterung brachte, und fügte dann den Span wieder an der Stelle im Busche ein, woraus er genommen worden war. Damit hatte man das Zahnweh in den Holunder verbohrt. Ähnlich verfuhr man auch bei Fieber und Schwindsucht. Das Beisichtragen von Zähnen, besonders von menschlichen, in einem Beinhaus ausgebrochen (!), schützte vor Zahnweh. Als später menschliche Kiefer nicht mehr zu erhalten waren, trat an ihre Stelle die unberufen gefundene Kinnlade eines Tieres, welche noch Zähne enthielt. Mit ihr umfuhr man den schmerzenden Zahn. Man begnügte sich auch mit Sargnägeln. Mit ihnen bohrte man im Zahn herum und schlug sie dann in einen Holunderstrauch. Auch zur Blutstillung zog man den Holunder heran. Man tauchte die beiden Enden eines Holunderzweiges in das Blut und sprach: *Ich verbinde diesen Verband in Gottes Hand. Im Namen ...* Wenn das Blut am Zweigstück eingetrocknet war, stand auch das Blut in der Wunde. Warzen verschwanden in dem Maße, wie ein teilweise abgebrochener Holunderzweig verdorrte. Das Handwörterbuch des deutschen Aberglaubens gibt ein außergewöhnliches Beispiel des Übertragens. Nach dem Aberglauben-Traktat des Frater Rudolphus (etwa 1250) tun die Frauen das, was sie ihre Blüte nennen (menstruum), auf einen Holunder und sprechen: *Trage die für mich, ich blühe für dich.* Die Anmerkung dazu erklärt, daß es sich hier anscheinend um einen 'antikonzeptionellen' Zauber handele, da es an gleicher Stelle auch von dem Holunder heiße, daß die Frauen dessen Blüte von sich würfen, um kinderlos zu bleiben. Man sieht, das Problem der Schwangerschaftsverhütung ist ein uraltes, nur die Mittel und Methoden haben sich geändert. Bei den Sympathiekuren spielten wie bei allem Aberglauben bestimmte Zahlen eine Rolle. Zum Blutreinigungstee nahm man sieben Holunderblätter, gegen Fieber 77 Laubspitzen im Wasser. In Bayern galt ein Holunderblatt, das an der Spitze zwei Fiederblättchen hatte (Hollermandl) als besonders wirksam. Überhaupt galten die ersten im Frühjahr gefundenen Holunderblüten als sehr heilsam, z. B. gegen Rotlauf, Hautkrankheiten, Sommersprossen. Da der Holunder um Johanni am schönsten blüht, sind seine Blüten am wirksamsten, wenn sie an jenem Tage mittags 12 Uhr oder vor Sonnenaufgang gepflückt werden.

Eine weite, geradezu internationale Verbreitung (z. B. auch in Rußland, Rumänien, USA) fand die Rinde als Brech- und Abführmittel. Schon Albertus Magnus sagt im 6. Buch seines Pflanzenwerkes, daß die innere Rinde des Holunders ein Brechmittel ergebe, wenn man sie von unten nach oben schabe; von oben nach unten geschabt, sei sie ein Abführmittel. Dies sei eine erprobte Tatsache. Auf diese naive Weise sucht der Volksglaube die tatsächlich vorhandene, gleichzeitig abführende und brecherregende Wirkung miteinander in Einklang zu bringen. Man trieb schließlich mit Abführen

und Erbrechen die schlechten Säfte aus dem Körper.

Schließen wir dieses Kapitel mit der Verwendung des Holunders in der Volksmedizin. Zeitlich kann man da sehr weit zurückgehen. Schon bei den Hippokratikern im 5. und 4. vorchristlichen Jahrhundert wurde der Holunder als Heilpflanze, als abführendes, wassertreibendes, gynäkologisches Mittel charakterisiert. Die gleichen Eigenschaften billigten ihm Dioskorides und Plinius im 1. nachchristlichen Jahrhundert zu. Sie ergänzen, daß die als Gemüse gekochten jungen Blätter Schleim und Galle abführen, die in Wein gekochte Wurzel sich wirksam bei Wassersucht bewähre, daß aufgelegte frische Blätter Entzündungen lindern und heilend bei Geschwüren wirken, und daß diese in Verbindung mit Ochsen- oder Bockstalg ein vortreffliches Mittel bei der Behandlung des Podagras abgeben. Den Blüten, reifen Früchten, den Blättern, der Stamm- und Wurzelrinde – praktisch dem ganzen Strauch – werden also seit alters her harntreibende, auswurffördernde, abführende, brechenerregende und, äußerlich angewandt, erweichende und zerteilende Wirkungen zugeschrieben. Das Anwendungsgebiet der Holunderdrogen bezieht sich dementsprechend auf Erkältungskrankheiten, Wassersucht, Nieren- und Blasenleiden, Steinleiden, Gicht, Rheumatismus, Verstopfung und Erkrankung der Atemorgane. Auszüge aus Holunder, Kamillen und Lindenblüten wirken zusammen mit Wärme stark schweißtreibend. Von den getrockneten Blüten wurde Tee, aus dem Saft der Beeren Mus oder mit Zucker und kochendem Wasser Grog bereitet. Die Hollerblüte wurde gegen Lungensucht empfohlen, und die Hollerbeeren als eingedickter Saft gegen Würmer angewendet. Frisch ausgepreßter Saft der Holunderbeeren wurde als Spezificum gegen genuine Neuralgie bezeichnet, die man angeblich dauernd heilen konnte.

Werfen wir einen Blick auf die Gegenwart: Heilkräuter in allen möglichen Formen sind wieder gefragt. Man braucht nur auf die Schaufenster der Apotheken und Drogerien zu sehen, um das bestätigt zu finden. Bücher erscheinen auf dem Markt, und selbst in Zeitungen und im Fernsehen nimmt man sich der Heilkräuter an. Sogar Brennesseln werden landwirtschaftlich angebaut. Die Rückkehr zur Anwendung der uralten, bewährten Volksmedizin, die Nutzbarmachung der natürlichen Kräfte der Heilpflanzen und das Bemühen, Schulmedizin und Volksmedizin in eine sinnvolle und beiden Seiten nützende Relation zu bringen, sind vermutlich die Reaktion auf unser 'vergiftetes' Dasein. Und daß wir ungesund leben und dies büßen müssen, darüber kann es keinen Zweifel geben.

Was noch sehr interessierte, war die Frage, ob der Holunder auch einen Niederschlag im Lied, besonders im Volkslied gefunden hat. Das war bei der Bedeutung für das Volksleben anzunehmen, die Ausbeute war jedoch nicht sehr groß.

'Des Knaben Wunderhorn' trägt aus dem Gedicht 'Frühlingsblumen' eine Strophe bei:

Ein Kraut wächst in der Aue
mit Namen Wohlgemut,
liebt (gefällt) sehr den schönen Frauen,
dazu die Holderblüt,
die weiß und rote Rosen
hält man in großer Acht,
tut's Geld darum verlosen,
schöne Kränze daraus macht.

Jedermann kennt das bekannte Lied aus dem Oberschwäbischen, dessen erste Strophe lautet:

Rosestock, Holderblüt!
Wann i mein Dirnderl sieh,
hüpft mer vor lauter Freud
's Herzerl im Leib.

Glock aber hat im Elsenztal ein schönes Lied gefunden und aufgezeichnet. In diesem Lied ist der Holler Zeuge einer Liebesgeschichte und gleichzeitig Schicksalsbaum. Die uralte Frage nach der Liebe und Treue wird gestellt, und der Ausgang ist wie so oft ungewiß.

Und nun das Lied:

Am Holderstrauch

Der Holderstrauch, der Holderstrauch,
Der blüht so schön im Mai.
Da sang ein kleines Vögelein
Ein Lied von Lieb und Treu.

Am Holderstrauch, am Holderstrauch
Wir saßen Hand in Hand,
Wir waren in der Maienzeit
Die Glücklichsten im Land.

Am Holderstrauch, am Holderstrauch,
Da muß geschieden sein.
Kehr bald zurück, kehr bald zurück,
Herzallerliebster mein.

Am Holderstrauch, am Holderstrauch,
Da weint ein Mädchen sehr.
Der Vogel schweigt, der Holderstrauch,
Der blüht schon längst nicht mehr.

Das wohl am besten bekannte Lied 'Am Holderstrauch', das heute noch landauf, landab bekannt ist, handelt von Liebe, Scheiden und Wiederkommen. Es ist ein Volkslied, gefühlvoll, versehen mit allen Kennzeichen der Liebeslyrik. Es trifft mit der eingängigen Melodie die Seele des Volkes und blieb deshalb lebendig. Auch in Herzensangelegenheiten war der Holunder der Vertraute des Volkes. Es ist allerdings auch ein Lied, bei dem das Scheiden durch den Krieg hervorgerufen wird. Mit dem Gespür für das Echte und unangebrachtes Pathos wird die vierte Strophe nicht gesungen, sie ist auch kaum bekannt. Diese lautet:

Am Holderstrauch, am Holderstrauch,
Da fiel der Abschied schwer,
Er zog ins Feld, er starb als Held
für Deutschlands Kron und Ehr.

Damit kann die Betrachtung geschlossen werden. Gewiß ist der Holunder dank seiner urwüchsigen Lebenskraft in seinem Bestand nicht gefährdet, aber er ist doch um das Haus und in den Gärten selten geworden. Die Modernisierung der Bauernhäuser und der bäuerlichen Gebäude um das Haus herum haben ihn von da vertrieben. Oft mußte er Ziersträuchern und teuren Nadelhölzern Platz machen. Aber manchmal steht er noch an der Ecke eines alten Hühnerstalles, ein Bild, das nostalgische Träume wecken könnte, oder er grünt am rückwärtigen Gemäuer einer Scheune oder ganz hinten in der Ecke des Bauerngartens. Daß er sich aber an Rainen, Wegen und Waldrändern so wacker hält, erfüllt mit Freude. Denn immer noch gilt das Wort: „Wir können uns die deutsche Landschaft nicht denken ohne den Holunder. Er ist schön wie ein Volkslied." (Emil Baader)

Am Hollerbusch, do steht e Maid,
Holt sich en Schorz voll Bliet.
Un wie se roppt und wie se zoppt,
Singt sie dazu e Lied:
Hollerbusch, Hollerbliet!
Wer geht zum Bründel mit?
Hollerbusch, Hollerbliet!
Wer kriegt de Kranz?

Zum Hollerbusch, wer geht do na?
E saubrer, junger Bu.
Un wie er hikümmt, hält er g'schwind
Der Maid die Aage zu.
Hollerbusch, Hollerbliet!
Wer geht zum Bründel mit?
Hollerbusch, Hollerbliet!
Wer kriegt de Kranz?

Beim Hollerbusch, do steht e Paar,
Die hawe sich so geern,
Und wann se üwerts Johr noch stehn
Do muß doch Hochzich wern.
Hollerbusch, Hollerbliet!
Wer geht zum Bründel mit?
Hollerbusch, Hollerbliet!
Wer kriegt de Kranz?

Vum Hollerbusch, do fällt die Bliet,
Der Winter kummt herbei.
O junges Blut, sieh dich wol für,
Ob dir dei Schatz bleibt treu.
Hollerbusch, Hollerbliet!
Wer geht zum Bründel mit?
Hollerbusch, Hollerbliet!
Wer kriegt de Kranz?

Rosm'rei, Rosm'rei, gebt mer in mein Sarg enei

Als der Verfasser dieses Buches einen in voller Blüte stehenden Rosmarinstrauch sah, fühlte er sich plötzlich in die Jugendzeit zurückversetzt. Der Duft des abgebrochenen Zweiges rief Assoziationen wach, welche die Verbindung zu einer Zeit herstellten, die immerhin mehr als ein halbes Jahrhundert zurückliegt. Der scharfe Rosmaringeruch ließ – und läßt – ernste Bilder vor dem geistigen Auge entstehen: Der Vater, ein Leben lang Lehrer in Eschelbach, damals noch Kreis Sinsheim/Elsenz und Jahrzehnte Dirigent des evangelischen Kirchenchores, kehrt von einer Beerdigung zurück. Er ist wie immer angetan mit einem schwarzen Kirchenrock und trägt einen Zylinder auf dem Kopf. In der Hand hält er eine Zitrone, in die ein Zweig Rosmarin gesteckt ist, die er dann der Mutter überreicht. Rosmarin und Zitrone, das war gleichbedeutend mit der Beerdigung eines Gemeindemitgliedes. Der Pfarrer, der Lehrer (als Dirigent des Kirchenchores) und die Sargträger empfingen Rosmarin und Zitrone von der Familie des Verstorbenen vor der Beerdigung. Welchen Sinn aber hatte diese Gabe?

Zunächst soll jedoch noch etwas näher auf die früheren Beerdigungssitten in Eschelbach – und damit vieler anderer Orte dieses Kraichgauteiles – eingegangen werden.

Bei der bäuerlichen Bevölkerung ist der Tod ein Ereignis, das sehr unmittelbar empfunden wird, natürlich auf- und angenommen, ganz dem Kreis des Stirb und Werde angehörend. Aus der Natur kommend sah man auch die Vorzeichen des Todes, der Ruf des Käuzchens beispielsweise, oder wenn der Gaul den Kopf zum Stallfenster herausstreckte und jemandem nachschaute. Hierher ge-

hörte auch das Verlöschen des Lichtes, das Stehenbleiben der Uhr, Krachen und Poltern im Haus. Kinder, welche im Oberkiefer die ersten Zähne bekamen, hatten keine lange Lebensdauer zu erwarten, *denn ein Haus baut man nicht von oben runter.* Damit das Halsweh sich nicht lebensbedrohend entwickeln konnte, mußte ein linker Strumpf um den Hals gebunden werden. Aber schließlich kann der Tod durch Vorboten nur angezeigt, nicht aber verhindert werden. Beim Eintritt des Todeskampfes versuchte man, alle Familienangehörigen bei dem Sterbenden versammelt zu haben.

Der Tod wurde durch das Läuten der Totenglocke – wie heute noch – dem Dorfe angezeigt. Ganz früher, so berichten die Alten, wurde nicht geläutet. Besondere Riten dergestalt, daß dem Vieh der Tod des Bauern mitgeteilt wurde, bestanden nicht. Aber selbstverständlich wurde der Tote zu seinem letzten Gang 'hergerichtet', d. h. gewaschen und gekleidet. Das Totenhemd (Sterbehemd), die weißen Strümpfe, beide selbst gefertigt, waren schon lange bereitgelegt. Oft waren sie schon fertig, als der, welcher sie einst mit ins Grab nehmen sollte, noch in der Blüte seiner Jahre stand. Es nötigt Achtung ab, wenn Menschen in Gedenken an das Lebensende ihre Sterbekleider viele Jahre in der Truhe aufbewahren und in Ordnung halten. Da es früher in unserem wie in anderen Dörfern keine Leichenhalle gab, mußten die Toten im Hause bleiben. So gering auch die Furcht des Landbewohners vor dem Sterben als Abschluß eines Lebens voll Arbeit war, hatte er doch zahlreiche Vorsichtsmaßnahmen gegen einen plötzlichen und frühzeitigen Tod. Es war oft die Angst vor dem 'Nachgezogenwerden', die

Furcht vor den Toten, denen man überna-
türliche Kräfte zuschrieb, welche Abwehr-
maßnahmen erforderte. Dazu gehörte auch
die Totenwache. Drei oder vier Männer aus
der Nachbarschaft versahen in Eschelbach
den Dienst. Sie erhielten etwas zu trinken
und brachten unter Gesprächen die Nacht
hin.

Am Tage der Bestattung wurde der Sarg mit
dem Toten im Hofe aufgestellt. Außer dem
Öffnen der Fenster, was ja ursprünglich die
Bedeutung hatte, der Seele des Verstorbenen den Weg ins Freie zu ermöglichen, und
das Verbrennen des Strohsackes, auf dem
der Tote gelegen hatte, beachtete man keine
weiteren Regeln, wie z. B. daß der Verstorbene mit den Füßen voraus aus dem Haus
getragen wurde, um die Rückkehr seiner
Seele zu vermeiden und ihr zur ewigen Ruhe
zu verhelfen.

Der Weg zum Friedhof war oft weit. Den
Toten trugen die Männer der Nachbarschaft
zu Grabe. Ledigen wurde von den Schulkameraden diese Ehre erwiesen. Früher war
die Kindersterblichkeit groß, und viele kleine Erdenbürger fielen Kinderkrankheiten
zum Opfer. Waren sie noch ganz klein, so
wurde das Särgchen von einem etwa 18 Jahre alten Mädchen auf dem Kopfe hinausge-
tragen. Das Mädchen hatte als Unterlage
einen Stoffring auf das Haupt gelegt, einen
jener Ringe, die es den Frauen ermöglich-
ten, einen Backnapf mit Brotteig auf dem
Kopf und je einen unter den Armen zum
Bäcker zu tragen. Bei etwas größeren Kindern trugen zwei Mädchen oder Schulkameraden den Sarg. Die Träger erhielten weiße Taschentücher, die sie behalten durften.
Taschentücher oder Handschuhe dienten
ebenfalls, wenn auch schon lange unbewußt,

Totenkutsche in Bruchsal (Stadtarchiv Bruchsal)

Gütige Mutter,
bitte für die armen Seelen.

Bis weit in unser Jahrhundert hinein war es üblich, bei einem Sterbefall solche Totenbildchen zu verteilen; die Rückseite zeigt ein Bild und die Lebensdaten des Verstorbenen.

als Schutz gegen die Macht der Toten. Die Beerdigung wurde durch dreimaliges Läuten angezeigt, das im Abstand einer halben Stunde erfolgte. Beim dritten Läuten waren Pfarrer und Gemeinde am Trauerhaus versammelt. Die Vereine rückten an und stellten sich auf. Nachdem der Geistliche die Gebete gesprochen und der Kirchenchor gesungen hatte, formierte sich der Trauerzug. Beim Verlassen des Hauses wurde 'zusammengeläutet', d. h. alle Glocken läuteten. Dies war ein schöner Brauch. Die Glocken, die den Verstorbenen durch das Leben begleitet hatten, begleiteten ihn nun auch auf

seinem letzten Wege durch das heimatliche Dorf. Die Läutebuben bildeten eine Postenkette vom Trauerhaus bis zur Kirche und gaben das Zeichen zum Beginn des Läutens. Voraus gingen die Schulkinder, welche etwa bis zum Ersten Weltkrieg auf dem Weg zum Friedhof geistliche Lieder sangen. Dann folgten, war der Tote Mitglied gewesen, die Vereine mit ihren Fahnen. Nun kamen die Träger mit dem Sarg, die Leidtragenden und die Männer und Frauen des Dorfes. Die Männer trugen ihren schwarzen Kirchenrock und Zylinder. Viele Frauen waren verschleiert, und die feinen Trauerschleier fielen im Faltenwurf vom Hut bis zur Hüfte. Auch bei diesen Verhüllungen tritt der alte Schutz- und Gegenzauber deutlich zutage. Am Grabe amtete der Geistliche nach seiner Konfession. Kirchenchor oder Gesangverein sangen dem Toten ein letztes Lied, Kränze wurden niedergelegt und von den Vorständen Ansprachen gehalten. Drei kleine Schäufelchen Erde zum Zeichen, daß Erde wieder zu Erde werde, und um gleichzeitig dem Entschlafenen die letzte Ruhe zu gönnen, warf – und wirft heute auch noch – jeder mit abschiednehmendem Blick auf den Sarg. Dann folgt der Trauergottesdienst in der Kirche.

Heutzutage sitzt man nach der Beerdigung meist im Gasthaus zusammen, und oft wird es mit der fortschreitenden Dauer des Beisammenseins lebhafter, lauter und fröhlicher, ist doch eine Beerdigung der Anlaß, der die Verwandtschaft zusammenführt. Das alles hat wenig mehr mit dem ernsten Anlaß des Tages zu tun. Das gab es früher nicht. Die Leidtragenden und die Sargträger kamen im Trauerhaus zusammen, und bei Kaffee und 'Kranz', Butterbrot und Backsteinkäs verbrachte man unter sich und im Totengedenken einige Stunden. Über einen sehr interessanten Brauch in der näheren Heimat berichtet Carl Krieger in seinem 'Kraichgauer Bauerntum': „Bis vor drei Jahren [1930] zierte den Sarg lediger Leute in Ittlingen eine eiserne Krone, die beim Versenken der Totenlade abgenommen wurde, sie ist so alt als Menschengedenken zurückreicht." Und in der Fußnote weist Krieger darauf hin, daß die Totenkronen von Reihen, Kirchardt und Landshausen sich im Volkskundlichen Museum der von-Portheim-Stiftung in Heidelberg befänden und daß die Totenkronen aus Holz in Landshausen und in Menzingen mit ins Grab gegeben wurden. Auf die Anfrage bei der von- Portheim-Stiftung, ob ein Foto dieser Totenkronen zu erhalten sei, kam die bezeichnende und bedauerliche Antwort: „Ihre Anfrage brachte uns schmerzlich in Erinnerung, daß die Portheim-Stiftung bis Ende des Zweiten Weltkrieges eine gute Volkskundesammlung besaß. Diese wurde geplündert und die unbedeutenden Reste verkauft." Somit sind diese unersetzlichen Totenkronen für immer verloren. Mit den Totenkronen hatte es folgende Bewandtnis: So wie die Brautkrone gewissermaßen am Eingang zu einem neuen irdischen Leben stand, so stand die Totenkrone am Eingang zum ewigen Leben und gehörte so zum letzten Gang des Toten. In der Bibel steht in der Offenbarung 2, 10: „Sei getreu bis in den Tod, so will ich dir die Krone des Lebens geben." Die Totenkrone symbolisierte also die 'Krone des Lebens' für den Getreuen, aber sie war auch ein Zeichen der Jungfräulichkeit und Reinheit. Deshalb wurde sie Unverheirateten, Kindern, jungen Mädchen und Burschen als Sargschmuck beigegeben. Sie war daneben als Tugendkrone ein Zeichen der Ehrung und konnte so auch auf einem Männersarg liegen.

Vor dem Trauerhaus empfingen – wie bereits gesagt – der Geistliche, der Lehrer und die Sargträger von den Angehörigen des Verstorbenen Zitrone und Rosmarinzweig. Die Untersuchung im Dorfe selbst, welchen Sinn dieser Brauch hatte, erbrachte kein anderes Ergebnis als die Feststellung, Zitrone und Rosmarin seien wegen ihres markanten Geruches besonders im Sommer notwendig gewesen, um dem Leichengeruch nicht zu sehr ausgesetzt zu sein. Man habe ja keine Leichenhalle gehabt, und manche Leiche sei 'ausgelaufen'. Damit wird Rosmarin und Zitrone ein rein hygienischer Zweck zugeordnet. Den Rosmarin selbst pflanzte man in Töpfen oder Eimern, um ihn im Winter ins Haus nehmen zu können, aber auch manche Büsche standen in den Bauerngärten. Bei Todesfällen half man einander mit Zweigen aus. Der Brauch bestand bis Anfang der dreißiger Jahre, in anderen Dörfern der Umgebung noch länger.

Der Rosmarin ist eine Pflanze, deren Heimat die Mittelmeerländer sind. Gleichwohl ist der Rosmarin ein altberühmter, dem Leben des Menschen in Glaube und Mythologie eng verbundener Strauch. Der Rosmarin kam früh zu uns. So berief Karl der Große aus italienischen Klöstern Mönche und übertrug ihnen die Abfassung einer Verordnung zur Pflege der Gärten, die unter dem Namen 'Capitulare de villis' vom Jahre 812 bekannt ist. Unter den 99 verschiedenen Bäumen, Kräutern und Sträuchern, deren Anbau den Verwaltern der Meierhöfe empfohlen wird, befindet sich auch der Rosmarin. Schon im Mittelalter wurde der Rosmarin als hochwichtige Pflanze gezogen. Der immergrüne, stark duftende Strauch wurde hoch geehrt und begleitete das Leben der Familie von der Geburt bis zum Grabe als treuer Schutz. Die Pflanze wurde wegen der immergrünen Blätter und der stark duftenden Blüten zu kultischen Zwecken benutzt und galt als Sinnbild der Liebe, Treue und des Todes. Hier interessiert der Rosmarin zunächst im Zusammenhang mit dem Tode. Vielfach lassen sich Belege finden, daß in allen Teilen Deutschlands das Leichengefolge und vor allem die Sargträger Rosmarin, oft zusammen mit der Zitrone, als schützende Gegenstände in der Hand trugen. Von den Leichenträgern oft eben deshalb, damit sie nicht zu sehr vom Leichengeruch belästigt wurden. Elard Hugo Meyer, einer der Altmeister der Volkskunde, berichtet ebenfalls, daß die Leichenträger um Kehl, Karlsruhe und Bruchsal einen Rosmarinzweig in der Hand, anderswo, z. B. in Graben, im Munde trugen.

Interessanterweise galt in Diedelsheim, Zuzenhausen, Dilsberg und Sigelsbach, also in Kraichgaugemeinden, der Rosmarinzweig als eine geringe Gabe der ärmeren Leute. Die Reichen dagegen gaben dem Pfarrer, Lehrer und Mesmer eine Zitrone als Andenken an den Toten. Rosmarin und Zitrone als Symbole der sozialen Stellung, gewiß eine merkwürdige Fehlentwicklung des kultischen Brauches! Auch Krieger führt den Rosmarin als Totenpflanze an und bestätigt, daß er zusammen mit der Zitrone den Trägern und dem Pfarrer in die Hand gegeben wurde. Am schönsten und ergreifendsten spricht ein versunkenes Elsenztäler Volkslied den Symbolgehalt der Pflanze an, in dem es heißt:

Rosm'rei, Rosm'rei,
Geb mer in mei Sarg enei,
Geb's mer in mei kalde Händ,
Wann's zu End.

Hier liegen Glaube und Aberglaube nahe beisammen, ein Versinken in die menschliche Urzeit: Rosmarin als Schutz gegen alles Böse, das den Eintritt in die ewige Ruhe

verhindern könnte. Oft wurde der Rosmarin (auch die Zitrone) als Totenpflanze in den Sarg gelegt. Mit diesem Brauch verband sich viel Aberglaube. Allgemein wurde angenommen, daß, wenn man einen Rosmarinzweig zur Leiche in den Sarg legt, der Stock allmählich eingeht und verdorrt. Ein anderer Aberglaube sagte, wenn der ins zugeschüttete Grab oder in den Garten gesteckte Rosmarinzweig nicht wächst, so bedeutet dies einen Todesfall, überhaupt sagt das Verdorren des Rosmarins einen Todesfall im Haus voraus.

Der Rosmarin ist eine empfindliche Pflanze. Bricht eine Schwangere einen Zweig ab, so glaubte man in manchen Gegenden Deutschlands, verdorrt der Stock, berühren ihn Kranke, so stirbt er ab. Er verdorrt auch, wenn der Hausvater stirbt. Deshalb muß er bei dessen Tod 'angeklopft' werden, damit er weiter gedeiht. Es ist gut denkbar, daß der in unserem Klima im Freien nicht gerade leicht zu haltende Rosmarin in seinem Wachstum wegen seiner Verbundenheit mit dem Tode und den Toten ständig beobachtet wurde, und so lag es nahe, sein Absterben als Todesvoraussage aufzufassen.

Daß eine für den Volksaberglauben so abwehrkräftige Pflanze nicht nur als Totenpflanze betrachtet wurde, leuchtet ein, denn warum sollte die Abwehr böser Einflüsse nicht auch für freudigere Begebenheiten im Menschenleben gelten? Geburt und Hochzeit sind wahrhaftig so wichtige Ereignisse, daß sie durchaus 'glückverheißende' Zeichen brauchen können. Heißt es doch:

Kümmel, Dill und Rosmarin
läßt die Geister weiterziehn.

Überall im deutschen Sprachgebiet wurde Rosmarin ähnlich wie die Myrte (diese ist als Brautpflanze erst im 16. Jahrhundert nachzuweisen) und Zitrone im Hochzeitskult verwendet. Schon im Altertum scheint der Rosmarin im Kult der Aphrodite Verwendung gefunden zu haben. E. H. Meyer berichtet, daß (um 1900) an vielen Orten die Hochzeitslader mit einem Maien oder Rosmarin geschmückt waren, z. B. in Hartheim, Auenheim, Waldprechtsweier, und in Seebach war der Lader außer mit bunten Bändern noch mit Rosmarin geschmückt. In Littenweiler ging der Hochzeitslader von Haus zu Haus, an seinem Stab einen Busch farbiger Bändel, auf dem hohen Filzhut einen mächtigen Strauß mit einer Rosmarinstaude. Traf das Brautpaar beim Einladen die Bewohner eines Hauses nicht an, so zeichnete der Bräutigam in Ortenberg mit einer mitgenommenen Kreide eine Rosmarinstaude mit den Anfangsbuchstaben seines Namens an die Türe. In manchen Dörfern behielt der Bräutigam seinen mit Rosmarin geschmückten Hut den ganzen Hochzeitstag auf dem Kopf (Weilheim bei Waldshut, Dillendorf bei Bonndorf). In Wagshurst trug der Bräutigam bei der Hochzeit einen Rosmarinstengel im Knopfloch oder in der Hand, ebenso in Oberweier (Rastatt), in Unzhurst (Offenburg) auch die Hochzeitsgäste, in vielen anderen Orten auch. In Fußbach (Offenburg) steckte der Rosmarinstrauß in dem weißen, zusammengefalteten Taschentuch, das die Brautleute in den Händen hielten. In Eisingen (Pforzheim) wurde der Rosmarinzweig nach der Hochzeit eingepflanzt und diente so weiter bei Hochzeiten und Begräbnissen. In Höhefeld und Nicklashausen bei Wertheim kam zum Rosmarin die Zitrone. Der Bräutigam schritt hinter der Musik, zur Rechten den Pfarrer, zur Linken den Lehrer, die außer Rosmarin Zitronen bekommen hatten. Eine bezeichnende Sitte gab es in Heidelsheim, Maul-

burg, wo die Brautleute vor oder nach der Trauung ein Taschentuch, eine Zitrone, und einen Rosmarinzweig ins Pfarrhaus brachten. Das Handwörterbuch des deutschen Aberglaubens führt noch eine Reihe interessanter Bräuche auf: Die Brautleute steckten nach der Hochzeit den Rosmarinzweig in die Erde. Faßte dieser Wurzeln, so wurde die Ehe glücklich. Wenn sich die Spitzen des Rosmarins, welchen die Trauzeugen trugen, während der Trauungsfeierlichkeiten beugten, so galt das für den Träger als schlechtes Sittenzeugnis, als ein noch schlechteres, wenn sie verwelkten. Wenn die Braut das Rosmarinkränzchen vom Scheitel des Bräutigams nahm, behielt sie die Herrschaft zu Hause, wenn er es selbst herunternahm, dann er. Die Braut steckte dem Bräutigam heimlich ein Rosmarinzweiglein zwischen Hut und Futter, damit er die Treue hielt (Öflingen). In Bernau hatte die Braut ein Rosmarinzweiglein in der rechten Schuhspitze und machte mit dieser, wenn der Mann sie vom Hochzeitsmahl ins Haus führte, drei Kreuze. Fiel während der Eheschließung dem Bräutigam sein Rosmarinkränzchen herab, so bedeutete dies eine unglückliche Ehe.

Welche Rolle der Rosmarin im Leben unserer Vorfahren gespielt hat, kann im Rahmen dieser Abhandlung nur angedeutet werden. Daß bei der Taufe und beim Taufgang außergewöhnlich vielseitige Vorsichtsmaßnahmen beachtet wurden, ergänzt das Brauchtum bei Hochzeit und Tod folgerichtig. Die Paten trugen bei der Taufe häufig Rosmarinsträuße und Zitronen in der Hand. In manchen Gegenden Deutschlands trugen auch die Konfirmanden Rosmarinsträußchen. Da der Rosmarin immergrün ist, dienten seine Zweige auch als Lebensrute beim 'Pfeffern'. Statt pfeffern wurde auch peitschen, aufhauen, dengeln, fitzen, fädeln usw. gebraucht. Der Schlag mit der Lebensrute, der meist an christliche Festtage, z. B. Weihnachten, Neujahr, angeschlossen war, hatte folgenden Zweck: Vertreibung des Bösen und Lebensfeindlichen durch den grünen Zweig, Erweckung von Gesundheit, Lebens- und Wachstumskraft. Als Rute benutzte man Weidenzweige mit jungen Trieben, Birkenreise, Flieder-, Kirschen-, Lindenzweige, Tannen- und Stechpalmenzweige usw. und eben auch Rosmarin. Beide Geschlechter schlugen sich gegenseitig, namentlich auf Hände und Füße, auf alle Glieder von oben herab, an Hinterteil und Geschlechtsteile.

Daß der Rosmarin auch als Arzneipflanze im Garten der Bäuerin einen festen Platz hatte, kann bei der Bandbreite seiner Wirksamkeit nicht wunder nehmen: „Die Blumen mit denen nächsten Stängelein, alle Morgen mit Brot und ein wenig Salz genommen, schärffet das Gesicht, stillet das Bauchgrimmen, zertheilet die Winde und vermehret die Dauung. Rosmarin Blätter und Blüten stärket das Hertz, vertreibet das Hertzklopfen, Schwermuth, Ohnmacht, Schlafsucht, Schwindel, Lähmung bei Zungen, Gicht, Krampff und Zittern der Glieder, der Schlag und die Fallende Sucht, widersteht der Fäulnis, macht die wakkelnden Zähne feste, machet das Haar häufig und lang, schärft den Verstand, bringet die gelähmten Nerven zurechte." ('Lebendig Officinal Kräuterbuch' des Johann Hieronymus Kniphof, Erfurt, 1733)

Wenden wir uns noch etwas der **Zitrone** zu, die im Zusammenhang mit dem Rosmarin schon so oft genannt wurde. Sie gehört zu den Grabbeigaben, den verschwundenen Beigaben von scharf riechenden Kräutern und Früchten, die letzlich nur noch desin-

fizierende Aufgaben hatten. Grabbeigaben lassen sich seit der fernsten Urzeit der Menschheit nachweisen, und ihnen lag wohl der Glaube zugrunde, daß die Toten nach den alten Lebensformen fortlebten. Zweifellos sollten die Toten auch günstig gestimmt werden, weil man ihre geheimnisvolle Macht fürchtete. Hier kann man den Brauch nennen, der den Toten einen 'Zehrpfennig' mit auf den Weg gab mit der Bitte, dem Geber den 'Nährpfennig' nicht zu neiden und zu lassen. Man legte den Toten auch neue Schuhe für die Reise ins Totenreich an, oder man gab der verstorbenen Wöchnerin Schuhe, Faden, Nadel und Schere mit, damit sie ihr Kind besuchen und seine Windeln nähen konnte. Der ursprüngliche Sinn der Grabbeigaben verblaßte wohl immer mehr, und was man in manchen Gegenden Deutschlands den Toten mitgab, entsprang oft der Scheu, die Gegenstände, die der Entschlafende vor seinem Tode in Gebrauch hatte, weiter zu benützen, oder es lagen Pietätsgefühle zugrunde, wenn man Eheringe, Ehrenzeichen oder besonderes Handwerksgerät mit in den Sarg gab. Das Christentum konnte die alt eingewurzelten Volksbräuche im Totenkult zunächst nicht ganz unterdrücken und behalf sich mit der Vergeistigung und Umdeutung, indem es Opfer zum Seelenheil der Verstorbenen förderte. Mit welcher Zähigkeit aber Urgedanken und Urformen des Brauchtums über allen Kulturwandel und alle Weltbilder hinaus fortlebten, läßt sich von der Schau unserer Tage aus am Beispiel der Grabbeigaben erneut erhärten. Unter diesen Beigaben spielt die Zitrone, die in Deutschland um die Mitte des 16. Jahrhunderts bekannt wurde und hundert Jahre später schon (als Limone) der Limonade den Namen gegeben hatte, noch ihre brauchfeste Rolle im Beerdigungszeremoniell der Zimmerleute. Von der aufse-

henerregenden Beerdigung eines norddeutschen Zimmermanns im Jahre 1929 in Zürich wird berichtet, wo die Zunftgenossen
auf ihrem Winkelmaß Zitronen aufgespießt
hatten und beim Senken der Zunftfahne ein
regelrechtes 'Zitronenbombardement' auf
den in der Grube stehenden Sarg erfolgte.
Aus der Vergangenheit wird außerdem berichtet, daß auch zum Tode Verurteilte vom
17. bis ins 19. Jahrhundert bei ihrem Gang
zur Hinrichtungstätte Zitronen in den Händen trugen. Auch erklärt man das Austeilen
von Zitronen bei Beerdigungen damit, daß
die Zitrone den Leichengeruch an sich ziehe
und vor Ansteckung und Fäulnis schütze.
Der Brauch gehe auf die Pestzeiten zurück,
und die Pestordnungen der zweiten Hälfte
des 16. und des 17. Jahrhunderts bestätigen
die Zitrone als Schutzmittel gegen die Ansteckungsgefahr.

Kehren wir noch einmal zum Rosmarin zurück, von dem gesagt wurde, daß er als Symbol der Liebe, Treue und des Todes gilt. Was
liegt näher und was ist selbstverständlicher,
daß auch im Volkslied, das ja so oft Liebe,
Treue und Tod besingt, der Rosmarin seine
ihm gemäße Stellung einnimmt. Sein Name
selbst ist ja poetisch, und Liebe und Treue
können kaum inniger ausgedrückt werden
als in dem gottlob noch lebendigen Lied
'Das Lieben bringt groß Freud':

Ein Brieflein schrieb sie mir,
Ich sollt treu bleiben ihr.
Drauf schick ich ihr ein Sträußelein
Von Rosmarin und Nägelein,
Sie sollt, sie sollt, sie sollt mein eigen sei.

Und J. P. Hebel beginnt sein Gedicht 'Die
Überraschung im Garten', jene zarte Liebes

geschichte zwischen dem Kätterli und dem
Friedli, so:

Wer sprützt mer alli Früeih mi Rosmeri?
Es cha doch nit der Tau vom Himmel si;
sunst hätt der Mangeld au si Sach,
er stoht doch au nit unterm Dach.
Wer sprützt mer alli Früeih mi Rosmeri?

Aber die Lieder, die den Rosmarin im Zusammenhang mit der glücklichen Liebe nennen, sind selten. Viel häufiger sind es Abschiedslieder und jene, die von Untreue und
Tod sagen, welche den Rosmarin im Texte
führen. Als Beispiel sei angeführt: 'Ach, in
Trauern muß ich leben'. In diesem Lied
muß der Bursche von dem untreu gewordenen Schatz Abschied nehmen, und er gedenkt in Wehmut der verflossenen schönen
Zeiten und endet seine Betrachtung mit den
Worten:

Rosmarin und Veilchenblätter
Schenk ich Dir zu guter Letzt,
Das soll sein das letzt Gedenken,
Weil ich von dir scheiden muß.

In dem Lied 'Liebchen, willst du mirs gestehen' geht es um das gleiche menschliche
Problem. Die entsprechende Strophe lautet
hier so:

Rosmarin und Veilchen,
Nelken mach ich meinem Schatz zum Strauß,
Das soll sein letzt Gedenken,
Das soll sein Abschiedsstrauß.

Das schöne Lied 'Rosmarin und Veilchenblätter' beginnt folgendermaßen:

———•———

Rosmarin und Veilchenblätter
Schick ich dir zum Abschiedsgruß,
Und zu deinem Angedenken,
Dieweil ich von dir scheiden muß.

———•———

Gesungen wird heute noch die Variante:

———•———

Rosmarin und Salbeiblättlein
Schenk ich dir zum Abschiedsgruß,
Und dies sei mein letzt Gedenken,
Weil ich dich verlassen muß.

———•———

———•———

Traum

Ich hab die Nacht geträumet
Wohl einen schweren Traum;
Es wuchs in meinem Garten
Ein Rosmarienbaum.

Ein Kirchhof war der Garten,
Ein Blumenbeet das Grab,
Und von dem grünen Baume
Fiel Kron' und Blüte ab.

Die Blüten tät ich sammeln
In einen goldnen Krug;
Der fiel mir aus den Händen,
Daß er in Stücken schlug.

Draus sah ich Perlen rinnen
Und Tröpflein rosenrot.
Was mag der Traum bedeuten;
Ach, Liebster, bist du tot?

———•———

Natürlich fehlt auch der Wanderbursche nicht, der nach langer Wanderschaft zurückkehrt, sein Liebchen vergebens sucht und es schließlich auf dem Friedhof findet:

———•———

Zwischen Rosen, Rosmarin,
Stand des Liebchens Namen drin.
Sieh, jetzt wards dem Jüngling klar,
Wo seine Braut zu finden war.
('Von der Wanderschaft zurück')

Auch das Müllerstöchterchen, das im Mühlbach ertrunken ist, flüstert noch im Tode:

———•———

Kommt ihr Jungfraun, kommt gegangen!
Seht das Rad hat mich gefangen,
Kränzet mir mein Haupt mit Rosmarin,
Dieweil ich Braut und Junfer bin.
('Meister Müller, tut mal sehen')

———•———

Und da ist auch die Jungfrau, die in den Garten geht, um sich mit Rosen den Hochzeitsstrauß zu binden. Aber es sollte nicht sein:

———•———

Sie ging im Grünem her und hin,
Statt Röslein fand sie Rosmarin;
'So bist du, mein Getreuer, hin!
Lieg bei dir unter den Linden
Mein Totenkränzlein schön'.
('Rosmarin')

Das schönste Lied aber, dessen Text in engem Zusammenhang mit dem Rosmarin steht, hat ebenfalls ein unbekannter Verfasser geschrieben. Dieses Liebeslied ist ein Kleinod an poetischer Aussagekraft und Stimmung. Deshalb soll es hier ungekürzt stehen (siehe Kasten links).

Rosmarin – geheimnisvoller Strauch aus süd-
lichen Gefilden, einst tief verwurzelt auch
im Leben der Menschen bei uns im Norden.
Heute jedoch ist der Zauber, den der aro-
matische Geruch verströmt, wirkungslos geworden in einer nüchternen Zeit, die sich
viele andere und viel weniger schöne Symbole ihres Aberglaubens geschaffen hat. Auch
in den Kraichgauer Bauerngärten, einst
'Gewürzkasten und Hausapotheke zugleich',
ist der Rosmarin wohl beinahe ganz verschwunden.

Kraichgauer Kinder- und Jugendzeit

❦

Das Land der Buben und Mädchen ist vor allem das Land der Spiele. Kaum auf die Welt gekommen, fängt das Kind ja an zu spielen. Nach den Fingern macht die Rassel den Anfang, Klappern und Bällchen folgen bald. Das Kind bedarf keiner zahlreichen Spielsachen, womit man heute die Kinderstuben oft überhäuft, es kann sich die Gegenstände und Formen des Spiels selbst schaffen, es kann mit allem spielen. Mit ganz einfachen Dingen, die es bei Mutter und Vater findet, oder die es im Garten, Wald und Feld aufliest, schafft

Kirschenesser in Daisbach auf einer Postkarte von 1898 mit der Aufschrift "Gruss vom Lande – Will man sich mit Kirschen schmieren, Braucht man sich hier nicht genieren" (Sammlung R. Besserer)

es sich seine Spielwelt. Kinder sind Meister der Erfindung.

Die Natur ist der größte 'Spielzeugproduzent', was weitgehend in Vergessenheit geraten ist. Sie liefert das ganze Jahr über das Material, das von den Kindern mit Phantasie und Geschick genützt werden kann. Kieselsteine, Schneckenhäuschen, Hagebutten vom letzten Herbst, als Juckpulverersatz gut zu gebrauchen, Hühner- und Gänsefedern, Baumrinden, alles findet seine Verwendung. Aus den Stielen der Löwenzahnblüten machen Kinder Ringe, und mit diesen werden Halsketten gebastelt. Solche Ketten kann man auch gut mit Gänseblümchen flechten. Und manche Blumen oder Blätter eignen sich zum 'Orakelspielen', das die älteren Mädchen gerne betreiben: *Er liebt mich, er liebt mich nicht...* Immer aber ist für die Kinder das herrliche und ganz einfache 'Dreckeln' möglich, wenn sie Erde oder Sand mit Wasser zusammenrühren.

Wer kann noch mit einem Grasblatt 'musizieren', das, zwischen beide Daumen gelegt, beim Durchblasen so schön zirpt? Weiden- und Haselnußsträucher bieten noch mehr Möglichkeiten als Pfeifen, Blasrohre oder Spritzen zu fertigen. Da lassen sich Speere, Stecken, Stäbe herstellen, die dann durch Ablösen von Rindenstreifen geringelt und geschmückt werden. Immer kann man mit Blumen Kränze flechten, und aus großen Pflanzenblättern entstehen schöne Hüte. Und die Rippen der Kastanienblätter geben Brillengestelle ab.

Kinder spielen auch mit Vorliebe mit Kastanien, sie werden fleißig gesammelt. Daraus macht man mit Geschick Tiere, Männchen, Puppen und Friedenspfeifen für die angehenden Indianer. Kastanien, auf eine Schnur gereiht, ergeben wunderbare Halsketten, 'Poden', wie man bei uns sagte. Was entstehen da für meterlange Prachtexemplare, der Stolz jeden Mädchens!

Wenn das Kartoffelkraut brennt, werden auch die Dickrüben, die 'Worzel', und die Kürbisse geerntet. Sie werden ausgehöhlt, und durch gekonnte Einschnitte entstehen die fürchterlichsten Feuerteufel und Fratzengesichter. Welch ein Stolz erfüllt dann den Künstler, der solches vollbracht hat, wenn am Kellerfenster die Feuerteufel stehen, gespenstisch in die Nacht hineinleuchten und die Mädchen erschrecken!

Mit ganz einfachen Mitteln spielt man ein ganzes, den Erwachsenen abgesehenes Familienleben nach. Moospolster werden zu Puppenbetten, Blätter ersetzen Töpfe und Teller, aus Steinchen, Blumen und Früchten, Tannennadeln und Eicheln hat man rasch eine Puppenmahlzeit bereitet.

Das alles sind Spiele mit regellosen Spielhandlungen. Bald aber kommen solche, die geformte Spielmittel und überlieferte Spielregeln, oft mit Reimen und Liedern versehen, voraussetzen. Dazu gehört z. B. der Umgang mit Reifen und Ball, Pfeil und Bogen und Drachen. Die Entwicklung der Art der Spiele und des Spielzeugs läuft parallel zur Entwicklung des Kindes. Die heranwachsenden Mädchen verlassen von ganz allein das bisher gewohnte Spielzeug und wenden sich den Sing- und Reigenspielen zu. Die Jungen haben zunehmend die Neigung zu kräftemessenden Ball- und Bewegungsspielen. Was Buben und Mädchen 'anno dazumal' im Kraichgau gespielt haben, soll nun in einer Übersicht gezeigt werden in der Überzeugung, bei weitem nicht alle Spiele erfaßt zu haben.

Kind beim Spielen auf der Straße mit einem Reifen, Sinsheimer Burggasse in den 1920er Jahren. (Sammlung R. Besserer)

Spiele im Haus

Kinderspiele sind jahreszeitlich bestimmt. Spiele im Haus verkürzten den Kindern die langen Regen- und Wintertage. An **Kartenspielen** gab es den 'Schwarzen Peter', man spielte 66 oder Quartett. **Brettspiele** wurden (und werden) auf quadratischem oder rundem Brett mit Figuren oder runden Steinen gespielt. Im Gegensatz zu den sog. 'Positionsspielen' (Schach, Halma, Dame, Mühle usw.) sind die Brettspiele des Kindes eher Glücks- und **Würfelspiele**, so z. B. Tricktrack oder das bis zum heutigen Tag so beliebte 'Mensch ärgere dich nicht'.

Pfänderspiele gehörten ebenfalls zum Repertoire der Kinder, so z. B. 'Was soll das Pfand in meiner Hand, was soll dasselbe tun?' Oder 'Alle Vögel fliegen hoch'. Der 'Vorsänger' nennt dabei Tiere, die fliegen können und streut nach und nach Namen von flugunfähigen Tieren ein. Die Mitspieler heben bei Flugtieren die Arme hoch, aber wer das bei einem flugunfähigen tut, wird pfandpflichtig. Schön war und ist auch das Spiel vom 'Armen Kater'. Ein Kind kniet vor einem Mitspieler hin, miaut und schneidet Grimassen. Der andere muß über den Kopf der Katze streicheln und bedauernd sagen: *Armer Kater!* Lacht es dabei, dann ist ein Pfand fällig. Mit Begeisterung wurde auch das 'I au' gespielt. Es ist ein Zwiegespräch zweier Kinder, das etwa so ablaufen konnte:

Ich bin in den Wald gange,   *I au,*
Ich bin zum Baum komme,   *I au,*
Ich hab ihn umghaue.   *I au,*
Ich hab en Sautrog davon gmacht,   *I au,*
D'Säu habe draus gfresse...   *I au,*
... und schon war das Pfand fällig.

Drei kleine Mädchen in den 1930er Jahren (Sammlung M. Sitzler)

Auch **Fadenspiele** konnten im Haus gespielt werden. Durch Schlingen und Straffen einer geschlossenen Schnur wurden mit den Händen (Fingern) geometrische Figuren gebildet, ein Vorgang, der schwer zu beschreiben ist.

Natürlich war das Spielen mit **Puppen** und **Puppenküchen** eine Lieblingsbeschäftigung der Mädchen. Gekaufte Puppen gab es nicht viel, die 'Schlumpeln' wurden selbstgemacht. So ließen sich auch aus den jungen Maiskolben, dem 'Pferdszahn', wie er in manchen Orten des Kraichgaus genannt wird, leicht Puppen machen, wie überhaupt alles und jedes zur Puppe werden konnte. Unreife Äpfel wurden z. B. als Puppenköpfe verwendet. Natürlich entstanden aus Stoffresten Puppen und auch Bälle. Alles fand seine Verwendung, und vielleicht hat man in diesen primitiven Gebilden das 'Urspielzeug' vor sich, aus dem sich das heutige Spielzeug über Jahrhunderte hinweg entwickelt und das natürliche Material verdrängt hat.

Auch **Ausschneidebogen**, die man ausschneiden, bemalen und zusammensetzen konnte, gab es hin und wieder. In einem bestimmten Alter wurde auch die **Erwachsenenwelt** nachgeahmt. Man spielte 'Dokterles', Verlobung, Hochzeit. Die Buben spielten mit Holzklötzen, ganzen **Holzbaukästen** und schulten damit unbewußt Gestaltungsvermögen und Fantasie. Glücklich war der, welcher **Zinnfiguren**, vor allem Zinnsoldaten besaß und damit dem Freund Schlachten liefern konnte. Das **Soldatenspielen** mit selbstgemachtem Holzschwert und Papierhelm gehörte vor dem 1. Weltkrieg zu den selbstverständlichen Spielen der Buben, die gewiß nicht über Sinn und Unsinn solcher Spiele nachdachten. Wer besser verdienende Eltern hatte, besaß vielleicht sogar eine **Dampfmaschine** und konnte mit Hilfe von Transmissionen Schmiede, Sägen u. a. an-

hängen und arbeiten lassen. Das waren
glückliche Besitzer!

Spiele im Freien

Die Kinder konnten es natürlich kaum erwarten, bis der Winter vorbei war, die Sonne wieder wärmer schien, den Boden trock-
nete und damit den Weg frei machte, den
aufgestauten Bewegungsdrang zu befriedi-
gen. Die Spiele, die nun begannen, waren
bis auf wenige bei Buben und Mädchen
verschieden.Gemeinsam spielte man etwa
'**Blindekuh**', ein Spiel, das schon den Griechen und Römern bekannt war und das
auch die Gesellschaft des Rokoko unterhal-
ten hat, oder das **Seilhüpfen**. Außerordentlich beliebt war im Frühjahr das **Murmel-
spiel**, Klickerles, wie die Buben sagten. Das

konnte zur Leidenschaft werden. Der Wett-
bewerb, wer die schönsten Kugeln hatte,
war groß, denn diese waren nach Größe,
Farbe, Material sehr verschieden. Die einfachen waren aus Ton, dann kamen die aus
Stein, Marmor, Glas. Danach wurden sie
bewertet und streng darauf geachtet, daß sie
gleichwertig beim Spiel in die kleine Grube
waren. Geschicklichkeit beim Wurf in die
Nähe des Loches und die Beförderung der
Klicker ins Loch waren Voraussetzung zum
Abgewinn der Kugel des Mitspielers. Manchmal wurden die Kugeln auch so an die Wand
geworfen, daß sie möglichst in der Nähe der
gegnerischen Kugel herunterfiel. War der
Abstand unter einer Handspanne, hatte man
gewonnen.
Tanzknöpfles hatte den gleichen Beliebt-
heitsgrad. Auch da gab es eifrige Tauschge-
schäfte, wenn man einen 'erfolgreichen' Tanz-

Buben beim Turnen in den 1930er Jahren (Stadtarchiv Bruchsal)

knopf haben wollte. Die Tanzknöpfe gab es in verschiedener Größe und in allen Farben. Da gab es kleine, flache, nußbraun gebeizte bis hin zu großen und lackierten. An der Spitze war ein Nagel mit einem buckligen Kopf eingeschlagen. Meist hatte der Tanzknopf vier Rillen. Was nun das Spiel selbst betrifft, gab es Varianten, die ein guter Spieler alle beherrschen mußte: a) der Tanzknopf wurde einfach in den Boden gesteckt, die Schnur der Geißel darum gewickelt und mit einem Ruck den Tanzknopf zum Drehen gebracht; b) der Tanzknopf wurde in die Hand genommen, die Schnur der Geißel darum gewickelt, auf den Boden gestellt und losgezogen; c) die Künstler nahmen den Tanzknopf zwischen Daumen, Zeigefinger und Mittelfinger, drehten ihn und warfen ihn, wenn er ins Drillen geraten war, auf den Boden und spielten weiter. Die Geißel war sehr wichtig, wenn die nichts taugte, hatte man am Tanzknöpfles wenig Freude. Man teilte mit ihr wuchtige Schläge aus, damit der Tanzknopf möglichst weit flog, oder man trieb diesen gemächlich Schritt für Schritt vor sich her.

Das Spiel mit den Reifen, das **Reifenschlagen**, war im Frühjahr auch in der Mode. Die Reifen waren meist aus Holz, gebeizt oder auch farbig angestrichen, manchmal aber auch aus Eisen. Mit einem kurzen Stab trieb man sie die Dorfstraße entlang.

Laufspiele

Die Laufspiele waren zumindest bei den Buben die beliebtesten Spiele. Sie brauchen kein Spielgerät, keinen besonderen Platz, jeder kann mitmachen. Es gibt Dutzende von Formen des Laufspiels, die im Kraichgau gespielt wurden und sicher auch heute noch gespielt werden. Sie beginnen mit dem einfachen 'Fangerles'. Beim Wettrennen

konnte man schon die Kräfte messen. Hierher gehört auch die ganze Reihe der Versteckspiele mit ihren verschiedenen Regeln, die Fangspiele mit ihren bestimmten Freimalen. Zu diesen Spielen zählten auch 'Der Kaiser schickt seine Soldaten aus' oder 'Wer hat Angst vor dem schwarzen Mann'.

Hatte man freien Platz genug, wurde der **Barlauf** sehr gerne und engagiert gespielt. Dazu brauchte man eine größere Schar Mitspieler, die in zwei gleich große Parteien eingeteilt wurden und sich in einem Abstand von etwa 50 Schritten in Reihen gegenüber aufstellten. Die Seitengrenzen des Spielplatzes wurden durch Male bestimmt. Rechts an jedem Mal und drei Schritte entfernt wurden die Stellen für die zu machenden Gefangenen bezeichnet.

Ein sehr beliebtes Spiel war das 'Lupardles'. Die Spieler versteckten sich und riefen: *Komme!* Der Sucher mußte sie dann finden. Hatte er einen gesehen, dann rannten beide so schnell sie konnten, besonders der Gefangene, dem schützenden Mal zu, einem Baum oder einer Mauer. Hatte er es erreicht, rief er: *Lupard*, und das Spiel begann noch einmal mit dem alten Sucher. Wurde er abgeschlagen, dann mußte er selbst suchen.

In der Reihe der Laufspiele kann man auch den **Hindernislauf** und das **Bockspringen** mit aufnehmen. Oft ausgeübt, aber nicht ganz ungefährlich, war das Ziehen einer **Bubenkette**, das etwas schwer zu beschreiben ist. Etwa zehn Buben faßten sich links und rechts an der Hand und bildeten eine Kette, der Kräftigste an der Spitze. Dann begann man zu laufen, der Spitzenmann begann einen Kreisbogen zu ziehen, so daß die letzten Buben durch die Zentrifugalkraft in einen außerordentlichen Schwung kamen, oft vom Boden abhoben und nur noch von der Hand des Vordermanns gehalten wurden.

Ballspiele

Ballspiele sind seit dem Altertum bekannt und gehörten zu den allgemeinsten Kinder- und Jugendspielen. Sie wurden auch bei uns im Kraichgau mit Begeistreung betrieben. Natürlich gehörte – allerdings erst etwa seit der Jahrhundertwende– der **Fußball** mit an erster Stelle dazu. Gekickt wurde überall, oft mit Bällen seltsamster Art, und wenn sie nur aus zusammengebundenen Stoffresten bestanden. Immerhin ging manche Fensterscheibe bei dem wilden Treiben in die Brüche. Platz, am besten einen Sportplatz, brauchte man beim **Schleuderball**. Da gab es wahre Fangkünstler, die den schweren Schleuderball (ausgestopfte Lederhülle, etwa 20 cm Durchmesser, ähnlich beschaffen ist heute der größere Medizinball) mit der Schlaufe daran sicher auffingen und ihn mit einem weiten Wurf wieder zurückschleuderten, so die Gegenpartei möglichst schnell hinter ihre Linie zurücktreibend.

Sehr beliebt war das **Schlagballspiel**, das sehr häufig bei den Turnvereinen und später auch im Turnunterricht der Schulen ausgeübt wurde. Da waren Geschicklichkeit und Laufvermögen notwendig, wenn die Schläger mit dem Schlagholz und die Fänger zu agieren anfingen, und die Läufer versuchten, ohne abgeworfen zu werden, das rettende Mal zu erreichen.

Heute nur noch wenig bekannt dürfte das **Tamburinballspielen** sein, es wurde vollständig vom Federballspielen verdrängt. Tamburine sind mit einer Tierhaut, ähnlich einer Schweinsblase, bespannte, runde und aus Holz bestehende Scheiben, mit denen man einen Ball dem Mitspieler zuschlug, der ihn treffen und wieder zurückschlagen

Mädchen bei einem Tanzspiel in den 1930er Jahren (Stadtarchiv Bruchsal)

Die Kindheit der Buben in den 1930er Jahren war stark durch militärische Einflüsse geprägt. (Sammlung M. Sitzler)

mußte (ähnlich wie beim Federball). Beim Schlagen gab das bespannte Tamburin einen charakteristischen Klang, wie man eine Trommel anschlägt. Da das Tamburin doch etwas teuer war, besaßen es nicht so viele Buben.

Manchmal kam plötzlich das **Stelzenlaufen** in Schwung. Die Stelzen waren selbstverständlich Eigenfabrikate. Da gab es, bis man wieder in Übung war, öfters Unfälle und blaue Flecken. Manche Buben brachten es beim Stelzenlaufen zu wahrer Meisterschaft und wurden gebührend bewundert.

Das Jahr über waren die Buben auch dabei, sich selbst Spielgeräte herzustellen. Daß der Holunder das Material zum Basteln von Pfeifen und Spritzen lieferte, wurde in dem Beitrag über den Holunderstrauch schon geschildert. Buben spielten aber auch gerne am Wasser. Unsere meist harmlosen Dorfbächlein eigneten sich zum Stauen. Man machte einen 'Gumpen', kleine Wasserfälle und ließ Wasserrädchen laufen oder Schiff-

chen schwimmen. Diese Schiffchen schnitzte man selbst aus Holz, noch lieber aus der dicken Forlenrinde, die leicht zu bearbeiten war. Der Phantasie der Buben, was man da alles schwimmen lassen konnte, oft bis zu den Knien im Wasser stehend, war keine Grenze gesetzt. Da es noch keine Freibäder gab, wurde der aufgestaute Dorfbach auch zum Badeplatz.

Kam der Herbst ins Land und wehte der Wind über die Stoppelfelder, dann kam die hohe Zeit des **Drachenfliegens**. Gebaut wurden die Drachen selbst, wenn auch hin und wieder der Vater helfen mußte. Es war die 'klassische' Drachenform, die dann in der Luft schwebte mit einem gehörigen Schwanz aus Papierschlüpfen. Die Befriedigung lag darin, den Drachen selbst gemacht zu haben, und wenn er dann recht hoch flog und sich lange in der Luft hielt, war man mit Recht stolz. Was sind gegen diese Bubendrachen die modernen 'Plastikkreationen', die eine Menge Geld kosten! Der selbstgebastelte **Bogen** und die selbstgeschnitzten **Pfeile** gehörten ebenso zu den beliebten Spielgeräten.

Der Kraichgauwinter bot den Kindern natürlich keine so großen Möglichkeiten zum Spielen wie der Sommer. Ans Skifahren dachte sicher keiner der Dorfbuben. So behalf man sich eben mit dem, was die Jahreszeit ermöglichte. **Schneeballschlachten** waren eine feine Sache, wenn der Schnee nicht zu naß war und man Mädchen und Erwachsene bewerfen konnte. Dann kam das **Schlittenfahren**. Damals gab es ja in unseren Dörfern kein einziges Auto, und Kühe und Pferde blieben im Stall. So konnte man jeden 'Buckel', auch wenn er im Dorf lag, zum Schlittern ausnützen. Tagsüber tobten sich die Schulkinder aus, sausten auf dem 'Krautrutscher' den Berg hinunter oder lagen auf den Rodeln oder saßen zu zweit oder zu dritt darauf. Ein großer Spaß war es, wenn man ein paar Schlitten zusammenband und der 'Geleitzug' mit Juchzen zu Tal fuhr oder umkippte. Am Abend gehörte die Schlittenbahn den jungen Burschen, die mit ihren Mädchen bis in die Nacht hinein das Schlittern in allen Varianten ausübten. Das **Schlittschuhlaufen** war problematisch und nicht überall möglich. Nur wenige Dörfer hatten einen Weiher, der evtl. zugefroren war. So blieb den Buben nichts anderes übrig, als mit den primitiven Schlittschuhen, die mit Riemen an die Schuhe gebunden wurden, in den gefrorenen Regenrinnen ein wenig zu laufen. Diese Rinnen gaben auch die **Schleifen** ab, wo man mit Anlauf schliff und allerhand 'Kunstformen' ausprobierte, wie das Schleifen in der Hocke oder auf einem Bein. Und für einen **Schneemann** langte die weiße Pracht allemal.

Die Mädchen hatten im Jahreslauf ein anderes Spielprogramm. Auch sie hatten Ballspiele, z. B. den **Wanderball**. Das ging so: Die Spielerinnen stellten sich in einem Kreis so auf, das zwischen ihnen etwa ein Abstand von acht Schritten lag. Dann teilten sie sich in Nr. 1 und 2 ein. Nur die mit Nr. 1 bezeichneten Spielerinnen hatten Bälle. Jetzt warf jede ihrer Nachbarin zur Rechten einen Ball zu, so daß alle mit Nr. 2 versehen Spielerinnen die Bälle aufzufangen hatten. Sogleich wandte sich Nr. 1 nach links, um von der Nachbarin dieser Seite einen Ball wieder zu erhalten. So ging dieses Werfen und Auffangen mit Wendungen bald nach rechts, bald nach links fort. Dabei wurden *Balle, Balle, du mußt wandern, von dem einen zu dem andern, o wie herrlich, o wie schön, kann der Balle wandern geh'n* gesungen. Sehr beliebt und wann immer möglich gespielt war das Spiel mit dem **Ball**, den man **an die Wand** warf und ihn mit überlieferten Sprüchen und Geschicklichkeits-

übungen wieder auffing, z. B. **Balle, Balle sag mir doch, wieviel Jahre lebst du noch...**, oder **Montag, Dienstag, Mittwoch...** oder Auffangen mit der Linken, dann mit der rechten Hand, um sich selbst drehen, über den Rücken werfen, in die Knie gehen und auffangen usw.

Die **Ringelreihen-Spiele** gehörten einfach zum Repertoire der Mädchen. *Ich sitze hier und schneide Speck, und wer mich lieb hat, holt mich weg / Taler, Taler, du mußt wandern / Zipfelmütz bleib stehen / Mariechen saß auf einem Stein / Machet auf das Tor / Häschen in der Grube / Dornröschen saß auf einen Stein* und was der Variationen noch mehr waren, wurden von Generationen von Mädchen gesungen und gespielt.

Hüpfspiele kannten Kinder vieler Völker, besonders das, welches allgemein **Himmel und Hölle** genannt wurde und bei dem auch dann und wann die Buben mitgespielt haben. Das Hopsen durch vorgezeichnete Felder ist eines der urwüchsigsten Kinderspiele. Mit einem Stück Kreide oder einem Tonscherben wurden aneinanderstoßende Rechtecke oder Quadrate in bestimmter Anordnung auf den Boden gezeichnet. Die Spieler mußten nun einen flachen Stein oder eine Scherbe auf einem Fuß hüpfend durch die numerierten Felder stoßen, ohne die Linien zu berühren oder das Gleichgewicht zu verlieren. Auch bei diesem Spiel gab es zahlreiche Varianten, die man beherrschen mußte. Altüberlieferte Regeln wurden da praktiziert. Am oberen Ende des Spielfeldes schloß sich oft ein Halbkreis an, der Hölle genannt wurde, das letzte Feld hieß Himmel. Diese Bezeichnungen waren bei uns nicht allgemein üblich.

Es wird Abend, und die Betglocke läutet. Die Kinder bleiben kurz stehen, ziehen die Mütze ab, beten vielleicht auch schnell und stieben dann auseinander und rennen nach

Hause, damit sie nicht der 'Nachtkrab' holte. Nun, daran werden sie auch zu Groß-
mutters Zeiten nicht mehr geglaubt haben.
Aber sie paßten dafür auf, daß sie von den
Spielkameraden nicht den letzten Schlag auf
die Schulter erhielten. Jedes teilte ihn am
liebsten selbst aus. Da ist im Unbewußten
vielleicht noch ein dunkler Aberglauben vorhanden gewesen, daß Nachtwesen nach dem
greifen werden, der den letzten Schlag erhalten hat. Es gab in der Hardt einen entsprechenden Spruch, der bei uns im Kraichgau nicht bekannt war:

Letzschlag, die Letscht,
daß die Hex recht quetscht! (oder pfetzt)

Aber die Hexe hat niemand gequetscht. Alle
Kinder sind unter Dach. Ein erfüllter Tag
geht zu Ende.

Abzählreime

Ains, zwai, drei,
du musch sei!

Ains, zwai, drei!
Dibbe, dabbe, dei!
Dibbe, dabbe, Hiehnerhaus,
du bisch draus!

Ene, dene, dibandeh,
Dibandeh isch seilaweh,
Seilaweh isch agagagg.
Agagagg isch draus!

Drei, sechs, neun,
Bruder komm' herein,
Setz em Gaul der Sattel uf
und blos em hinne nei:
s'stickt en merwer Apfel drin,
Der ghört dein.

1, 2, 3, 4, 5, 6, 7,
Hilf mir doch den Schubkarch schieben,
Fahr en net in Dreck,
Und du bist weg!

Diffe, daffe, damine,
Heckerrot,
Sternenot,
Dussel! (dusse = draußen?)

Ene, dene, Tintenfaß,
Geh' zur Schul' und lerne was.
Wenn du was gelernet hast,
Komm' nach Haus und sag' mir das.
Eins, zwei, drei,
Du bist frei!

1, 2, 3, 4, 5, 6, 7,
Eine alte Frau kocht Rüben,
Eine alte Frau kocht Speck,
Und du bist weg!

Die größeren Kinder beaufsichtigten die kleinen, hier in Rauenberg in'den 1920er Jahren. (Sammlung M. Sitzler)

Kinderreime

Hopp, hopp, hopp!
Geile laaf Galopp!
Iwer Schtock on iwer Schtai,
Schmeiß me net in Grawe nei.
Hopp hopp plumps!

Raihe, raihe Rose!
Kärschde, Abrikose!
Veichelen on Vergißmainnicht,
Alle Kinder setzet sich!

Maiekäfer flieg,
Dei Vatter isch em Krieg,
Dei Mutter isch em Owerlann,
Holt en Sack voll Silwersann,
Schtellt en uf en Pfoschde.
Pfoschde kracht,
Vatter lacht,
Mutter fallt in d'Ohnmacht.

Ri ra rutsch!
Wir fahren mit der Kutsch.
Wir fahren in der Extrapost,
Wo es nur sechs Batzen kost.

Drips drips drill,
Der Bauer hat ein Füll,
Das Leben wird ihm sauer.
Sauer wird ihm das Leben.
Der Weinstock der trägt Reben.
Reben trägt der Weinstock.
Hörner hat der Geißbock.
Der Geißbock der hat Hörner.
Im Walde wachsen Dörner.
Dörner wachsen im Wald.
Im Winter ist es kalt.
Kalt ist im Winter.
Der Magister der hat Kinder.
Die essen in der Stadt,
Und wenn sie genug gegessen haben,
Dann sind sie noch nicht satt.

Beerenreime

Wer hat voll?
I hab voll!
Es isch en bucklig Manle kumme,
Hot mir meine Beerle gnumme.
Ei so schlag der Gugug drei
In des buckelig Manle nei!
(Tiefenbronn)

Frühjahr / Ostern:

I waß, waß i waß,
's Hinkel isch der Has,
Die Mutter färbt die Eier
Und legt sie ins grüne Gras.
(Huttenheim in der Hardt•)

Juhä, juhä,
Der Ackermann sät,
Die Vögele singa,
Die Kernle verspringa:
Juhä, juhä!
(Eutingen)

Weihnachten

Christkindle, komm in unser Haus,
Leer dein goldes Körble aus,
Stell dein Esele uf de Mist,
Daß es Heu und Haber frißt.
(Diedelsheim)

Tierreime

Marienkäferle

Herrgottsvögele, flieg fort!
Flieg hinnern Odewald,
Bring mir en Weck und dir en Weck
Und' m Herrgott e ganzi Zäne
(Zaine, Korb) voll.
(Oberschefflenz)

Storch

Storik, Storik, Schniebelschnabl,
Mit deina langa Haigawl,
Vorn an Spitza, hinna an Spitza,
Laß mi hinna druf sitza;
Sunsch reiß i dia a Fäderle raus
Un mach mia a Pfeifle draus.
Un pfeif alle Moriga
Wie die junge Storika.
(Münzesheim)

Storch, Storch, Schniebelschnabel
Mit der langen Heugabel,
Mit de lange Beine:
Tut die Sonne scheine,
Stehst du auf dem Kirchedach,
Klapperest bis alls aufwacht.

Gänse

Heinerich, Zigeunerich,
Was machen deine Gäns?
Sie gickern, sie gackern
Und haben keine Schwänz.
(Oberschefflenz)

In der ersten Hälfte unseres Jahrhunderts gehörte die Straße noch den Kindern und den Hühnern, wie hier in Hilsbach. (Sammlung Ch. Trendl)

Ente

Alle meine Enten
Schwimmen auf dem See,
Köpfchen in das Wasser,
Schwänzchen in die Höh!

Kätzchen
A B C
Katz lauft in de Schnee,
Wann sie wieder rauskommt,
Tut ihr's Fußel weh.
Legt sie sich ins Bett,
Ißt e Stickel Weck!
Ißt e Stickel Schwarzbrot,
Morgen ist sie maustot.
(Mückenloch)

Kleine Kätzli sen noch blind,
Wenn sie noch klein wunzig sind.
Wenn se erst acht Tag alt send,
Sen die Kätzla nemme blind.
(Oberschefflenz, ergänzt aus Haigerloch)

Unser Katz hot Junge,
Siewene an der Zahl,
Drei sen Kommunischte,
Viere national.
(Eschelbach)

Wetterlieder

Mairegen
Rege, Rege tropfe!
Alte Weiber hopfe!
Hopfe üwern Stecke (oder d'Äcker)
Bleiwe awer drinne stecke,
Schreie: Heb mi raus!
Komm mei Lebtag nimme raus!
(um Karlsruhe)

Räge, Räge, Tropfe,
die alde Weiwer hopfe,
die junge müsse faschde,
's Brout liegt im Kaschde.
(Mingolsheim)

Rege, Rege, Tropfe –
D'Bube muß me klopfe;
D'Maidle muß me fitze,
Daß sie lehre sitze.
D'Bube g'hörn in d'Dorneheck,
D'Maidle in e Federebett.

Backen

Backe, backe , Kuche,
Der Bäcker hat gerufe,
Wer will gute Kuche backe,
Der muß haben sieben Sache:
Eier und Schmalz,
Zucker und Salz,
Milch und Mehl,
Safran macht den Kuchen gel.

Meine Mu-, meine Mu-,
Meine Mutter schickt mich her,
Ob der Ku-, ob der Ku-,
Ob der Kuchen fertig wär!
Wenn er no-, wenn er no-,
Wenn er noch nicht fertig wär!
Käm ich mo-, käm ich mo-,
Käm ich morgen wieder her.

Kinderreiterlieder

Hosse, hosse, trill,
De Baue hot a Fill;
's Fill will er verkaufe,
's Geld will er versaufe –
Plumpsack!

Hosse, hosse, drill!
De Bauer sticht e Füll.
Das Füll will net laufe,
De Bauer will's verkaufe;
Verkaufe will's d'Bauer,
's Lewe wird em sauer,
Sauer wird em's Lewe,
Der Weinstock hat Rewe,
Und Hörner de Geißbock;
De Geißbock hat Hörner,
Im Wald wachse Dörner;
Dörner wachs'n im Wald,
Im Winter is kalt;
Kalt is im Winter,
Da friere de Kinder.
(um Karlsruhe)

Hoß, hoß, trill,
Der Bauer hott e Fill;
Fillche will ni laafe,
Der Bauer will' verkaafe;
Schbringt's Fillche weg –
Plumps liegt der Bauer im Dreck!
(Elsenztal)

Hoppe, hoppe, Reiter,
Wenn er fällt dann schreit er.
Fällt er in den Graben,
Fressen ihn die Raben.
Fällt er in den Sumpf,
Macht der Reiter plumps!

Troß, troß, troß,
Ze Speier steht e Schloß,
Ze Speier steht e goldigs Haus,
Do gucke drei schöne Poppele raus;

Die ein dreht Weide,
Die anner spinnt Seide,
Die dritt spinnt en rote Rock
For unsere liebe Herrgott.
Hängt e Engele an der Wand,
Hat e Gackele an der Hand,
Tät's gern esse,
Hat aber kein Messer.
Fällt e Messer vom Himmel ab,
Schlägt em Engele s'Köpfle ab. –
Wo is s'Köpfle?
Die Katz hat's g'fresse.
Wo is d'Katz?
Em Wasser.
Wo is's Wasser?
Der Ochs hat's g'soffe.
Wo is der Ochs?
Der Megsder hat en g'stoche.
Wo is der Megsder?
Weit im Himmel.
(Oberöwisheim)

Spottreime

S'isch e Ma in Brunne gfalle,
I hab es höre plumpe;
Hätt m'r ihn net rausgezoge,
So wär er ertunke.
(Oberschefflenz)

Auf der Heh' wächst der Klee,
Futter für mei Geile,
Wenn der Mann ins Wirtshaus geht,
Macht die Frau e Maile.
Wenn sie awer Kaffee trinkt,
Hüpft sie wie en Distelfink.
(Wiesloch)

Nachahmungsspiele

Tanzspiel in drei Aufzügen:

Herr Spielmann, Herr Spielmann,
Wo waren sie so lang
Mit der kleinen Girigeinen,
Mit der großen Bumbum?
Ha, da war ich bei der Hochzeit,
Und da aßen wir fein.
–
Dann begegnet' uns zwei Damen,
Die so machen, die so machen,
Die alle, alle alle so machen.
Als wir ein Stück weiter kamen,
Begegnet uns ein Lump.
Du Lump, macht noch einmal so, du Lump.
–
Wenn die Kinder Polka tanzen,
Ihre Röcke sich verfranzen,
Ist der ganze Polka aus.
(Münzesheim)

Guten Tag, Herr Gärtnersmann,
Haben Sie Lavendel,
Rosmarin und Timian
Und ein bißchen Quendel?
Ja, Madam, das haben wir
Drauß in unserm Garten;
Will Madam so gütig sein
Und ein wenig warten?
Fritzchen, hol den Sessel rein
Mit den goldnen Schbitzen,
Die Madam wird müde sein,
Kann ein wenig sitzen.
Da ziehen wir den Sessel weg,
Und die Madam, die liegt im Dreck.
(Odenheim)

Jakob hatte sieben Söhne,
Sieben Söhne hatte Jakob.
Sie aßen nicht,
sie tranken nicht,
Sie schlugen einander ins Angesicht,
Sie machten alle so:
Mit den Händen tick, tick, tick,
Mit den Köpfen nick, nick, nick,
Mit den Füßchen trapp, trapp, trapp,
Mit den Händchen tatsch, tatsch, tatsch,
Mit dem Kleide so, so, so.

Schule

6 mal 6 isch 36,
Und der Lehrer noch so fleißig,
Und die Kinder noch so dumm,
Geht das Stöcklein hinterum.

Sechs mol sechs isch sechsedreißisch
Un die Schieler noch so fleißisch
Un d'r Lehrer noch so faul
Wie en alder Zoddelgaul.
(Chaisegaul)

Erstklässler – Engele,
Zweitklässler – Bengele,
Drittklässler – A B C,
Viertklässler – weiß nix meh.
(allgemein bekannt)

Spiel-Lieder

Ri-ra-rutsch, wir fahren mit der Kutsch'!

Ri, ra, rutsch!
Wir fahren mit der Kutsch',
wir fahren mit der Schneckenpost,
wo es keinen Pfennig kost'.
Ri, ra, rutsch!
Wir fahren mit der Kutsch'.

Ringel, Ringel, Reihe

Ringel, Ringel, Reihe,
sind der Kinder dreie,
sitzen unterm Hollerbusch,
schreien alle husch, husch, husch!

Wollt ihr wissen

Wollt ihr wissen,
wie's die kleinen Mädchen machen?
Püppchen wiegen, Püppchen wiegen,
(alles dreht sich herum)

Wollt ihr wissen,
wie's die kleinen Buben machen?
Peitschen knallen.

... die jungen Damen:
Schleier tragen oder Knickse machen.
... die jungen Herren: Hut abnehmen.
... die alten Frauen:
Strümpfe stricken oder Kaffee trinken.
... die alten Herren:
Zeitung lesen oder Tabak rauchen.

Mit gefaßten Händen im Kreise gehen. Bei den Antworten stille stehen und die Bewegungen machen. Zum Schluß drehen sich alle um sich selbst.

Ringel, Ringel, Rose,
Kirschen, Aprikose,
Veilchen und Vergißmeinnicht,
alle Kinder setzen sich.

Waschtag

Zeigt her eure Füße,
zeigt her eure Schuh
und sehet den fleißigen Waschfrauen zu!
Sie waschen, sie waschen, sie waschen
den ganzen Tag.
Zeigt her... sie winden, hängen, legen, rollen,
bügeln, klatschen, ruhen, tanzen.

Kreis. Im Takt abwechselnd den linken und rechten Fuß vorsetzen, die betreffenden Arbeitsbewegungen durchführen.

Grün, grün, grün

Grün, grün, grün,
sind alle meine Kleider,
grün, grün, grün,
ist alles, was ich hab.
Darum lieb ich,
alles, was so grün ist,
weil mein Schatz
ein Jäger, Jäger ist.

Weiß ... weil mein Schatz ein Bäcker ist.
Schwarz ... weil mein Schatz ein
Schornsteinfeger ist.
Bunt ... weil mein Schatz ein Maler ist.

Ein Kind steht in der Mitte des Kreises. Alle ziehen singend herum und besingen die Farbe seines Kleides. Dann tritt ein anderes Kind in den Kreis.

Taler, Taler

Taler, Taler, du mußt wandern,
von dem einen zu dem andern,
das ist hübsch, das ist schön,
laß den Taler nur nicht seh'n.

Die Kinder stehen eng im Kreise und schieben beim Singen einen Taler (Ringlein), an einer zusammengebundenen Schnur heimlich weiter. Ein Kind geht im Kreis herum und sucht den Taler. Findet es ihn am Schluß des Liedes, so muß das Kind, bei dem er gefunden wurde, in den Kreis.

Der Butzemann

Es tanzt ein Bi-Ba-Butzemann
in unserm Haus herum dideldum,
Es tanzt ein Bi-Ba-Butzemann
in unserm Haus herum.
Er rüttelt sich, er schüttelt sich,
er wirft seine Beine hinter sich,
Es tanzt ein ...

Die Zipfelmütze

Es geht eine Zipfelmütz
in unserm Kreis herum.
Dreimal drei ist neune,
ihr wißt ja, wie ich's meine.
Dreimal drei und eins ist zehn,
Zipfelmütz bleib' steh'n.
Sie schütteln sich,
sie rütteln sich,
sie werfen die Beinchen hinter sich,
sie klatschen in die Hand,
wir beide sind verwandt.

Machet auf das Tor

Machet auf das Tor,
es kommt ein gold'ner Wagen.
Wer sitzt darin?
Ein Mann mit gold'nen Haaren.
Was will er denn?
Er will die Tochter haben.
Was bringt er denn?
Er bringt viel schöne Gaben.

Die Kinder stehen in Paaren hintereinander, jedes Paar bildet mit den Händen ein Tor. Das letzte Paar geht durch die Tore, die anderen folgen. Ist das erste Paar durch, so bildet es ein neues Tor usw.

Dornröschen

Dornröschen war ein schönes Kind,
schönes Kind, schönes Kind,
Dornröschen war ein schönes Kind,
schönes Kind.
Dornröschen, nimm dich ja in acht!...
Da kam die böse Fee herein...
Dornröschen schlafe hundert Jahr!...
Da wuchs die Hecke riesengroß...
Da kam ein junger Königssohn...
Dornröschen, wache wieder auf!...
Da feierten sie das Hochzeitsfest...
Da jubelte das ganze Volk...

Singender Kreis. Dornröschen in der Mitte. Die Fee kommt und singt, die Hecke wächst (enger Kreis mit hochgereckten Armen), der Königssohn reitet um die Hecke, sie öffnet sich, und er singt. Dornröschen erwacht und gibt ihm die Hand, das Paar schreitet im singenden Kreis. Zum Schluß tanzen alle.

Handwerker

Wer will die fleißigen Handwerker seh'n?
Ei, der muß zu uns hergeh'n.
Stein auf Stein, Stein auf Stein,
das Haus, das muß bald fertig sein.

... O wie fein,
der Glaser setzt die Scheiben ein.

... Tauchet ein,
der Maler streicht die Wände fein.

... Zisch, zisch, zisch,
der Schreiner hobelt glatt den Tisch.

... Poch, poch, poch,
der Schuster schustert zu das Loch.

... Stich, stich, stich,
der Schneider näht ein Kleid für mich.

... Tripp, trapp, drein,
jetzt geh'n wir von der Arbeit heim.

... Hopp, hopp, hopp,
jetzt tanzen alle im Galopp!

Kreisaufstellung. Alle Kinder machen genau miteinander die Bewegungen der Handwerker.

Petersilie, Suppenkraut

Petersilie, Suppenkraut
wächst in unserm Garten.
Unser Annchen ist die Braut,
kann nicht länger warten.
Roter Wein und weißer Wein,
morgen soll die Hochzeit sein.

Das Volkslied im Kraichgau

as das Volk singt und mündlich weitergibt, wird Volkslied genannt. Kein echtes Volkslied hat einen bestimmten und nennbaren Verfasser. Geschichtlich reicht es weit zurück, bis in die Zeit Ludwigs des Frommen, und die Nachrichten aus jenen fernen Zeiten sind spärlich. Meist handelt es sich um kirchliche Verbote, die sich dagegen richteten, daß man sich mit Singen, Tanzen, Erzählen die Zeit vertrieb. Lieder zu Gottes Lob sollte man singen, nicht weltliche Lieder und damit 'unnütz die Stimme trillieren'. Selbst Luther tadelte 1521 das Singen 'buhlerischer' Lieder.

Für das späte Mittelalter, die Zeit der Reformation und der Bauernkriege wurde das historische Volkslied charakteristisch, das geschichtliche Ereignisse schilderte.

Das 18. Jahrhundert brachte für das Volkslied den entscheidenden Aufschwung. Es war Johann Gottfried Herder (1744–1801), der das Wort 'Volkslied' prägte. Die europäische Literaturströmung des 'Sturm und Drang', die darauf folgende Romantik und die politische Bewegung in der Zeit Napoleons mit ihrer Hinwendung zum deutschen Volkstum bereiteten den fruchtbaren Boden für das Volkslied. Die ersten Volksliedersammlungen entstanden. Dazu trug Herder selbst bei mit seinen 'Volksliedern' (1778/79), die 1817 neu als 'Stimmen der Völker in ihren Liedern' herausgegeben wurden. Für Herder war jedes einfache Lied mit echter, naturhafter Empfindung ein Volkslied. Deshalb nahm er auch in seine Sammlung viele Gesänge bekannter Dichter und seiner Zeitgenossen wie Bürger, Hölty, Claudius usw. auf. Daneben finden sich bei Herder eine sehr große Anzahl von Liedern und Dichtungen verschiedener Kultur- und Naturvölker der Erde, deshalb nannte man seine Sammlung mit Recht 'Stimmen der Völker'; Herder hat ganz international verfahren.

Die Wendung zum Nationalen kam durch die Romantik. 'Des Knaben Wunderhorn' (1806–1808) von Achim von Arnim und Clemens Brentano war die erste Sammlung deutscher Volkslieder, die zum großen Teil auf mündlichen Aufzeichnungen fußte. Die Wirkung, die diese Sammlung verursachte, war gewaltig. Eine rege Sammeltätigkeit setzte in allen Teilen Deutschlands ein. Viele landschaftliche Volksliedersammlungen entstanden in der Zeit etwa von 1820 bis 1890. Merkwürdigerweise besaß nur Baden keine Volksliedersammlung. Nur in einigen 'Oasen' (Künzig) gab es Teilsammlungen, so um Freiburg mit der Sammlung Föppel (1839–1841, 125 Texte und Melodien) oder von Julius Maier aus Müllheim (über 100 mit Melodien aufgezeichnete Lieder des westlichen Schwarzwaldes). Sonst gab es nichts.

Da sorgte der in den Betrachtungen dieses Buches vielfach erwähnte Fragebogen der Professoren Kluge, E. H. Meyer und Pfaff für neues Leben. Es entstanden für den Kraichgau folgende wichtige Sammlungen:

1. Die kleinere Sammlung von 'Liedern und Sprüchen aus dem Elsenztal' von **Johann Philipp Glock**, der damals Pfarrer in Zuzenhausen war, die 1897 in der 'Ale-

mannia' erschien. Als Glock 1896 Pfarrer in Wolfenweiler wurde, sammelte er dort intensiv weiter. Im Volksliederarchiv in Freiburg lagern vier handschriftliche Bände mit 400 Liedern. Glocks Bemühungen, dafür einen Verleger zu finden, scheiterten mehrmals.

2. Nach Glock sind vor allem drei Persönlichkeiten zu nennen, die vortreffliche Arbeit geleistet haben. Zunächst ist **Augusta Bender** mit ihren 'Oberschefflenzer Volksliedern' zu erwähnen (1902), die kulturgeschichtlichen Wert besitzen. „Wir haben hier die Lieder eines einzigen Bauerndorfes während fast eines ganzen Jahrhunderts, sehen, wie die Lieder kommen und vergehen und durch neue ersetzt werden. Als einfache Bauerntochter hat Augusta Bender die Lieder selbst mitgesungen, ihrer Mutter, ihrem Großvater und so manchem Dorfsänger abgelauscht" (Künzig S. 149). Die Lieder hafteten so treu in ihrem Gedächtnis, daß sie diese noch 40 Jahre später nach ihrer Rückkehr aus Amerika niederschreiben konnte.

3. An die 'Oberschefflenzer Volkslieder' fügen sich die 'Volkslieder aus der badischen Pfalz' (Halle 1902) der Engländerin **Elizabeth Marriage** an. Diese studierte in Heidelberg Germanistik und kam von den wissenschaftlichen Studien her zur Beschäftigung mit dem Volkslied. In Handschuhsheim und anderen Dörfern der Pfalz, wo sie ihre Ferien verbrachte, schrieb sie dann die gehörten und z. T. bei Spinnstubenabenden erfahrenen große Anzahl Lieder mit ihren Weisen auf. Künzig meint dazu: „Die Sammlung ist eine der gründlichsten, die wir überhaupt besitzen und ist der wissenschaftlichen Anmerkungen zu den einzelnen Liedern wegen geradezu unentbehrlich." Für den

Kraichgau ist es besonders wichtig, daß Frau Marriage einmal in den Osterferien nach Bockschaft kam. Sie schreibt dazu im Vorwort ihrer Sammlung: „Es kamen Mädchen aus dem nahegeliegenden Kirchardt, die Kartoffel zu lesen; meinetwegen gab man ihnen Erlaubnis, bei der Arbeit zu singen, und sobald die erste Scheu überwunden war, sangen sie so viele Lieder, daß ich endlich kaum mehr nachschreiben konnte. So ging es zwei Tage; den Sonntag besuchte ich einige in Kirchardt und hörte wieder Neues. In Bockschaft selbst war wenig zu erfahren, weil die erwachsenen Mädchen meist im Dienst fort waren."

4. Die dritte große Sammlung des beginnenden 20. Jahrhunderts stammt von dem Rappenauer **Othmar Meisinger**. Es sind die 'Volkslieder des badischen Oberlandes', 350 Lieder, Ergebnis zehnjähriger Sammeltätigkeit.

Den Kraichgauer Volksliedern seien noch ein paar Gedanken mit auf den Weg gegeben. Sie alle haben sich im Laufe der Jahrzehnte verändert, die verschiedenen Fassungen in den Sammlungen beweisen dies. Das Lied „fließt, wüchert, schwindet, verändert sich in mannigfacher Weise" (Wörterbuch der deutschen Volkskunde). Bei manchen Liedern kann man von einem 'Zersingen' sprechen, dessen Ursachen verschieden sind. Dazu tragen z. B. nicht nur das häufige Singen über Jahrzehnte hinweg, sondern auch Hör- und Schreibfehler bei. Worte werden falsch verstanden ('Drei Lilien – drei Lalien') und Lieder nach langer Zeit wieder aus dem Gedächnis geholt. Die Sänger, die das Volkslied weitertrugen und so verbreiteten, haben sich genauso gewandelt. Das fahrende Volk, die wandernden Gesellen, die Handwerksburschen, Fuhrleute, Bilder-

Auch die Gasthäuser dienten der Geselligkeit und dem gemeinsamen Gesang, hier der Sinsheimer "Ochsen" (Sammlung R. Besserer)

krämer verloren ihre Bedeutung in der Volksliedüberlieferung. An ihre Stelle traten Studenten, Soldaten, die Gemeinschaften der Jugendbewegung, z. B. der 'Wandervogel' mit dem 'Zupfgeigenhansel', und ebenso Volkstanz- und Singkreise. Schallplatte, Tonfilm, Rundfunk, Fernsehen sind heutzutage keine guten Vermittler des Volksliedes, sie tendieren leider zum modernen Schlager. Das passive Hören ist weitgehend an die Stelle des eigenen Singens getreten.

Nach dieser Einstimmung soll nun eine Auswahl Lieder aus den oben genannten Sammlungen folgen, die in den Kraichgaudörfern in ihren schönsten Ausformungen noch bis in die Zeit vor dem 2. Weltkrieg gesungen wurden. Es folgen **Lieder und Sprüche aus dem Elsenztale**. Aus dem Munde des Volkes gesammelt von Johann Philipp Glock im Jahre 1897 (siehe auch „Am Hollerbusch", S. 101).

Gelbveigelein (S. 5)

Am Fenschter vor meiner Kammer,
Do schtehne Gelbveigelein,
Die bliee de ganze Summer
For de Herzallerliebschte mei.
O Blümelein rot.
O Blümelein gold!
Wie bin ich so froh,
Weil mei Schatz mir is hold!

Die rote unn gele Veigel,
Die riche halt gar so fein,
Unn üwers Johr uff Pfingschte,
Do soll mein Hochzich sein.
O Blümelein rot,
O Blümelein gold!
Wie bin ich so froh,
Weil mei Schatz mir is hold!

Rosm'rei (S. 6)

Rosm'rei, Rosm'rei
Gebt mer in mein Sarg enei,
Gebt mer in mein kalde Händ
Wanns ze End.
Ade, mein liewes Kind,
I reis so weit von dir,
Wo Gottes Engel sinn,
Schau i zu dir!

Rosm'rei, Rosm'rei,
Soll mei letschtes Sträußel sei.
Veilcher, Tulpe, Rosepracht –
Gute Nacht!
Ade, mein liewes Kind,
I reis so weit von dir,
Wo Gottes Engel sinn,
Schau i zu dir!

Rosm'rei, Rosm'rei,
Freunde, losst des Weine sei.
In des liewen Gottes Hut
Schloft sichs gut.
Ade, mein liewes Kind,
I reis so weit von dir,
Wo Gottes Engel sinn,
Schau i zu dir!

Ich habe den Frühling gesehen (S. 16)

Ich habe den Frühling gesehen,
Ich habe die Rose begrüßt,
Und die Nachtigall hab ich belauschet
Und ein liebliches Mädchen geküßt.

Der liebliche Lenz ist verschwunden,
Und die Blumen sind alle verblüht,
Und ins Grab ist mein Liebchen gesunken
Und verschwunden der Nachtigall Lied.

Dort liegt sie mit Erde bedecket,
Und die Rosen blüh'n auf ihrem Grab;
Ach, könnt ich sie wieder erwecken,
Die einst die Rose mir gab.

Dort lebt sie mit vielen Millionen,
Ach soweit in der himmlischen Welt,
Geschmücket mit schöneren Kronen
Und ewig im Himmelsgezelt.

Was ist doch der Mensch hier auf Erden?
Wie die Rosen so fallen sie ab,
Und kommt der Winter gezogen,
So sinkt ihre Schönheit ins Grab.

Ach Vater, ach Vater da droben,
Mein Liebchen hast du mir geraubt!
Es gibt zwar der Mädchen noch viele,
Doch für mich ist keine gebaut.

Wohl blühen die Blumen jetzt wieder,
Und der Frühling kehrt wieder zurück,
Und die Nachtigall singt ihre Lieder,
Doch mein Liebchen kehrt nimmer zurück.

Augusta Bender gibt in ihrem Buch 'Oberschefflenzer Volkslieder und volkstümliche Gesänge' (Karlsruhe 1902) unter dem Titel 'Hört ihr die Glocken' eine andere Version des Liedes:

Ich habe den Frühling gesehen,
Ich habe die Blumen gepflückt,
Der Nachtigall Lieder gelauscht,
Ein himmlisches Mädchen geküßt.
Hört ihr die Glocken?
Sie läuten so schön.
Läute, ja läute nur zu,
Läute zur süßesten Ruh'!

Der fröhliche Lenz ist verschwunden,
Schöne Blumen sind alle verblüht,
Ins Grab ist mein Liebchen gesunken,
Verstummt ist der Nachtigall Lied:
Hört ihr die Glocken...

Der fröhliche Lenz kehrt einst wieder,
Und mit ihm die Blumen zurück;
Der Nachtigall himmlische Lieder –
Mein Liebchen, das höret sie nicht:
Hört ihr die Glocken...

Dort liegt sie mit Erde bedecket,
Schöne Blumen wachsen auf ihrem Grab.
O, könnt ich sie einmal erwecken!
Die einstens das Leben mir gab:
Hört ihr die Glocken...

Ach bleib bei mir (S. 17)

Wenn die Blümlein draußen zittern,
Wenn die Abendlüfte wehn,
Und du willst mein Herz erbittern,
Willst schon wieder weitergehn;
Ach bleib bei mir und geh nicht fort,
In meinem Herzen ist der schönste Ort.

Hab geliebet dich ohn Ende,
Hab dir nichts zuleid getan;
Und du reichst mir stumm die Hände,
Und du fängst zu weinen an:
Ach weine nicht und geh nicht fort,
In meinem Herzen ist der schönste Ort.

Und da draußen in der Ferne
Sind die Menschen nicht so gut,
Und ich gäb für dich so gerne
All mein Leben, all mein Blut.
Ach bleib bei mir und geh nicht fort,
In meinem Herzen ist der schönste Ort.

Mariechen saß weinend im Garten (S. 22)

Mariechen saß weinend im Garten,
Im Schoße ihr schlummerndes Kind.
Mit ihren schwarzbraunen Locken
Spielt leise der Abendwind.

Sie saß so verlassen, so träumend,
So arm und so geisterbleich,
Die Wolken zogen schaurig,
Und die Wellen schlugen im Teich.

Der Adler kreist über die Berge,
Die Nebel fliegen umher.
In den Lüften singt munter die Lerche,
Es fallen die Tropfen schwer.

Und schwer auf Mariechens Wangen
Die heiße Träne rinnt,
Und schluchzend in ihren Armen
Hält sie ihr schlummerndes Kind.

Dein Vater lebt herrlich in Freuden,
Ihm soll es stets wohlergehn.
Er will ja von uns beiden,
Will mich und dich nicht sehen.

So stürzen wir uns beide
Hinab in den tiefen See,
So sind wir beide geborgen,
Vorüber ist Kummer und Weh.

Da öffnet das Kind seine Augen
Gar lieblich empor und lacht.
Die Mutter, sie drückt's an ihr Herze
Gar freudig ans Herze und sagt:

Nein, nein, wir wollen noch leben,
Wir beide, mein Kind und ich!
Deinem Vater sei es vergeben,
Wie glücklich machst du mich!

Schatz, mein Schatz, reise nicht so weit von mir (S. 28)

Schatz, mein Schatz,
reise nicht so weit von mir,
Im Rosengarten will ich deiner warten,
Im grünen Klee, im weißen Schnee.

Meiner zu warten, Schatz, brauchest du ja
nicht;
Geh zu den Reichen, zu Deinsgleichen,
Mir ist es eben recht, mir ist es eben recht.

Schatz, ich heirat nicht nach Geld und nicht
nach Gut;
Eine treue, fromme Seele tu ich mirs wählen,
wers glauben tut, wers glauben tut?

Wers glauben tut, der ist nicht weit von mir.
Er ist in Schleswig, er ist in Holstein;
Er ist Soldat, Soldat ist er.

Soldatenleben, heißt das nicht lustig sein?
Wenns andre Leute schlafen, da muß er
wachen,
Muß Schildwach stehn, Patrouillen gehn.

Wer hat uns denn dies Liedchen erdacht?
Zwei Goldschmiedsjungen, die habens
gesungen
Zur sel'gen Nacht, zur sel'gen Stund.

Augusta Bender hat dieses Lied in den 1850er Jahren von ihrer Mutter gehört und aufgezeichnet. Sie meint, daß die Verse 'Er ist in Schleswig, er ist in Holstein...' und die Strophe 'Soldatenleben, das heißt lustig sein' nur Anhängsel sind, die später hinzugekommen sind. Ihrer Mutter waren nur die ersten vier Strophen bekannt, so daß die Goldschmiedsjungen, die das Lied erdacht haben sollen, auch wegfallen.

Müde kehrt ein Wandersmann zurück (S. 29)

Müde kehrt ein Wandersmann zurück
In die Heimat, in der Liebe Glück;
Und doch, eh er kehrt vors Liebchens Haus
Kauft er für sie einen Blumenstrauß.

Doch bei jeder Blume, die die Gärtnerin
pflückt,
Rinnen Tränen ihr vom Angesicht.
Warum weinst du, holde Gärtnerin mein?
Weinst du um die schönen Blumen dein?

Ich weine nur um den Geliebten mein,
Der gezogen ist in die Fremd hinein,
Dem ich ewige Treue geschworen hab,
Die ich als Gärtnersfrau gebrochen hab.

Mit diesem Blumenstrauß wohl in der Hand
Will ich jetzt ziehn von Land zu Land.
Bis einst der Tod mein müdes Auge bricht.
Leb wohl auf ewig und vergiß den Wandrer
nicht!

Das Lieben bringt groß Freud (Zupfgeigenhansel S. 29)

Das Lieben bringt groß Freud,
Es wissens alle Leut.
Weiß mir ein schönes Schätzelein
Mit zwei schwarzbraunen Äugelein,
Die mir mein Herz erfreut.

Ein Brieflein schrieb sie mir,
Ich sollt treu bleiben ihr.
Drauf schick ich ihr ein Sträußelein,
Schön Rosmarin, brauns Nägelein,
Sie sollt mein Eigen sein.

Mein Eigen sollt sie sein,
Kein'm andern mehr als mein.
So leben wir in Freud und Leid,
Bis uns Gott, der Herr, auseinander scheid't.
Dann ade! Ade, mein Schatz, ade!

Ganz anders lautet das gleiche Lied bei Bender Nr. 15. Es hat auch eine Strophe mehr:

Das Lieben bringt große Freud,
Und das wissen so viele Leut',
Und ich weiß mir ein schwarzbraunes
Mädchen,
Und ich weiß mir ein schwarzbraunes
Mädchen,
Die mir mein Herz erfreut.

Sie hat kohlschwarze Haar,
Hat zwei Äuglein klar.
Ihr Herz, ihr Sinn, ihr frischer Mut,
Die mir mein Herz im Leib vermut
(verwund't?)
Die mir mein Herz erfreut.

Ein Brieflein schrieb sie mir,
Daß ich soll verbleiben ihr.
Darauf steckt sie mir ein Sträußelein
Von Rosen, schwarzbraunes Nägelein,
Daß ich soll verbleiben ihr.

Jetzt leben wir's in Freud,
Die sonst der Tod abscheid't,
Jetzt leben wir's in Freud und Leid,
Bis uns der Tod von einander scheid't.
Nun ade, Schatz, lebe wohl.

In dieser Fassung wird das Lied wohl nur in Oberschefflenz gesungen worden sein. Es ist ist im Versmaß sehr ungelenk und geht

auch schwer ins Gedächtnis ein. Hier hat man vielleicht ein Beispiel, wie Lieder durch Hörfehler verändert wurden.

Es wollt ein Mädchen früh aufstehn
(Fehrle S. 55)

Es wollt ein Mädchen früh aufstehn,
Dreiviertel Stund vor Tag.
Wollt gehen in den grünen Wald,
Wollt Brombeer pflücken ab.

Und als es in den Wald reinkam,
Da kam des Jägers Knecht.
Ei, Mädchen, scher dich aus dem Wald,
's ist meinem Herrn nicht recht.

Und als es weiter in den Wald reinkam,
Da kam des Jägers Sohn.
Ei, Mädchen, setz dich nieder
Und pflück dein Körblein voll.

Ein Körblein voll, das brauch ich nicht,
Eine Handvoll ist genug,
In meines Vaters Garten
Gibt's Brombeeren ja genug.

Und als dreiviertel Jahr rum waren,
Da waren die Beeren reif.
Da hat das schwarzbraune Mädchen
Ein Kindlein auf dem Schoß.

Bei Bender Nr. 86 findet sich noch eine Schlußstrophe:

Sie sieht das Kind ganz traurig an:
O weh, was hab ich getan!
Ei sind denn das die Braunbeer,
Die ich gebrochen hab?

Gold und Silber, Edelstein
(Bender Nr. 18)

Gold und Silber, Edelstein,
Herzigs Schätzle, du bist mein;
Du bist mein, ich bin dein,
Ei, was könnte schöner sein!

Wie gerne wollt ich bei dir schlafen,
Wenn die Nacht drei Jahr lang wär';
Wenn die Nacht, wenn die Nacht,
Wenn die Nacht drei Jahr lang wär'.

S'ist alles dunkel, s'ist alles trübe
(Bender Nr. 30)

S'ist alles dunkel, s'ist alles trübe,
Dieweil mein Schatz einen andern liebt.
Ich hab' geglaubt, sie liebet mich,
Aber nein, sie hasset mich.

Und was hilft mir ein schöner Garten,
Wenn andre drin spazieren gehn;
Und brechen mir die Röslein ab,
Woran ich keine Freude hab.

Und was hilft mir ein schönes Mädchen,
Wenn andre mit spazieren gehn.
Und küssen mir die Schönheit ab,
Woran ich keine Freude hab.

Und jetzt kommen die schwarzen Träger
Und tragen mich zum Tor hinaus.
Und legen mich ins kühle Grab,
Woran ich alle Freude hab.

Schön ist die Jugend
(Bender Nr. 161)

Schön ist das Leben bei frohen Zeiten,
Schön ist die Jugend, sie kommt nicht mehr.
Sie kommt nicht mehr, sie kommt nicht
mehr,
Schön ist die Jugend, sie kommt nicht mehr.

Was soll ich dir zum Denkmal schreiben?
Es fällt mir eben ja gar nichts ein.
Ja gar nichts ein, ja gar nichts ein,
Es fällt mir eben ja gar nichts ein.

Wir wollen ewig Freunde bleiben,
Das wird das allerbeste sein.
Das beste sein, das beste sein,
Das wird das allerbeste sein.

Die Rosen blühen, die Dornen stechen,
Die Liebe spricht: Vergiß mein nicht!
Vergiß mein nicht, vergiß mein nicht,
Die Liebe spricht: Vergiß mein nicht!

Durch ihren Ferienaufenthalt in Bockschaft hat **Elizabeth Marriage** so viele Lieder, hauptsächlich von Kirchardt, gesammelt, daß es ganz unmöglich ist, hier alle anzuführen. Wir müssen uns mit einer Auswahl begnügen. Sie hat den Liedern folgende Einteilung gegeben: Balladen, Liebeslieder, Abschiedslieder, Standeslieder, Lumpelieder, Schnörkel und Tanzliedchen, den Schluß bilden Kinderlieder und Reime. Elizabeth Marriage sammelte die Lieder ab dem Jahre 1897. Zunächst folgen drei alte **Balladen:**

Graf und Nonne (Nr. 3)

Ich stand auf hohem Felsen
Und schaute in das Thal,
Sah ich ein Schifflein fahren,
Worins drei Grafen war'n.

Der erste von den Grafen,
Der in dem Schifflein war,
Gab mir's einmal zu trinken
Kühlen Wein aus einem Glas.

Warum gibst du mir's zu trinken
Kühlen Wein aus einem Glas?
Das thu ich aus lauter Liebe,
Aus lauter Lieb' und Treu'.

Ich weiß von keiner Liebe,
Weiß auch von keiner Treu.
In ein Kloster will ich ziehen,
Will's werden eine Nonn'.

Willst du ins Kloster ziehen,
Willst werden eine Nonn',
So muß ich die Welt durchreisen,
Bis daß ich zu dir komm'.

Im Kloster angekommen,
Ganz leise klopft' ich an:
Gebt heraus die jüngste Nonne,
Die zuletzt ins Kloster kam.

's ist keine angekommen,
Wir geben's auch keine heraus.
So muß ich das Kloster stürmen,
Das schöne Nonnenhaus.

Da kam sie hergeschritten,
Ganz weiß war sie gekleidt,
Ihre Haar' war'n kurz geschnitten,
Zur Nonn' war sie bereit.

Sie gab ihm auch zu trinken
Aus einem Becherlein,
In vierundzwanzig Stunden
Sprang ihm das Herz entzwei.

(Kirchardt, Bockschaft)

Weinen umsonst (Nr. 5)

Ich ging einmal spazieren,
Und ich ging einmal spazieren,
Spazieren wohl in den grünen Wald.

Und als ich in den Wald 'nein kam,
Da begegnet mirs ein Mädchen,
War achtzehn Jahre alt.

Und ich nahm das Mädchen bei der Hand
Und führte sie von dannen,
Bis ich an ein Wirtshaus kam.

Guten Morgen, Frau Wirtin,
Für mich und für die meine
Eine gute Flasche Wein!

Fi, Mädchen, warum weinest du?
Weinst du's um deine Ehre?
Die bekommst du's nimmer mehr.

Oder weinst um deinen stolzen Mut?
Oder weinst um deines Vaters Gut?
Weinst du's um deine Ehre?
Die bekommst du's nimmermehr.

(Kirchardt)

Drei Gefangene (Nr. 9)

Es waren drei Soldaten mein,
Die hatten ein jung frisch Blut:
Einen Mord, den hatten sie begangen,
Der Hauptmann, der nahm sie gefangen,
Gefangen nahm er sie.

Wenn das mein Vater und Mutter wüßt',
Daß ich gefangen bin,

Festumzug in Kirchardt in den 1930er Jahren (Sammlung R. Besserer)

Ein Brieflein, das würden sie mir schreiben
Von Gold und von Edelgesteine,
Bis ich erlöset bin.

Wenn das meine Herzallerliebste wüßt',
Daß ich gefangen bin,
Sie würd' jetzt kommen mit Thränen und
mit Weinen,
Von Frankfurt wohl über die Raine
Bis vor des Hauptmanns Thür.

Ach Hauptmann! Liebster Hauptmann mein!
Eine Bitt' hätt' ich an Sie:
Die Bitte, die wollen Sie's gewähren,
Meinen Herzallerliebsten los zu geben,
Den jüngsten dieser drei.

Ach Mädchen! Liebes Mädchen mein!
Das kann und darf nit sein.
Die Gefangenen, die müssen alle sterben,
das Himmelreich, das müssen sie ererben,
Dazu die Seligkeit.

Da zog er aus der Tasche 'raus
Ein schneeweiß Tüchelein:
Nimm es hin, du Hübsche und du Feine,
Du Herzallerlialiebste meine,
Dies soll dein Sterbkleid sein.

Da zog er aus dem Finger 'raus
Ein goldnes Ringelein:
Nimm es hin, du Hübsche und du Feine,
Du Herzallerlialiebste meine,
Dies soll dein Eh'ring sein.

Was soll ich mit dem Ringlein thun,
Wenn du's gestorben bist?
Schließ' ihn 'nein in Kisten und in Kasten,
Laß ihn ruhen, laß ihn liegen, laß ihn rasten,
Bis an den jüngsten Tag.

(Bockschaft)

Auch eine von den Mordgeschichten, welche die Bänkelsänger auf den Jahrmärkten vortrugen, darf nicht fehlen:

Mord der Geliebten (Nr. 38 B)

Es ging einmal ein verliebtes Paar
Im grünen Wald spazieren.
Der Knabe, der ihr so untreu war,
Der wollte sie verführen.

Er legte sie ins grüne Gras.
Genieße deine Freude,
Komm' her mein Schatz, Allerliebste mein,
Genieße deine Freude!

Was soll ich denn in diesem Wald
Für eine Freud genießen?
Mit scheint hier eine Todesgruft,
Worin ich sterben müsse.

Er zog sein Messer aus der Scheid',
Wollt' ihr das Herz durchstechen.
da rief sie aus: Herr Jesus Christ,
Komm', lind're meine Schmerzen.

Hier hilft kein Nachruf und kein Flehn,
Du mußt getötet werden.
Er stach das Messer ihr ins Herz
Und lief davon in Eile.
(Kirchardt)

Liebeslieder; volkstümlichen Ursprungs sind vermutlich die folgenden drei Lieder:

Mein Augentrost (Nr. 56)

Schönster Schatz, mein Augentrost,
Hast meiner ganz vergessen,
Hast mir alle meine Treu versagt,
Hast mir mein Herz so schwer gemacht,
Hast meiner ganz vergessen.

Des Morgens, wenn die Sonn' aufgeht,
Die Sonn' geht auf in Strahlen,
Da stand mein Schatz schneeweiß gekleid't,
Da lacht mein Herz vor lauter Freud',
Vor lauter Lieb' und Freude.

Die Leut' sein schlimm, die redens viel,
Wenn zwei einander lieben,
Und wenn ein Herz das eine liebt,
Das andre nur keine Falschheit übt,
Dann thut's die Leut' verdrießen.

Des Abends, wenn ich schlafen geh',
Denk' ich an meine Liebe,
Und denk' mir, tief ins Herz hinein:
Wo wird mein Schatz, mein Engel sein?
Den ich so treu geliebet.

Ich hab' ein Ringlein, das ist von Gold,
Darinnen steht mein Name.
Und wenn's von Gott verordnet ist,
Und wenn bei der Lieb' keine Falschheit ist,
Dann kommen wir's zusammen.
(Kirchardt)

Was hab' ich getan? (Nr. 63 A)

Was hab' ich meinem Feinsliebchen gethan?
Es geht ja vorüber und schaut mich nicht an.

Es schlägt seine Äuglein wohl unter sich
Und hat einen Anderen viel lieber als mich.

Das macht ihr stolzer, hochmütiger Sinn,
Daß ich ihr nicht schön und nicht reich
g'nug bin.

Und bin ich denn nicht reich, so bin ich
noch jung,
Herzallerliebstes Schätzele, was kümmre ich
mich denn drum?

Die hohen, hohen Berge, das tiefe, tiefe Tal;
Heut' seh' ich mein schön's Schätzel zum
allerletztenmal.

Die tiefen, tiefen Wasser,
sie haben keinen Grund;
Laß' ab, laß von der Liebe,
's ist alles umsonst.

(Kirchardt)

Die Jugend (Nr. 106 A)

Schön ist die Jugend bei frohen Zeiten,
Schön ist die Jugend, sie kommt nicht mehr.
Drum sag' ich noch einmal:
Schön sind die Jugendjahr,
Schön ist die Jugend, sie kommt nicht mehr.

Man liebt auch Mädchen bei frohen Zeiten,
Man liebt auch Mädchen zum Zeitvertreib;
Drum sag' ich's noch einmal:
Schön sind die Jugendjahr,
Schön ist die Jugend,
Sie kommt nicht mehr.

(Sinsheim)

In Kirchardt sang man nach der ersten Strophe:

Ich pflanzt' ein Rebstock,
und der trägt Trauben,
Und aus den Trauben fließt süßer Wein.
Drum sag' ich's noch einmal:
Schön seins meine Jugendjahr,
Schön ist die Jugend, sie kommt nicht mehr.

Ich liebt' ein Mädchen in jungen Jahren,
Ich liebt ein Mädchen zum Zeitvertreib.
Drum sag' ich's usw.

Ich pflanz ein' Rosenstock und der trägt Rosen,
Und aus den Rosen fließt süßer Duft.
Drum sag' ich's usw.

Ein Beispiel für **Abschiedslieder** sei angeführt:

Der Abschied (Nr. 128)

So leb' denn wohl, o stilles Haus!
Ich zieh' betrübt von dir hinaus,
Und find' ich auch das größte Glück,
So denk' ich doch an dich zurück.

So leb' dann wohl, o Mädchen mein!
Muß ich von dir geschieden sein,
So reiche mir nun deine Hand
Und schließ mich ein ins Freundschaftsband.

So lebt dann wohl, ihr Freunde mein!
Und wann die Sonne nicht mehr scheint,
So lebt dann wohl, ich muß jetzt fort,
und weiß noch nicht an welchen Ort.

Und kehr' ich einst zurück zu dir,
Dann schenke deine Liebe mir!
So ist mir alles, alles gleich,
Nur deine Liebe macht mich reich.

So leb' dann wohl, o Mädchen mein!
Weil es jetzt nicht mehr kann anders sein,
Die Rose blüht, die Dorne sticht,
Die Liebe spricht: Vergißmeinnicht.

So schlummere hin du sanfte Nacht,
daß mir ein heiterer Morgen lacht;
Mein größtes Glück ist schon gemacht,
Wenn mir dein holdes Auge lacht.

(Sinsheimer Liederheft)

Verbreitet waren die **Standeslieder,** die nach
Ständen geordnet sind, darunter viele
Soldatenlieder:

O Straßburg (Nr. 133)

O Sraßburg, o Straßburg,
Du wunderschöne Stadt,
Darinnen liegt begraben,
Ein manicher Soldat.

Ein manicher, ein schöner,
Ein tapferer Soldat,
Der seinen Vater und Mutter
Böslich verlassen hat.

Verlassen, verlassen,
Es kann nicht anders sein,
Weil zu Straßburg, zu Straßburg
Soldaten müssen sein.

Der Vater, die Mutter,
Die gehn vor Hauptmanns Haus:
Ach Hauptmann, lieber Hauptmann,
Gib meinen Sohn heraus.

Euren Sohn kann ich nicht geben
Um so viel schweres Geld,
Euer Sohn, der muß gehen
Ins weite, weite Feld.

Ins weite, ins breite,
Allvorwärts vor dem Feind,
Und wenn gleich sein herzigs Schätzele
So bitter um ihn weint.

(Kirchardt)

... und dann gab es auch noch die **Lumpelieder:**

Madam (Nr. 196)

Madam, Madam, Madam!
Nach Hause sollst du kommen,
Dein Mann, der ist schon krank.
Ist er krank, sei er krank,
Schmeißt ihn auf die Hobelbank;
Ich komm' nicht, ich komm' nicht,
Ich komm' nicht nach Haus.

Madam, Madam, Madam!
Nach Hause sollst du kommen,
Dein Mann, der ist schon tot.
Ist er tot, sei er tot
Frißt er a kei Käsebrot,
Ich komm' nicht, ich komm' nicht,
Ich komm' nicht nach Haus.

.....Die Träger sind schon hier.
Sind die Träger auch schon hier,
Sie bekommen's Tragebier.....

..... Sie tragen ihn schon fort.
Tragen sie ihn auch schon fort,
Kommt er auch an seinen Ort.....

..... Sie scharren ihn schon zu.
Scharren sie ihn auch schon zu,
Kommt er auch an seine Ruh'.....

(Kirchardt)

Der Brief (Nr. 199)

Mein Schatz hat mir g'schrieben
Grad heut' vor acht Tag:
Warum un warum?
Weil i gar nimmer kumm.

Das Brieflein hab i aufg'macht,
Da hat mir mei Herz g'lacht,
Da bin i glei gange bei stockfinster Nacht.

Als i hin kam zu ihr,
Klopf ich an an die Thür:
Was thu i, was mach i, daß i nei komm zu dir?

Zieh die Hosen heraus,
Stell die Stiefel ins Eck,
Stell die Stiefel ins Eck, leg die 'rei in mei Bett.

Jetzt haben die Buben
Die Stiefel versteckt,
Dazu noch der Bauer
Vom Schlaf aufgeweckt.

Der Bauer is komme,
Schlug mr eine auf's Maul,
Du Lump! hat er glei g'sagt,
Was thust du bei meiner Magd?

Du närrischer Bauer!
Was du thust bei deinem Weib.
Schlaf so gern bei dem Mädel
Als du bei dein'm Weib.

(Kirchardt)

Abschließend seien noch drei **Schnörkel-
und Tanzliedchen** aufgeführt:

Unglückliche Liebe (Nr. 230)

Hab en Schatz kat,
Hab en gern kat,
Hab gemeint er mag mi:
Hab i nachg'fragt,
Hat er zwölfe kat,
un die dreizehnt' bin i!

(Kirchardt)

Der rechte Simpel (Nr. 237 B)

Wer en Apfel schält
Un er ißt en nit;
Wer e Mädle liebt
Und er küßt sie nit,
Wer ins Wirtshaus geht
Und trinkt kei rote Wein,
Der muß a en rechter Trali sein.
(Kirchardt)

Liebe macht alles gleich (Nr. 238)

Ei Mädchen! laßt euch raten,
Heirat's kein'n alten Mann,
Heirat's einen jungen Soldaten,
Der dich recht lieben kann.
Die Liebe macht glücklich, macht selig,
Die Liebe macht Bett'leut zum König,
Die Liebe macht alles gleich.

Einst stand ich vor dem Kerker
Bei Wasser und bei Brot.
Ei Leut! ihr derft mir's glauben,
Mein Arsch war feierrot.
Die Liebe macht glücklich...usw.

Ein Mädchen, das nicht tanzen kann,
Erspart sich ein Paar Schuh.
Es setzt sich hinter den Ofen
Und guckt den Andern zu.
Die Liebe macht glücklich...usw.

Der Himmel ist so trüb,
Es leucht't kein Mond, kein Stern.
Das Mädchen, das ich liebe,
Das ist so weit, so fern.
Die Liebe macht glücklich...usw.
(Kirchardt)

Augusta Bender

Am 20. März 1846 begann das bewegte, unstete Leben der Augusta Bender in Oberschefflenz. Sie war die Tochter des Landwirts Johann Jakob Bender und dessen Ehefrau Christine geb. Spiegel. Augusta hatte fünf Geschwister, und zu ihrem Bruder Adolf, der sie später oft unterstützte, hatte sie ein besonders gutes Verhältnis. Brauch und Herkommen gemäß, sollte das Mädchen daheim in der Familie als Arbeitskraft bleiben, und vielleicht ergab sich dabei eine Verheiratung. Dieses Glück aber erfüllte sich ihr ganzes Leben lang nicht, Augusta blieb unverheiratet.

Für ein Mädchen bäuerlicher Herkunft war es ungewöhnlich, Ausbildung und Beruf anzustreben, wie es Augusta tat. Sie besuchte die Dorfschule und fiel schon früh durch ihr Sprachtalent und literarisches Interesse auf. Mit 17 Jahren nahm sie Schauspielunterricht in Mannheim, mit 18 bereitete sie sich auf das Fachexamen in Telegraphie vor. Da das Mädchen Geld verdienen mußte, tat sie seit 1865 Dienst im Karlsruher Depeschenbureau. Der Tag- und Nachtdienst behagte ihr auf die Dauer nicht, aber sie hatte dadurch wenigstens die Mittel, sich die Bücher zu kaufen, die sie für ihre Fortbildung benötigte, um eine ihr gemäße berufliche Existenz aufbauen zu können. So besuchte Augusta Bender 1867/68 ein Heidelberger Institut zur Vertiefung ihrer Kenntnisse in Fremdsprachen und Geschichte und bestand die Prüfung für das Lehramt an Höheren Töchterschulen. Eine erstaunliche Leistung, die ihr aber als Frau in der damaligen Zeit keine Aussicht auf eine Anstellung eröffnete. Eine gesicherte Existenz war nicht in Sicht.

Nun begann Augusta Benders weiterer, ruheloser Lebensweg. 1868 ging sie, nicht aus-

Augusta Bender (Dr. Georg Fischer, Schefflenz)

reichend empfohlen nach London, wurde dort aber nur mit Aufsichtsarbeiten beschäftigt und fuhr wieder heim. Es folgte die Anstellung als deutschsprachige Gesellschafterin bei einer amerikanischen Familie (Paris, Genua, Nizza), aber das Heimweh trieb sie 1869 wieder nach Hause. Der Versuch, durch Stundengeben in Heidelberg leben zu können, schlug fehl. So blieb am Ende nur die Rückkehr nach Karlsruhe an den Morseapparat. Den anstrengenden Dienst hielt sie nicht aus, sie erkrankte und nahm im Juli 1771 endgültig Abschied vom Telegraphenbureau. Dann betrieb Augusta Bender die Auswanderung nach den USA, dem Zufluchtsland ungezählter deutscher Menschen. Zwischen den Jahren 1871 und 1897 weilte Augusta Bender siebenmal in Amerika. Dort verdiente sie ihren Lebensunterhalt durch literarische Vorträge, Deutschunterricht in Bürgerhäusern in New York und Philadelphia, auf einer Farm in New Hampshire und an einem College in Massachusetts. Aber es war das Los dieser Frau, weder in den USA noch in Deutschland endgültig Fuß fassen zu können. Im Gegenteil, auch der Bankrott eines Ausländerpensionates, das sie 1881 in Heidelberg mit ihren Ersparnissen gegründet hatte, bedeutete einen weiteren empfindlichen Rückschlag.

Es ist beinahe unbegreiflich, daß Augusta Bender bei diesem Auf und Ab ihres Lebens eine so fruchtbare literarische Tätigkeit entwickeln konnte. Sie schrieb 1882 die Briefnovelle 'Deutsche Liebe in Amerika', 1884 'Mein Bruder'. Ein Bild aus der Wirklichkeit. 1887 'Haideblumen' (alte und neue Verse), 1893 'Die Reiterkäthe' (Roman aus dem Dreißigjährigen Krieg). Alle diese Bücher hatten keinen großen Erfolg. Das lag wohl vor allem daran, daß dem ehrlichen Wollen und Bemühen die notwendigen künstlerischen Mittel fehlten.

Materiell völlig ungesichert, verließ Augusta Bender 1897 die USA für immer und ließ sich in Eberbach nieder. Auch in der Heimat konnte sie ihre Lage durch schriftstellerische Bemühungen kaum verbessern. Herausragend und sie vor dem Vergessenwerden bewahrend ist ihre Sammlung 'Oberschefflenzer Volkslieder', die in diesem Buch ihre Würdigung findet. Das Manuskript hatte A. Bender 1893 abgeschlossen, die Drucklegung wurde 1902 durch eine großherzogliche Subvention ermöglicht. Die Melodien zu den Liedern schrieb nach Augusta Benders Vorsingen Josef Pommer, der Leiter des Deutschen Volksgesangvereins Wien, auf.

1910 brachte Augusta Bender noch als Ergänzung die 'Kulturbilder aus einem badischen Bauerndorf' heraus. Diese Schrift brachte es auf fünf Auflagen und war damit ihre verbreitetste Publikation.

Mit dem einsetzenden Älterwerden hielt Augusta Bender selbstbiographische Rückschau mit der Schrift 'Der Kampf ums höhere Dasein' (1908) und schließlich 1913/ 14 mit den zwei Erinnerungsbänden 'Auf der Schattenseite des Lebens', womit sie ihr eigenes Leben mit seinen wenigen Höhen und vielen Tiefen in seiner ganzen Tragik schon im Titel festhielt.

Inzwischen war Augusta Bender ins Lichtentaler Lehrerinnenheim in der Hoffnung umgezogen, dort eine Bleibe für das Alter gefunden zu haben. Aber auch diese Hoffnung erfüllte sich nicht. Die Inflation zwang sie zur Übersiedlung in das Kreisaltersheim in Mosbach. Dort setzte am 16. September 1924 der Tod den Schlußpunkt hinter das Leben dieser außergewöhnlichen Frau.

Johann Philipp Glock

J. Ph. Glock stammte aus einer alten Lehrerfamilie. Er wurde am 10. Dezember 1849 in Schriesheim als Sohn des evangelischen Mädchenlehrers Philipp Jakob Glock und dessen Ehefrau Charlotte geb. Forschner, Tochter des Kronenwirts Peter Forschner, geboren. Auch der Großvater Johann Philipp Glock war Lehrer zu Lautenbach bei Weinheim. Dieser freiheitsliebende Mann betätigte sich am Aufstand 1849, kam nach dem Scheitern der Revolution vor Gericht und wurde freigesprochen. Trotz seiner politischen Einstellung wurde er in der Gemeinde als ausgezeichneter Lehrer hoch geschätzt und war 50 Jahre lang in Lauterbach tätig.

J. Ph. Glock studierte evangelische Theologie in Erlangen, wie früher auch J. P. Hebel. Danach führte er das Wanderleben eines jungen Vikars: Lahr, Emmendingen, kurze Zeit Heidelberg, Baden-Baden waren die sich folgenden Dienstorte. In Baden-Baden wurde Glock einstimmig zum Stadtpfarrer gewählt, aber er lehnte diese ehrenvolle Berufung ab, weil er eine ländliche Pfarrei bevorzugte. Diese wurde ihm auch zuteil. Glock wurde Pfarrer in Zuzenhausen und wirkte dort segensreich von 1887–1896. Verheiratet war Glock seit dem Jahre 1880.

In der Zeit in Zuzenhausen war Glock außer in seinem Hauptamt auf zwei Gebieten tätig, denen er sich mit großem Erfolg widmete. Er wurde zu einem für den Kraichgau bedeutenden Heimatforscher. Eine der ersten Früchte seiner Tätigkeit, angeregt durch den schon mehrfach erwähnten Fragebogen der Professoren Meyer, Kluge, Pfaff, war die Sammlung von 'Liedern und Sprüchen aus dem Elsenztal', die 1897 in der 'Alemannia' erschien.Diese Sammlung ist es, die in dem Kapitel der Kraichgauer Volkslieder gebührend zu Wort kommt und für die wir heute noch sehr dankbar sind. Zuvor schrieb Glock in Zuzenhausen 'Burg, Dorf und Stadt Zuzenhausen im Elsenzgau' (Heidelberg 1896), eine historisch und kulturhistorisch sehr interessante Arbeit, die einen sicheren Blick in die Vergangenheit des Dorfes erlaubt.

Über diesen Arbeiten wird leicht vergessen, daß Pfarrer Glock ein hervorragender Imker war. Für seine grundlegende Schrift 'Symbolik der Bienen und ihre Produkte in Sage, Dichtung, Kultur, Kunst und Brauchtum der Völker' erhielt er einen Ersten Staatspreis. Glocks Bienenforschungen brachten ihm zahlreiche anerkannte Diplome in- und ausländischer Bienenzuchtvereine ein. Der Großherzog zeichnet ihn mit dem 'Zähringer Löwen' aus.

Johann Philipp Glock (Tilman Baader, Lahr)

1896 wurde Johann Philipp Glock Pfarrer in Wolfenweiler mit den Filialen Leutersberg, Schallstadt und Föhrenschallstadt. Dort amtete er bis zum Jahre 1916. Auch in Wolfenweiler war Glock unermüdlich volkskundlich tätig. Sein emsiges Sammeln schlug sich in vier handschriftlichen Heften mit beinahe vierhundert Volksliedern nieder, die in der Landesstelle für Volkskunde ruhten, da er keinen Verleger fand.

1910 erschien beim Braun Verlag in Karlsruhe der 'Breisgauer Volksspiegel'. Im gleichen Jahr veröffentlichte Glock noch das Bändchen 'Kriegslieder badischer Truppen im 19. Jahrhundert'. Die Lieder sind ohne Melodie aufgeschrieben, manches bis dahin Unbekannte befindet sich darunter. Sie stellen im Grunde „mehr eine Blütenlese patriotischer Kriegslyrik dar als das, was der Titel sagt" (Künzig). Glocks Ortsgeschichte von Wolfenweiler konnte leider nicht veröffentlicht werden.

J. Ph. Glock hatte zehn Kinder, fünf Töchter und fünf Söhne. Im 1. Weltkrieg verlor er drei blühende Söhne, die als Offiziere im Felde standen. Dieser Verlust traf ihn im Innersten, und er ging früher als geplant 1916 in den Ruhestand. Die Familie nahm ihren Wohnsitz in Bad Nauheim. Dort starb Pfarrer Johann Philipp Glock an Weihnachten 1925 und wurde in Lautenbach beigesetzt. Am Pfarrhaus in Wolfenweiler hält eine Gedenktafel mit folgender Inschrift sein Andenken wach:

Hier wohnte 1896–1916
der Heimatforscher
Pfarrer Johann Philipp Glock
geb. 1849 Schriesheim
gest. 1925 Bad Nauheim

Othmar Meisinger

Othmar Meisinger wurde am 29. November 1872 in Bad Rappenau geboren. Sein Vater, Johannes Franz Meisinger, stammte aus Frankfurt, seine Mutter, geb. Reichardt, aus Babstadt. Zu dieser 'Konstellation' schrieb Prof. Richard Hünnerkopf, Heidelberg, der Meisinger gut kannte, in einer Festgabe zu Meisingers 60. Geburtstag: „Auch die Liebe zu den Mundarten schlug schon in frühster Jugend in ihm Wurzeln. Vom Vater hörte er Frankfurterisch, die Mutter (...) sprach die Mundart seines Heimatdorfes Rappenau. In der Realschule zu

Wimpfen (...) hörte er von den Mitschülern die Wimpfener Stadtsprache und das Schwäbische, die Lehrer waren meist Oberhessen, sodaß die verschiedensten Klänge aus Deutschlands Gauen an sein Ohr schlugen, als Tertianer kam er ans Mannheimer Gymnasium unter die 'Bloomailer', und von israelitischen Mitschülern (...) eignete er sich eine Fülle von hebräischer Ausdrücke an." Sicher hatte der Junge im Elternhaus und in der Schule Gelegenheit, vielerlei Mundarten kennen zu lernen.

Den drei Jahren Realschule Wimpfen folgte also das Gymnasium in Mannheim. Nach dem Abitur studierte Meisinger Philosophie, Germanistik, klassische Philologie an den Universitäten Heidelberg und München. 1896 legte er das Staatsexamen ab. 1900 folgte an der Universität Heidelberg die Promotion mit einer der ersten heimatkundlichen Dissertationen 'Die Rappenauer Mundart'.

Die gute Kenntnis der Mundarten tritt schon in den ersten Veröffentlichungen Meisingers zutage. Diese begannen mit der Untersuchung der hebräischen Fremdwörter, die Meisinger in der 'Zeitschrift für hochdeutsche Mundarten' der Öffentlichkeit vorstellte. Es handelt sich dabei um jene „jüdische Händlersprache, die an fremde Stämme deutsche Endungen anhängt, sodaß die gebildeten Wörter wie deutsche wirken und leicht in den Gebrauch der nichtjüdischen Bevölkerung übergehen können. Ein Teil von ihnen (mauscheln, schmusen, Schlamassel, koscher usw.) lebt weiter, obwohl ihre Träger vernichtet sind" (Waibel). Othmar Meisinger wurde zum Pionier der Mundartforschung. Ihm verdanken wir es, daß wir über ein volles Jahrhundert die Sprachentwicklung in Rappenau verfolgen können. Ein Jahr nach dem Erscheinen der hebräischen Fremdwörter folgte das Kraichgauer Standardwerk 'Lautlehre und Flexion der Rappenauer Mundart'.

Meisinger war als Professor von 1902 bis 1930 an verschiedenen Gymnasien des Landes tätig, so in Lörrach, Karlsruhe und Heidelberg. Ein schweres Asthmaleiden zwang ihn, vorzeitig aus dem Dienst zu scheiden. Um Meisingers äußeren Lebensweg zu vollenden: Er starb am 29. April 1950 im Alter von 77 Jahren in seinem Heimatort. Zuvor hatte er wohl die schönste Ehrung erfahren, die einem Bürger zuteil werden kann, als er zu seinem 75. Geburtstag Ehrenbürger von Rappenau wurde. Eine schöne Sitte ist es auch, verdienten Menschen einen Baum zu widmen. Die schönste Eiche im Rappenauer Wald hat Meisingers Namen erhalten. Kennzeichnend für die wesentlichen Arbeiten Meisingers sind seine Bemühungen um eine Synthese zwischen dem Volkslied und den Menschen bestimmter geographischer Zugehörigkeit mit ihren Sitten und Gebräuchen. Dabei ist das Volkslied ein überaus wichtiges Bindeglied. Die Lörracher Zeit Prof. Meisingers wurde in dieser Hinsicht seine erfolgreichste, wobei seine hohe Musikalität der beste Helfer war beim Sammeln des noch vorhandenen Liedgutes. Der sangesfrohe und kontaktfreudige Mann durchwanderte die Hochrheinlandschaft mit dem Hotzenwald. Seine Fähigkeit, Menschen die Scheu zu nehmen und für sich zu gewinnen, brachte junge Leute zum Singen und ihm zahlreiche neue Lieder. Seine Musikalität ließ ihn die Weisen der Lieder mühelos aufzeichnen, was natürlich den Wert seiner Sammlung – auch für die Wissenschaft – steigerte.

1913, in Meisingers Karlsruher Zeit, war es endlich soweit, daß die Sammlung im Auftrag des Landesvereins Badische Heimat veröffentlicht werden konnte. Sie enthält 346 Lieder (eine geringe Anzahl aus anderen

Othmar Meisinger (Josef Junker, Bad Rappenau)

Sammlungen darunter), die als 'Volkslieder aus dem badischen Wiesental' erschienen. Im folgenden Jahr brachte Prof. Meisinger, ebenfalls im Auftrag des Landesvereins Badische Heimat, der seine volkskundlichen Aktivitäten nach Kräften unterstützte, 162 der schönsten Lieder als 'Oberländer Volksliederbuch' heraus. (1914)

Hat Othmar Meisinger im badischen Oberland eine überaus erfolgreiche volkskundliche Arbeit geleistet, so setzte sich dieser Einsatz im Odenwald fort. Zum Odenwald, der gewissermaßen vor der Haustüre seines Heimatortes lag, hatte Meisinger ein besonders enges Verhältnis. Er war jahrelang Vorsitzender und später Ehrenmitglied des

Odenwaldklubs. Als Ergebnis seines Forschens legte er 1932 die 'Odenwälder Spinnstube', Volkslieder aus dem Odenwald, vor.
Das Liederbuch des Odenwaldklubs folgte
nach.

Um solche Leistungen über viele Jahre hinweg bei gleichbleibender Begeisterung bringen zu können, bedarf es eines starken An-
triebs. Bei Prof. Meisinger war dies die innere Verbundenheit mit der Heimat und ihren
Menschen, oder anders ausgedrückt, mit
dem Landvolk und seinen Liedern. Das
machte ihn zu einem Forscher, der das Wesen des Volksliedes zutiefst erfaßt hat. Wer
wie er die Hand am Puls des Volkes hatte,
wußte um das Echte, und er versuchte, dies
in seinen Sammlungen zu bewahren.

Othmar Meisinger war nicht nur ein
Volksliedsammler, sondern auch, das wurde
schon gesagt, ein exzellenter Mundart-
forscher. Neben dem 'Rappenauer Wörterbuch', waren die 'Volkswörter aus dem
Wiesental' ein weiteres Ergebnis seines
Forschens. Wie eine Klammer verbinden
diese das Ober- und das Unterland. Die
Arbeit an der Sprache hat Meisinger sein
Leben lang nicht losgelassen. Neben zahllo-
sen kleineren Abhandlungen beschäftigte
ihn, hervorgerufen durch seine unterrichtli-
che Tätigkeit, der Vergleich von Sprachen
und deren Bedeutungswandel. In drei Jahrzehnten mühevoller Arbeit entstand seine
'Vergleichende Wortkunde', welche die fünf
Schulsprachen deutsch, englisch, französisch,
lateinisch, griechisch nebeneinander stellt.

Carl Krieger

Carl Krieger ist ein echter Sohn des
Kraichgaus, mit dem er zeitlebens eng verbunden blieb. Er wurde am 23. Januar 1900
als Sohn des Zahnarztes Karl Krieger und
seiner Ehefrau Louise geb. Wössner in
Unteröwisheim geboren.

Nach dem Abitur studierte Carl Krieger
Theologie in Heidelberg und Tübingen und
legte 1921 die 1. theologische Prüfung ab,
der 1922 die zweite folgte. Dann kamen
von 1922–1928 die üblichen 'Wanderjah-
re', die der junge Vikar zu absolvieren hatte.
Er amtete in mehreren Gemeinden, darunter auch in Gochsheim. Am 28. November
1928 heiratete er Ingeborg Kieser aus
Königshofen bei Tauberbischofsheim. 1936
wurde die Tochter Margarete geboren. Kriegers letzte Vikarsstelle Reihen wurde seine
erste Pfarrstelle. In Reihen war er fünf Jahre
Seelsorger von 1928 bis 1933.

1933 konnte Kriegers Hauptwerk, das in
diesem Buch oft erwähnte 'Kraichgauer Bauerntum', erscheinen. Dieses Buch ist das Ergebnis langjähriger intensiver Studien des
bäuerlichen Lebens, Wohnens und Glaubens. Seine Tätigkeit als Seelsorger erlaubte
Krieger einen tiefen Einblick in die Menschen unserer Kraichgauer Heimat mit ihren Sitten und Gebräuchen. Sein 'Kraichgauer Bauerntum' ist deshalb eine sehr soli-
de Arbeit, die an Frische nichts verloren hat
und die jeder an Volkskunde Interessierte
gern zur Hand nimmt.

Das Buch stellt den Höhepunkt seines volkskundlichen Schaffens dar, denn Carl Krieger verließ 1933 den Kraichgau und tausch-
te die Kanzel mit dem Lehrerpult. Er wurde
Religionslehrer und unterrichtete von 1933
bis 1943 am Lessing-Gymnasium in Mannheim. Dann folgte die Versetzung an das
Hölderlin-Gymnasium Heidelberg, an dem
er von 1943 bis 1946 tätig war. Krieger
blieb weiterhin in Heidelberg und war von
1946 bis 1959 Religionslehrer am Helm-
holtz-Gymnasium und später auch am
Bunsen-Gymnasium der Neckarstadt.
Leider wurde der Gesundheitszustand Carl
Kriegers immer schlechter, so daß er 1959
als Oberstudienrat in den Ruhestand versetzt wurde. Eine erfolgreiche berufliche
Laufbahn hatte damit ihr Ende gefunden.
Es waren ihm noch sieben von Amtsgeschäf-
ten entlastete Lebensjahre vergönnt.
Carl Krieger starb am 18. November 1966
in Heidelberg und wurde in Menzingen,
dem Geburtsort seiner Mutter, beigesetzt.
So blieb er seiner Heimat noch im Tode
verbunden. Krieger besuchte oft seinen Geburtsort Unteröwisheim. Der vielseitig mu-
sisch begabte Mann schuf zahlreiche Zeich-
nungen, Aquarelle, Ölgemälde und auch
Porträts, die große Beachtung fanden.
Nicht zuletzt hält das Carl-Krieger-Zimmer
im Gochsheimer Schloß, das wichtige Werke aus seinem schriftstellerischen und künstlerischen Schaffen enthält und auch die Welt
seiner Eltern und Familie veranschaulicht,
sein Wirken in vorbildlicher Weise wach.

Carl Krieger (Stadt Kraichtal)

Ortsneckereien und Volkshumor

Wie lange ist es eigentlich her, daß die Eschelbacher Buben – die 'Hoben' – die Tairnbacher Konfirmanden, die zum Unterricht nach Eschelbach mußten, 'Freibier' genannt haben? Zeitlich gesehen sind es wenige Jahrzehnte, und doch ewig lange, wenn man das rapide Abnehmen und Absterben volkskundlicher Überlieferung betrachtet. Damals, in den zwanziger Jahren, kannten wir noch Neck- und Spottnamen aller umliegenden Dörfer, wußten noch um die Eigenschaften der Bewohner und was man unterlassen mußte, um ungeschoren durch einen anderen Ort zu kommen. Das alles ist heute vorbei, und deshalb ist es wohl angebracht, die Ortsneckereien und den vielfältigen Volkshumor unserer Heimat wieder neu zu entdecken und noch einmal zu veröffentlichen. Prof. Kahle, Heidelberg, verfaßte, basierend auf E. H. Meyers 'Badisches Volksleben im 19. Jahrhundert', den Aufsatz 'Ortsneckereien und Volkshumor aus dem badischen Unterlande', den er in den 'Blättern des Bad. Vereins für Volkskunde' veröffentlichte. Diese ausgezeichnete Arbeit diente der nachfolgenden Kraichgauauswahl als Grundlage.

Einen Übernamen für den gesamten Kraichgau gibt es nicht, wenige für kleine Teilgebiete. Bekannt ist z. B., daß man Odenwald und Bauland das 'Gänsseckelland' (Gänsrieweland) nannte. Die Gegend um **Waldwimmersbach**, **Spechbach** und **Lobenfeld** war das 'Buffinkeland' (Buchfinkenland), und den katholischen Pfarrer von Spechbach nannte man 'Buchfinkedekan'.

Die Lage des Ortes ist schon etwas ergiebiger. Wegen des roten Sandes, der dort zu finden ist, nannte man die **Reichartshäuser** 'Routmendlin'. Sehr derb waren die Verse, die sich die **Eschelbronner** und **Neidensteiner** nachriefen: *Neidestei liegt am Rai, hewwe all ver... Bei! Eschelbrunn liegt am Deich, hewwe all ver... Beich!* In **Dürrenbüchig** sagte das untere Dorf zum oberen 'Jakobszinke', und das obere zum unteren 'Brettener Vorstadt'. Natürlich gab auch der Klang des Ortsnamens zu allerhand Verdrehungen Anlaß, so z. B. aus **Aglasterhausen** 'Allerlasterhausen', aus **Mückenloch** 'Fliegental' und von **Leimen** sagte man: *Leime is nit weit von Dreck!*

Der Kraichgau war einstmals eine Landschaft, in der fast nur Ackerbau betrieben wurde. Die landwirtschaftliche Beschäftigung spielte deshalb bei den Übernamen eine wesentliche und bezeichnende Rolle. Die Hauptfrucht der einzelnen Orte und die sich häufig daraus ergebende Hauptnahrung kamen hinzu und verhalfen den Bewohnern zu treffenden Namen: Die **Untergrombacher** waren die 'Schollehopser', die von **Diedelsheim** die 'Karsthansen', sie müssen viel mit dem Karst gearbeitet haben. In **Stettfeld** aß man vermutlich viel Kraut, das verhalf zu den Namen 'Krautbäuch' oder 'Krautsäck'. In **Wössingen** waren oft Kartoffeln auf dem Tisch, man nannte die Wössinger deshalb 'Krumbirakäfer'. Rüben aß man in **Meckesheim** und wurde deshalb 'Rübsäcke' oder 'Rüwäsäckel' gehänselt. Der Spottname 'Letschebach' für **Durlach** ist heute noch weithin bekannt. Letsche sind

Odenheim um 1910, die Odenheimer waren als „Linsebäuch" bekannt. (Sammlung W. Stier)

die großen, um die Krautköpfe hängenden Blätter, die von den Durlachern gegessen wurden ('Letschebauch'), während die schönen und festen Krautköpfe in Karlsruhe zum Verkauf kamen. Die besonders Landwirtschaft treibenden Durlacher hießen wegen ihrer verbrannten Rücken auch 'Schwarzbückel'. Die **Busenbacher** hießen ebenfalls 'Letschbaich' oder 'Letscher'. Von den Linsen erhielten die **Odenheimer** ihren Namen 'Linsebäuch'. Die **Waldangellocher** waren die 'Zwiebeln', während man die **Sprantaler** 'Wickenseckel' nannte. Dabei zweifelt Prof. Kahle an, daß der Name von der Pflanze kam. Er vermutet, daß wickeln = fressen dahintersteckt, so daß 'Wickenseckel' etwa 'Freßsack' bedeuten könnte. Diese Definition erscheint jedoch ziemlich unwahrscheinlich. Die **Neuenbürger** nannte man 'Hutzel' oder 'Hutzeldreck', weil sie starken Handel mit getrocknetem Obst trieben. Den Roten-

bergern rief man 'Frriebiere' nach, sie verkauften viel Frühbirnen. Die **Oberöwisheimer** waren die 'Holzäpfel', die **Rinklinger** die 'Zwegschdenarre'. Der Weinbau ist schon sehr alt im Kraichgau und stand daher auch bei einigen Ortsneckereien Pate. Die **Eschelbacher**, **Elsenzer** und **Sprantaler** hießen nach dem gekrümmten Rebmesser die 'Hoben'. Die **Zeuterner** 'Weinschlaich' sollen durch raffiniertes Abschläucheln des Rebensaftes zu ihrem Namen gekommen sein.

Auch die Viehwirtschaft schlug sich in den Übernamen nieder. Es gab die **Mückenlocher** 'Kuhschwanzhechler', weil sie keinen Hanf zum Hecheln hatten, die **Wilferdinger** 'Kühkrämer' und die **Daisbacher** 'Hutschä' (Hutschen sind Fohlen). Ein wichtiges, wenn auch etwas anrüchiges Produkt der Viehwirtschaft ist der Mist. Danach hießen die **Eppinger** 'Mischtkrapper' und die **Helmstadter** und **Epfenbacher** 'Mischtsurrer'.

Der Weinbau schlug sich in vielen „Kosenamen" nieder. Die Aufnahme aus den 1920er Jahren zeigt Zeuterner 'Weinschlaich'. (Sammlung W. Stier)

Der Wald lieferte Laub, das man als Streu benötigte. Die **Siegelsbacher** wurden einmal wegen unerlaubten Laubholens bestraft, und schon hatten sie den Namen 'Laableit' weg. Den **Mückenlochern** rief man 'Buschelböck' nach, weil sie viel ins Buschelmachen gingen; das Reisig brauchten sie zum Anfertigen von Besen. Dazu gibt es ein Spottlied:

D'Micklecher Leit,
Die sen so gscheit,
Die halte Kerwe,
Wann's Buschelgeld geit.

Dem Gebrauch von Kienspänen für die Beleuchtung verdankten die **Epfenbacher** den Spottnamen 'Kienstumpe'. Die **Söllinger** waren die 'Dorndreher'. Die **Mutschelbacher** und die **Hüffenhardter** wurden mit 'Schmierbrenner' gehänselt. Vermutlich kommt dieser Spottname vom Teeöl- oder Schmierbrennen in Salbe- oder Schmieröfen, das weit verbreitet gewesen ist. Es handelte sich dabei um eine trockenheiße

Destillation von zerkleinertem, sehr harzreichem Kiefernstockholz zur Gewinnung von Kienöl, Teerschmiere und Pech. Warum man die **Wöschbacher** mit 'Ölweiber' und die **Obergrombacher** mit 'Spüllumpesuggler' bezeichnet hat, ist nicht erklärbar.

In den einzelnen Orten bildeten sich Berufe oder Gewerbe aus, die häufig vorkamen. So war Unteröwisheim z. B. ein Dorf der Maurer, Eschelbronn das der Schreiner. Auch solche Gegebenheiten verhalfen zu Übernamen. Die **Eschelbronner** hießen 'Spengler', die **Langenbrückener** 'Hafenscherben', die **Rettigheimer** 'Näpfe', weil sie viel Backnäpfe anfertigten. In **Mühlhausen** schimpften die Oberdörfer und Unterdörfer sich gegenseitig 'Pfannenflikker' und 'Faßbinder'. Weil sie Gipssteine einführten, mußten sich die **Sulzfelder** den Übernamen 'Ipsbobbel' gefallen lassen. Die **Sternenfelser** waren die 'Sandglowen', sie handelten mit weißem Sand.

Das Betteln wurde spöttisch als besonderer Erwerb aufgefaßt, wobei man bedenken muß, daß Betteln früher oft aus materieller Not und schlechten sozialen Verhältnissen heraus geschah, wenn es auch wie zu allen Zeiten 'Berufsbettler' gab. Die **Malschenberger** bezeichnete man mit 'Bettelsäck', weil sie mit Säcken bettelten. In einem Dorf wurden die **Lobenfelder** und die **Mönchzeller** als Bettelleute aufgeführt. Auch folgender Spottvers ist bezeichnend:

Untergimper, Owergimper
Liegt net weit vunander,
Wann die Buwe bettel gehn,
Sen's glei beinander.

Auch früher hatte man seine Lieblingsspeisen. Wir haben zwar keine so bekannten Benennungen wie die 'Knöpfleschwaben', aber doch sehr treffende und erheiternde Schön ist folgender Spottvers:

D' Moosbrunner Dicksäck
Fresse lauter Spitzweck,
Saufe lauter roude Wein,
Der Teufel soll ihr Herrgott sein.

Die **Ruiter** (auch die Ittersbacher und Waldprechtsweierer) hoben gerne junge Krähen aus und verspeisten sie als Delikatesse. Was lag näher, als daß man sie daher 'Krabben' nannte? Plastisch ist auch folgende Strophe:

Sulzbacher Krabbe,
Mit Öl gebacke,
Mit Essig gedämpft,
An Galge gehängt,
Runnergezerrt,
Ins Maul nei gesteckt!

Die Bewohner Rettigheims wurden 'Näpfe' genannt, hier eine Postkarte vom Dorfplatz mit Brunnen um 1910. (Sammlung W. Stier)

Die Brettener 'Spitalmucken' auf ihrem Marktplatz um 1910 (Stadtarchiv Bretten)

Die **Reichartshausener** und die **Mühlhäuser** waren die 'Krautver...er', die **Richener** die 'Schbeckfresser', die **Reihener** die 'Pumpernickel'. Weil die **Altwieslocher** zu ihrer Kirchweih als Spezialität Birnenkuchen backten, kamen sie zu ihrem Spottnamen 'Bierekuche'. Die **Heidelsheimer** wurden 'Spitalfresser', die **Brettener** 'Spitalmucken' genannt, weil sich viele arme Leute durch Stiftungen Speise aus dem Spital holen konnten. Der Kaffee verhalf den **Grombachern** zu dem Spottnamen 'Kaffeesatz'. Die **Tairnbacher** hatten den schönen, ironischen Necknamen 'Freibier'. Dies hatte folgenden Grund: Wenn es irgendwo Freibier gab, fehlte kein Tairnbacher. Ist der Himmel übervölkert, braucht man doch keine Angst zu haben, daß man nicht hineinkommt. Man muß nur an der Himmelstüre 'Freibier!' ru-

fen, und sofort stürzen alle Tairnbacher, die im Himmel sind – sie gelten als fromm und sind deshalb alle darin – heraus, und man kann in Ruhe ihre Plätze einnehmen.

Die äußere Gestalt und körperliche Eigentümlichkeiten können weniger einer Landschaft oder einem Ort, wohl aber Einzelpersonen zu Spitznamen verhelfen. Der Kropf nimmt da eine Sonderstellung ein, denn ihn können in einem Dorfe eine größere Anzahl Leute haben. Da gab es die **Bammentaler** 'Kröpf', die **Nußlocher** 'Kröpfert', die **Münzesheimer** 'Kropfkeitel'. Wegen ihrer krummen Nasen hänselte man die **Dielheimer** mit dem Spitznamen 'Hoben'. Die **Ubstadter** Mädchen aber wurden wegen ihrer krummen Beine verulkt.

Daß die Kleidung charakterisieren kann, ist klar, besonders im Kraichgau, wo es mit

Trachten nicht weit her war. Kulturgeschichtlich sind die Spottnamen nicht uninteressant. Die **Sprantaler** hießen 'Kittelsleut', weil sie lange leinerne Kittel trugen, ebenso wie die **Zassehaiser** (Zaisenhäuser) 'Zwillichkittel'. Die **Kleinsteinbacher** waren die 'Rotmäntel', die **Gölshausener** die 'Händschuh' und die **Epfenbacher** die 'Holzschuh'. Die **Hüffenhardter** hatten einen vornehmen Spottnamen, man rief sie 'Sammetgschtiffelder' wegen ihrer Vorliebe für samtene Hausschuhe. Interessant ist der Neckname für **Mühlhausen** 'Bantlen'. Angeblich kam der Name daher, daß man die weiten Beinkleider, die Pantalons, durchziehender französischer Emigranten nachzuahmen suchte. 'Säuschlappen' war der merkwürdige Spottname für **Reichartshausen**. Die Erklärung lautet, daß man in Reichartshausen am längsten in der Gegend die sog. Säuschlappen, d. h. Latzhosen getragen habe. Ob das stimmt? Von **Reihen** aber sang man:

*Route Strumpf un blooe Zwickel
trage die Reihemer Pumpernickel.*

Die Charaktereigenschaften der Bewohner unserer Orte gaben der Phantasie einen weiten Spielraum. Vor allem zielte der Spott auf die 'schlechten' Eigenschaften – wie könnte es anders sein – und verhalf so manchem Ort zu einem unverdient unguten Ruf, wie es überhaupt problematisch ist, den Bewohnern eines ganzen Dorfes gleiche Eigenschaften zuzuschreiben. Immerhin gab es schon Eigenschaften und Eigentümlichkeiten, die einen Ort charakterisieren konnten. Mit dem Spottnamen 'Luft' belegte man **Mingolsheim** und spielte damit auf die angebliche Leichtfertigkeit der Bewohner an, der Windbeutel ist da nicht weit. Das gleiche gilt für

Aglasterhausen. Da sprach man vom 'Häusemer Wind'. Die **Tairnbacher** waren die 'Dickköpp', die **Balzfelder** die 'Kreuzköpp' wegen ihrer zahlreichen Kruzifixe. Mit 'Taubenfaidel' verspottete man die **Oberöwisheimer**. Sie fingen fremde Tauben ein. Als Erklärung des Namens kann man finden, daß mundartlich 'faidle' betrügen oder wegschnappen bedeutet. Eindeutig sind die **Neidensteiner** 'Stinker' und die **Waibstadter** 'Lalli'. Die Bewohner des Unter- und Oberhofes galten als langweilig, und man verspottete sie deshalb als 'Hofjockel'. Das gleiche gilt für **Epfenbach**, daher auch der wohlbekannte Spruch:

*Ich bin von Epfenbach,
Drum geht mei Sach so gmach.*

Die **Unteröwisheimer** waren die 'Gäscht'. Hier wurde das Wort Gast in seiner negativen Bedeutung gebraucht im Sinne von unbeliebten, gefürchteten Gästen. Eigenartig ist die Benennung 'Polen' (Bohlen). Dabei dürfte es sich weniger um eine Beziehung zu den eigentlichen Polen handeln, das wäre wohl zu weit hergeholt. Prof. Kahle vermutet, daß der Übername von Bohlen = Tölpel kommt. Er führt an, daß die **Mühlhäuser** wegen ihrer Streitsucht und Ähnlichkeit (!) mit den Polen eben 'Polen' genannt wurden. Er hat die Mühlhäuser vermutlich nicht gekannt. Es gab folgendes Spottlied:

*Milheiser Bole
Hocke uf de Kohle,
Hocke uf de Bank,
Kriege all die Krank.*

Die Unteröwisheimer 'Gäscht' – hier der Unteröwisheimer Kunstradfahrverein „Kameradschaft" im Jahre 1898 (Sammlung B. Dörich)

Auch die **Sulzfelder** waren als roh verschrien und erhielten dadurch ihren Spott:

*Sulzfelder Bale
Kenne nix als Ipstan (Gips) mahle,
Hen en Karre un en Gaul
Un e dunnerschlechtigs Maul.*

Auch die **Michelfelder** nannte man 'Bohlen'. Von den **Dielheimern** sagte man wegen ihrer Streitsucht: *Zehn Leut – elf Häuflin.* Die **Kirchardter** verspottete man als 'Hebel', ein 'Hewwel' ist ein ungehobelter Mensch. Die Waldwimmersbacher beschimpften die **Epfenbacher** als 'Kienholzstumpen'.

Sehr kluge Leute wohnten in **Bockschaft.** Man nannte sie 'Raisonhaspel':

*Wer Raison holen will,
muß auf die Bockschaft gehen.*

Die **Wössinger** wurden die 'Guten' genannt, die man allerdings erst auslesen müsse. Daneben nannte man sie auch 'Heinerlen', weil viele Bewohner diesen Vornamen trugen. Von den **Sickinger** 'Jockeln' gibt es einen alten Vers:

*Sickinger Jockel
Hens Geld verbrockelt,
Henn alles mitgnumme
Un de Kopf zugebunne.*

Ein paar deftige Spottnamen gab es über besondere örtliche 'Sitten': **Daisbacher**

'Kübel...er', **Grünwettersbacher** 'Kübel-
plotzer', und in **Mühlhausen** beschimpften
sich die Ober- und Unterdörfler gegenseitig
mit 'Kiwlrinner'. Die **Bruchsaler** und die
Dürrenbüchiger nannte man 'Melkkübelreiter'. Am Feierabend saß man gerne auf
der Brücke, und deshalb uzte man die
Rohrbacher und die **Baiertaler** als 'Brücka-
hossla'. Schön sind auch die Spottnamen
für **Steinsfurt**: 'Schnogädengla' und **Bahn-
brücken**: 'Wanzenknicker'.
Es gab im Kraichgau auch Bezeichnungen,
die man den Dörfern zulegte, die einen historischen Hintergrund hatten. Die **Bau-
schlotter** wurden 'D'Grofe' oder 'D' Herr-
schaftsspatze' genannt, wohl weil sie seit
1712 an die Markgrafen von Baden gekommen waren. Die **Heidelsheimer** waren die
'Pfälzer'. Sie waren lange Gegenstand eines
Streites zwischen der Pfalz und Baden, bis
sie nach der Schlacht bei Seckenheim 1462
endgültig an die Pfalz kamen. Die **Dürrenbüchiger** nannte man 'Altbadische', vielleicht
weil sie im Jahre 1726 von Baden-Durlach
an Speyer abgetreten, nach langjährigem
Streit wieder an Baden kamen. Die **Münzesheimer** verspottete man als 'Schweizer'. Die
Bezeichnung Schweizer dürfte kaum auf die
Schweiz schließen lassen. Eher kann man
annehmen, daß reiche Bauern sich einen
Schweizer hielten, der für das Melken und
die Milch verantwortlich war. **Zuzenhausen**
zerfiel 1834 in zwei feindliche Parteien, die
sich 'Russen' und 'Polen' schimpften.
Östringen hieß 'Großpolen'. Auch hier sind
wohl nicht die Polen gemeint, sondern die
Bole = Tölpel. Die **Unterschwarzacher** hatten den Spottnamen 'Zigeuner'. Dieser
Übername kommt von dem Versuch des
Staates, Zigeuner im Orte seßhaft zu machen. Erheiternd ist der Übername 'Neu-
brandenburger' für **Waibstadt**. Hier spielen
keine historischen Hintergründe mit. So

nannte man die Waibstadter wegen der eine
Zeitlang häufigen Brandstiftungen!
Natürlich gaben die Spracheigentümlich-
keiten eines Ortes Anlaß zu Neckereien. Da
man selbst nicht frei von solchen Schwä-
chen war, beruhten die Spottverse oft auf
Gegenseitigkeit und taten der Freundschaft
keinen Abbruch. Das Lorpsen, das ist die
eigenartige Aussprache des Zungen-R, verhalf den **Neckarbischofsheimern** zu folgendem Spottvers:

> *Mein Vater lorpst,*
> *Mein Mutter lorpst,*
> *Grad ich kann frei raussage:*
> *Der Breihaffe hot'n Brandriss.*

Ein weiterer Spottvers galt ebenfalls Neckarbischofsheim:

> *In der Amtsstadt Neckarbischese*
> *Nor die Handwerksborscht verwische se,*
> *Aber d' Räuber un die Dieb*
> *Loss's ruwig rub un nub.*

Sie sagten ruwig für ruhig und rub und nub
für herüber und hinüber. Einmal war im
Amtsgebäude eingebrochen worden, die Ein-
brecher entkamen und wurden nie gefaßt.
Auch die **Gochsheimer** verspottete man wegen des Lorpsens:

> *Mein Vadder lorpst, mein Mudder lorpst,*
> *Sagt frei raus Grießbrei.*

Es ist klar, daß der Spruch verstümmelt ist.
Es müßte heißen: *Nur ich sag' frei raus Grieß-
brei*. Die **Helmstadter** nannte man 'Helm-

schter Questlin', weil sie für Weste Queste oder Questle sagten. Die **Neuenbürger** waren die 'Hatzkaschte', Herzkirschen, sie sprachen das a wie ä aus. Hierher gehören vielleicht auch die **Landshauser** 'Rachärlin'. Soll dieser Name Racherlin = Rächerle = kleiner Rechen bedeuten? Die **Söllinger** foppte man 'Braeder'. Bei einem Brande hat man einst gerufen: *Bruider, eier Hitt brennt!* Von den zwei Formen Braeder und Bruider muß eine falsch sein.

Es folgen nun einige Namen, die eigentlich nicht hierher gehören. So gab es die **Baiertaler** 'Vivat Hoch'! Sie haben einmal statt zu rufen: *Vivat hoch, der Großherzog! Vivat hoch, Baiertal!* geschrien. Die **Kirchardter** bezogen den Spottnamen 'Hutlatla', weil sie an der Kirchweih riefen: *Hutlatla, heit isch unseri!* Weil sie angeblich das Kyrieeleison das ganze Jahr durch sangen, versah man die **Horrenberger** und die **Balzfelder** mit dem Necknamen 'Kirrieeleison'. Daß die **Grötzinger** die 'Hotscheck' sind, weiß man bis auf den heutigen Tag. Es gibt einige Erklärungen dieses Übernamens, die geläufigste ist folgende: Als die im Dreißigjährigen Krieg an der Grenze zwischen Grötzingen und Durlach vergrabene Glokke wiedergefunden war, erhob sich der Streit, wem sie gehören solle. Ein Grötzinger Bauer behob diesen, indem er seinen zwei Ochsen *Hottscheck!* zurief und die anzogen, bevor die Durlacher Tiere auf der anderen Seite in die entgegengesetzte Richtung ziehen konnten. Die so gerettete Glocke kam also wieder auf den Grötzinger Kirchturm. Die Tierwelt war eine unerschöpfliche Quelle der Namengebung, war doch die bäuerliche Bevölkerung des Kraichgaues eng mit ihren Haustieren verbunden. Ohne Zweifel kann man manche Eigenschaften unserer Tiere leicht auf den Menschen übertragen. Dadurch gewann der Volkshumor viele Mög-

lichkeiten, die er auch nützte. Daß der Esel dabei eine besondere Rolle spielt, kann nicht überraschen. So nannte man die Leute von **Schatthausen** 'Esel'. Sie haben angeblich einmal einen Esel vom Fuhrwerk der von Gölerschen Kinder geschlachtet und gegessen. Die Einwohner von **Singen** hießen 'Eseltreiber' oder 'Bären'. Der Wandergeselle Lenz hatte Länder durchreist, in denen es Bären gab. Als er nach seiner Rückkehr von Königsbach nach Singen ging, sah er in der Abenddämmerung auf einer Wiese am Mühlwehr ein Tier, das er für einen Bären hielt. Er alarmierte das Dorf, man rückte mit Gabeln, Flinten, Spießen und Stangen an, und der Geselle schoß das Tier nieder. Voll Jubel eilten alle hin, um den Bären zu holen. Aber ach, es war nur der Mühlesel, den man niedergeschossen und für einen Bären gehalten hatte! Folgender Dorfspruch geht auch auf diese Sage zurück:

Singe, Singe, Wilferdinge,
Singe liegt im Deichle,
Hat so schöne Maidli drin,
Aber keine reiche.
Kröpf und Buckel haben sie
Wie die Bummeranze,
Schmieren sie mit Bärenschmalz,
Daß sie besser glanze.

Ähnlich hießen die **Rappenauer** die 'Wolfsstecher'. Sie hatten einen Esel für einen Wolf gehalten und das ganze Dorf war aufgebrochen, diesen zu töten. Die **Ubstadter** verulkte man als 'Eselsbrüder' oder 'Eselsohren', weil sie einen Esel den Kirchturm hochgezogen haben sollen. Die **Zaisenhausener** waren die 'Langohren'. Dieser Spottname ging angeblich nicht auf das Grautier zurück, sondern auf die zwei spitzen Türme ihrer Kirche. Das entsprechende Spottlied geht so:

Lauter Esel, lauter Esel
Sind die Zaisenhäuser!
Wann mer hinter den Ohren kratzt,
Wackle alle Häuser!

Durch Dörfer, welche ihren Übernamen in Verbindung mit dem Esel bezogen, durfte man beim Durchschreiten keinesfalls die Zipfel des Taschentuches wie Eselsohren aus der Hosentasche hängen lassen, sonst konnte man leicht eine Tracht Prügel beziehen.

Die Reihener steckten einst ein Erbsenbüschel auf einen Baum, und die von **Weiler** glaubten, da oben sitze ein Bär und rückten mit Dreschflegeln und Heugabeln aus, das Untier zu töten. Klar, daß man sie mit dem Namen 'Bären' oder 'Erbsensäck' neckte. Wegen der unschönen Rasse ihrer Kühe nannte man die **Dürrenbüchiger** und die **Epfenbacher** 'Kühstumpe'. Die **Singener** waren die 'Kälblesplantscher', die **Waldangellocher** die 'Harschebuwe' (Hirschbuben). Auch die Bewohner von Göbrichen nannte man 'd'Hirsch', und zwar weil ein Großteil von ihnen in Pforzheim beschäftigt war und sich deshalb auf dem Weg zur Arbeit eine sehr schnelle Gangart angewöhnt hatte. Die **Mühlbacher** verspottete man mit 'Rehzungen'. Sie hatten bei der Kirchweih die Zunge eines Pferdes in der Meinung gegessen, es sei eine Rehzunge. Die **Hilsbacher** nannte man die 'Katzen', die **Rohrbacher** (bei Sinsheim) die 'Katzenschwänze'. 'Ratzen', das sind Diebe oder schlechte Kerle. Das Wort findet sich bei den Sprüchen für manchen Ort. Ratzen heißen im Kraichgau aber auch die Ratten. Warum die Ratzen auf den Katzen hocken, ist unerfindlich.

Ubstadter 'Esel' bei einem Bahnhofsfest. Erst etwa seit der Jahrhundertwende prägte die Eisenbahn das dörfliche Leben und veränderte es gewaltig. Zu dieser Zeit gehörten Einweihungen von Bahnstrecken und Lokomotiven zu den Höhepunkten des Dorflebens. (Sammlung Stier)

Routeberger (Rotenberg) Ratze
Hocke uff de Katze,
Hocke uff de Brunnestecke,
Kenn mi all am A...lecke!

Die Lobfelder Ratze,
Die sitze uff de Katze,
Die sitze uff de Distelfink,
Die hewwe all die siedig Kränk.

Der gleiche Spruch gilt auch für Eschelbronn.

Auch Vögel verhalfen zu Spottnamen. So waren die von **Mauer** die 'Rotschwänz', die von **Siegelsbach** die 'Rauchschwalben', die **Wössinger** die 'Grila' (Gäns), die **Spielberger** die 'Göckler'. Der Kuckuck kommt öfters vor. Man verspottete die **Babstadter** als 'Kukkuck', weil sie einst ihren schönen Wald abgeholzt und alle Vögel samt dem Kukkuck vertrieben haben. Danach mußten sie eben selbst *Kuckuck* rufen. Auch die **Reihener** neckte man mit dem Spottnamen 'Kukkuck'. Sie hatten einmal einen Kuckuck gefangen und in eine Schublade eingesperrt, in der Kuchen lag. Als sie nun den Kuckuck später wieder herausnahmen, war der Kuchen schimmelig und der Kuckuck tot. Die **Mühlbacher** und die **Ittersbacher** hießen ebenfalls 'Kuckuck'. Die **Ittlinger** verspottete man als 'Käfertrippler'. Sie hatten einst eine Menge Mistkäfer gefangen, die sie vergruben, ohne sie zuvor durch Übergießen mit heißem Wasser getötet zu haben. Die Käfer krochen wieder heraus und nun trippelten die Ittlinger sie tot. Sie wurden auch kurz einfach 'Käfer' oder 'Käfertäler' genannt. Nach einer anderen Version hießen sie so, weil sie angeblich Brunnenwasser tranken, in dem Käfer krabbelten.

Hier folgen ein paar spezielle Spottverse auf folgende Orte:

Gochze (Gochsheim) isch e schene Stadt,
Kringelsrum e Mauere,
Hinne hangt de Bettelsack,
Vorne (oder auße) kan mer lauere.

In Epfelbach, da hots gekracht,
Do hawe die Buwe Holz gemacht.

Die Bahnbrücker Lait,
Di sin so scheit (gescheit),
Die halten ihre Kerbe
Wanns Erdäpfel geit.

Angeblich wurde die Kirchweihe früher zeitiger abgehalten, bis der Gemeinderat bestimmte, daß sie erst nach der Kartoffelernte stattzufinden habe. Der Spruch für **Rappenau** lautet fast gleich:

Die Rappener Lait, Die sen esou gschait,
Die halte ihr Kerewe, wanns Erbüre geit.

Ein Spruch über **Bruchsal** lautet so:

Wenn mer in Brusel über d'groß Brück geht
und spirt koin Wind,
Und durch Klostergasse geht
und sieht koi Kind,
Und durch Pfeilergasse geht
und kriegt koin Spott,
Der hot e große Gnad vor Gott.

Die nun folgenden Litaneien und die sich anschließenden Spottverse sind in der Erinnerung unserer Bevölkerung wohl am lebendigsten geblieben. Sie tauchten auch in verschiedenen Veröffentlichungen auf. Litaneien sind Strophen, die sich mit mehreren Orten befassen und diese in Gegensatz zueinander bringen. Sie fassen also die Spottnamen mehrerer Orte zusammen. Bei den Litaneien finden sich oft wiederkehrende Wanderstrophen, Strophen, die in dieser oder leicht abgeänderter Form im ganzen Lande zu finden sind.

Merkwürdig ist das oft wiederkehrende Motiv des Schöpfkübels oder Säukübels mit dem Deckel darüber. Die ursprüngliche Bedeutung kommt wohl aus dem Oberland. Da heißt es z. B.: 'X-Dorf ist ein Lurechübel...' Alemannisch bedeutet Lirechübel Butterfaß, und zwar nicht in der älteren Form zum Ausstoßen, sondern mit einem Schaufelrad, das an der Seite mit einer Kurbel gedreht oder geleiert wird. Das Dorf wird mit dem Bild des Butterfasses als reich bezeichnet. Dem Norden zu gibt es viele Varianten: Melkkübel, Burekübel, Murerkübel, Säukübel, vielleicht wegen der Schweinezucht. Immer aber bleibt reich und arm der Hauptgegensatz der Litaneien, wie er ja auch zwischen den Dörfern bestanden hat.

Kerebach (Kürnbach) die Edelstadt,
Sternenfels der Bettelsack,
Lebrunn (Leonbrunn) der Seiküwel,
Ochseberg der Deckel drüwer.

Sinse isch e schöne Stadt,
Rohrbach isch e Bettelsack,
Erbse, Bohne, Linse,
Steinfurt, Rohrbach, Sinse.

Das Bruchsaler Schloß mit seiner majestätischen Ausstrahlung läßt nicht vermuten, daß die Bewohner Bruchsals von ihren Nachbarn als „Melkkübelreiter" verspottet wurden. (Stadtarchiv Bruchsal)

*Die Sinsheimer
waren die 'Wetz-
stoispucker'; hier
eine der ältesten
Aufnahmen von
Sinsheim
(Sammlung
R. Besserer)*

oder:

*Stoinfurt, Rohrbach, Sinse,
Erbse, Bohne, Linse,
Sinse isch e schene Stadt,
Rohrbach isch e Bettelsack,
Stoinfurt isch de Säuküwel,
Reie (Reihen) isch der Deckel drüwer.*

Die vermögenden **Meckesheimer** verspot-
teten die umliegenden Dörfer so:

*Münchzell e Lumpenescht,
Eschelbrunn desgleiche,
Zuzehause newe dran,
Mer Meck'ser sinn die Reiche!*

oder:

D' Lobefelder sind Bettelleut,
D' Mönchzeller desgleichen,
D' Zuzehäuser nebedran,
D' Meckser sin die Reichste!

Menzingen ist ein Edelfleck,
Münzesheim liegt mitten im Dreck,
Unteröwisheim desgleichen,
Oberöwisheim die Reichen
Odenheim die Armen,
Gott soll sich über Neuenbürg erbarmen!

Ein anderer Typ von Litaneien schildert die Gefahren, denen ein Fremder ausgesetzt ist, wenn er das Dorf passiert:

In Barga (Bargen) wohna die Arga,
Die Wollaberger senn noch ärger,
Und wer durch Hüffehardt kommt
ungschlage,
Kann in Hochhausa von Kunscht un
Wunda sage!
Helmscht (Helmstadt) ligt em Deich,
Flinschbach kummt em gleich,
In Bariga sinn (oder senn) die Ariga,
Die Wolleberger senn noch äriger,
Die Hüffelder (Hüffenhardter) senn die
Sammetgschiffelder,
In Rappene (Rappenau) senn die
Hartgebackene,
In Wimpfe senn die Allerschlimmste!

Fast wie Kinderreime muten diese Verse an:

Meckese, Mauer, Rot, Sant-Le(on),
Schelm, loß mei Nase geh!

Oder in Abwandlung:

Bahnbrücker-Wanzeknicker,
Oberacker, Brusel (Bruchsal), Sant-Le,
Spitzbu, lass mei Nase geh!

Besondere örtliche Verhältnisse spricht folgender Dorfspruch an:

Die Lofelder (Lobenfelder) Narre,
Die hewwe kan Parre,
Die hewwe kan Mann,
Der predije kann.

Natürlich gibt es Spottverse auf die Mädchen:

Wißt'r a, wu Mühlbach leit?
Kumm i will dir's weische,
Wu's die schöne Mädle geit,
Die glänze wie's alt Eische (Eisen)!

Sechs Äpfel for ein Kreitzer,
Der siebente isch faul,
Die Mühlbacher Mädle,
Denne sch...mer aufs Maul!

Die Helmstätter Mädle,
Die sin so stolz,
Und fahre doch alle Dienstag
Mit'm Schubkarrich ins Holz.

Die Daischbacher Mädle
Hewe Strouhütlin uff,
Schlipflin an der Seite,
Do steht Lumbemensch druff!

Auf die Burschen war nur ein Spottlied zu finden:

Die Kircheter (Kirchardter) Bube,
die trutze so schnell,
O lass sie nur trutze, i weiß nit warum,
Sin lauder Schmarutzer, fahre überall rum,
Fahre überall rum, vor jedermanns Tür,
Wenn sie überall rum sinn,
no komme sie zu mir!

Schildbürgerstreiche gibt es überall. Es sind eigentlich Wandergeschichten, die nicht nur von Schilda, sondern überall erzählt werden. Sie kommen also an vielen Orten und in ebenso vielen Varianten vor, auch bei uns, wie die Beispiele, darunter klassische Geschichten, zeigen.

Die **Babstadter** verspottete man als 'Seebrenner', weil sie, als ihr See ganz mit Schilf und Rohr zugewachsen war, diesen ausbrennen wollten. Die **Wössinger** hieß man 'Mondspritzen'. Als der Mond einmal ins Wasser schien, glaubten sie, das Wasser brenne und rückten mit ihren Feuerspritzen an. Ähnlich ging es den **Gauangellochern**. Auch sie glaubten, daß der Bach brenne, als einmal ein brennendes Strohbündel das Wasser hinunterschwamm. Daraufhin nannte man sie 'Bachbrenner'. Daß die **Sinsheimer** die 'Wetzstoispucker' hießen, ist allbekannt. Die Männer standen im alten Stadtgraben beim Röhrichtmachen bis an die Knie im Wasser und spuckten trotzdem auf den Wetzstein. Die **Eschelbronner** verspottete man als die 'Stegstrecker'. Sie legten einen Steg über den Schwarzbach für den Fußweg nach Mönchzell. Als dieser sich als zu kurz erwies, versuchten sie ihn durch Ziehen mit den an beiden Seiten angebrachten Seilen zu strekken. Aus dem gleichen Grund neckte man die **Neidensteiner** 'Brückezieger'. Die **Adersbacher** hießen 'Blosbälg'. Sie holten

infolge eines Mißverständnisses einmal statt Blasbälge trigonometrische Signalstangen und mußten diese unter allgemeinen Gelächter wieder an ihren Ort bringen. Eine klassische Geschichte geschah in **Treschklingen**. Die Dorfbewohner wollten ihre Kirche in die Mitte des Ortes rücken. Einer schlug vor, man solle einen Mantel auf den Platz legen, auf dem die Kirche stehen sollte, damit man sie nicht zu weit schiebe. Während nun alle schoben, nahm ein Handwerksbursche den Mantel fort. Da rückten die Leute ihre Kirche über den Platz hinaus und merkten zu spät, daß sie vor dem Dorfe angelangt waren. Und schon hatten sie den Spottnamen 'Kirchenecker'.

Handwerker haben schon immer und bis auf den heutigen Tag Übernamen gehabt. Auch dies ist kein bös gemeinter Spott, eher eine augenzwinkernde, oft derbe Charakterisierung, wie die Beispiele zeigen. In **Göbrichen** hieß man den Barbier den 'Bartkratzer', in *Rappenau* den Schneider 'Gaasbock', in **Göbrichen** 'Schneiderbock'. In **Mühlhausen** gab es den Spottvers:

Wenn der Schneider gschtohle hat,
Er weißt er nit, wo naus,
No schlupft er in sei Nadelbüchs
Un gickelt obe naus.

In **Rappenau** heißt es auch:
Un beppert owwe naus!

In **Mühlhausen** sang man auch:

Schneidergaiß,
Mach d'Supp haiß,
Hock unner de Disch,
Mach Flederwisch!

rof. Kahle erzählt zwei Schnurren im Dialekt von Mühlhausen, die verdienen, der Vergangenheit entrissen zu werden.

Theorie und Praxis

Die g'schudierte Leit ka mer halt bei der Arbeit nit brauche; sie wisse gar nit, wie sie's angreife solle. Dees han i an unserem Pächter gsehe. Drauße am Kapelli hen sie ehm emol e Garbewage umgeschmisse: jetz, do leit er! Lang hen sie dra rumgrichtet un hen en ufrichte welle, aber s'isch halt nit gange. Do seit der Pächter: *I weiß nit, was mer do macht; i will schnell heim un gucke, wie's in meim landwirtschaftliche Buech staiht.* Un wie er wieder kummt, isch der Garbewage scho wieder gschtanne un fertig glade gwä. *Potz blitz,* sait er, *wie hen er denn des angfange? Abglade, uffgricht und wieder frisch uffglade,* sage die. *S'isch doch gschpässig,* sait der Pächter druff, *grad so ischs in meim Buech au gschtanne. Do täts weger naut, mer nähm allemol e Buech mit.*

Die Sympathie

Do isch vor e paar Johr emol e Fall bassiert, i ha mi dra halber schäps g'lacht. Jeder hat g'sait: *Des G'schichtle g'hört in Kolenner.* Also der Müller hat en Schimmel g'heet; 's sich mächtig schöner Gaul gwä, aber sunscht e massiger Klobe. Hat mer en beschlage welle, so isch er halt nie stauh bliebe. Z'dritt sinn se emol an ehm g'schtonne vor der Schmidde un henn ehm ufhebe welle; aber er hat sie wegg'schmisse wie Mucke.

Do kummt der Hannes doher, der G'scheitle, un sait: *Herrgott, sent ihr so dumm; do kan mer doch helfe.* Der Schlauberger geht in d'Schmidde nei, zieht dem Gaul sei Kopf voll durchs Schmiddefenster rei, bindt em e Batzestrick um de Hals und fahrt au mit um Nas un Gosche rum und zieht aus Leibeskräfte: Ziesch nit, so gilts nit. E Weile hat der Gaul nu g'schlegelt; aber no isch er ruhiger worre un hat sie schön b'schlage lau. *Herrgott, hen sie drauße denkt, der Hannes kann Symbathie,* un hen ehn g'lobt über de Schellekönig. Un wie der Schimmel fertig gwä isch, hen sie ehm g'rufe, er soll jetzt nur schnappe lau. Der lost den Strick fahre, un plumps fällt der Gaul um un isch hin: er hat kein Odem maih kriegt un isch verworgt. Jetz hen sie e groß Lamento agfange und druckt un griebe an dem Gaul; aber s'hat nix badd, die Märre isch verreckt gwä. Jetz sin sie ganz still worre; sie hen denkt, s'könn zum Schade au no der Spott kumme un hen em em Schinner brocht. So ischs sellemols gange.

Der Kaminfeger war gemeinhin der 'Schwarze Mann'. In **Mühlhausen** gab es folgendes Lied:

Kaminfeger, kreideweiß,
Hat e Stängele Häseläus,
Kann's nimme trage,
Schmeißt's uff de Wage;
Wenn der Wage bricht,
Schmeißt er's uff de Mischt,
Wenn der Mischt verfault,
Schmeißt er's uff en Gaul,
Wenn der Gaul verreckt,
Schmeißt er's in e Eck.

In **Rappenau** hieß es: *Hot e Säckele voller Läus,* die letzten vier Zeilen fehlen.

Andere Berufe blieben ebenfalls vom Spott nicht verschont. So war der Schuster in **Rappenau** und in **Mühlhausen** der 'Pechfarzer', in **Göbrichen** der 'Pechfurzer' und in **Mühlhausen** noch der 'Drohtstumpe'. Er wurde auch öfters mit 'Pecharsch' gehänselt. Den Wagner nannte man 'Krummholz', den Bäcker 'Daigaff', den Metzger 'Krottekiekser', Krottekiekser nannten die Buben ihr Taschenmesser. In **Rappenau** foppte man den Schmied mit dem Namen 'Rußkessel'.

Beim Anblick dieser gesetzten Herrschaften kann man sich nur schwer vorstellen, daß sie Sinn für die hier gesammelten Ortsneckereien besaßen (Sammlung W. Stier) ...

... doch zeugen andererseits solche Vorstellungen von der Zukunft – wie auf dieser Postkarte von Eppingen kurz nach der Jahrhundertwende – von der lebhaften Phantasie der Kraichgaubewohner. (Sammlung R. Besserer)

Besonderen Spott erfuhren die Steinhauer in **Kürnbach:**

———•———

Staihauers Blud
Dud wunderselde gud.
Summers sen se reiche Leit,
Winders sen se Beddelleit;
Staihauers Blud
Dud wunderselde gut.

———•———

Zur Auslegung der Ortsneckereien muß man sich gedanklich um hundert Jahre zurückversetzen. Damals hatten die Menschen noch mehr Zeit, sich um ihr Dorf und auch um das Geschehen in den Nachbardörfern zu kümmern. Alle waren stolz auf ihren Ort und seine Eigenschaften, man grenzte sich darin gegen die Nachbarn ab, wenn man auch in Notzeiten zusammenhielt. So sind die entstandenen Ortsneckereien oft derb und direkt, aber doch im Grunde nie verletzend gemeint.

Das Rundreiselied vom Elsenztal

In diesem Lied, das Pfarrer Franz Gehrig aufgezeichnet hat und das über hundert Jahre alt ist, finden die Kraichgauer Ortsneckereien eine schöne poetische Ergänzung.

1. *Hilsbach isch a schönes Städtle,*
   ringsherum mit Mauere.
   Wer darinn a Schätzle hat,
   der isch zum bedauere.

2. *Uff Elsenz geh i gor nimme nei,*
   sie kumme glei mit der Hobe drei.
   Jede Fra hat ihren Titel
   un der Mann sein Zwillichkittel.

3. *Vun Elsenz sen mer fortgeloffe,*
   dann kame wir nach Adelshofe.
   Do hats koi Rinne un koi Kandel,
   alles treibt de Körnerhandel.

4. *Eppingen isch a schönes Städtle,*
   weil es an der Straße liegt,
   darinnen hats ja schöne Mädchen,
   aber keine Jungfraun nicht.

5. *Vun Rohrbach gehn i gor nimme naus,*
   weil ihre Kerch steht newe draus,
   do kummt der Wend vum halbe Ort
   un nemmt de Glockeschall mit fort.

6. *In Sulzfeld do hats lauter Borlen,*
   kenne nix als Ipstein mahlen,
   jeder hat an alte Gaul
   un a dunnerschlächtigs Maul.

7. *Mühlbach, des liegt newadraus,*
   un der Kuckuck isch zu Haus.
   Do geht der Wind wohl übers Ort
   un nemmt de Glockeschall mit fort.

8. *Wollt ihr auch Rauchschwalbe sehn,*
   müßt ihr nach Landshause gehn,
   do raucht alles, jung un alt,
   die Pfeif werd Dag un Nacht nedd kalt.

9. *Vun Tiefebach gehn i glei widder fort,*
   do isch a traurigs Lebe dort,
   die verfluchte lumpige Knorre,
   die hewa de ganze Dag zu morre.

10. *In Eichelberg hats viel Weinberg,*
    jeder hat a rechte Stärk.
    Do hats lauter rouda Dreck,
    der geht oim nimme vun de Schuh aweg.

11. *Angellocher Lumpagäscht,*
    brauche die a Fohnefescht,
    sie lehne d'Fohne un bettla's Brot,
    do hots ewich gar koi Not.

12. *Als wir sind gekomma nach Reihe,*
    um a Schätzle zu gefreie,
    kummt so'n Weilemer Bär gedappt
    un hat mer mei Schatz weggeschnappt.

Kraichgauer Sprichwörter und Redensarten

Die hier dargebotenen Sprichwörter und Redensarten sind bäuerlicher Herkunft. Sie zeigen deutlich die bildhafte Denkart des Kraichgauers, gewonnen aus der dörflichen Erfahrungswelt. Es sind Lebensweisheiten, denen der Bauer in einer sehr bildhaften und eindeutigen Sprache und oft mit hintergründigem Humor Ausdruck gibt. Der Kraichgauer Bauer war kein Freund langer Redensarten, er brachte das, was er sagen wollte, sofort auf den Punkt. Carl Krieger gibt davon ein Beispiel (S. 120/121): „Der Müde *'isch ab wie en Wammes-ärmel',* mancher Großsprecher *'hat's Brot net iwer Nacht',* der Tüchtige kann *'an Berg ewe reiße',* der Bittsteller *'kommt alle fingers-lang',* der Bankerotteur hat *'hinne hott gmacht',* ein schweres Erlebnis bleibt *'net an de Kleider henke',* den Siechen *'hat de Mar-der am Hals',* der Regentag ist ein *'Baure-feierdich'.*"

Viele der angeführten Redensarten und Sprichwörter sind heute noch im Kraichgau lebendig. Daß sie schriftlich festgehalten wurden, verdanken wir Sammlern wie Krieger und Glock.

Eine Auswahl dessen, was sie zusammengetragen haben, soll nun folgen. Zunächst kommt J. Ph. Glock zu Wort:

Wenn Mädle pfeife, dut der Teifel lache.

Wann unser Herrgott en närrischer Kerl will, läßt er eme alde Mann sei Fraa sterwe.

En schlechter Maurer is alleweil noch en guder Handlanger.

Mer soll's Leitsel net aus de Hand gewe, solang mer uff'm Wage sitzt.

Mar soll sich net auszieche, ob mar sich schlafe legt.

Do isch dem sei Nas zu kurz dazu.

Wann's nit wintert, summert's nie.

Im Schoppeglas sinn schun mehr Leut versoffe als im Necker unn Rhein zamme.

En truckener Jahrgang hott noch kein Bauer verdorwe, awer en nasse.

Mischt geht üwer alle Lischt.

Dem kalbt der Holzschlegel unner der Stege.
(d. h. er hat außergewöhnliches Glück)

Der hot's fauschtdick hinner de Ohre.

Daham isch daham.

Er mächt e Krumms unn e Grads.

Des is e Kerl wie e Pfund Schnitz.

Ich kaaf ke Katz im Sack.

Des is so viel als de Spatze gepfiffe.

Bei dem kannsch lang uff de Busch kloppe.
(Aus dem bringt man nichts heraus)

*Do hot mei Vadder gschberrt unn do schberr
i aa, unn wann's Buckel nuff geht.*

Wie de Herr, so's Gscherr.

*Mer soll nit tiefer ins Wasser gehn als mer de
Boddem sieht.*

E fetti Küch mächt e mageres Testament.

Dem hat der Totevogel heut Nacht gerufe.

Den wird au ball de Marder holle.

Der isch eichelgsund.

's Feld hot Auge, der Wald hot Ohre.

Der will's Tuch an fünf Zipfle anpacke.

Der sieht's Gras wachse un hört d'Flöh huschte.

Was dich net brennt, brauchsch net zu blose.

*Hof einer kleinen Küferei mit Ziege um 1930.
Damals waren Handwerk und Bauernstand in
vielen Haushalten noch vereint.
(Sammlung M. Sitzler)*

Eme geschenkte Gaul guckt mer net ins Maul.

E klaines Häfele läuft ball üwer.

Man soll net nach alle Mucke schlage.

Do is der Sack de Bändel net wert.

Gleiche Brüder, gleiche Kappe.

Wer gut schmeert, der gut fährt.

Es folgt nun eine Auswahl der Sammlung
von Carl Krieger:

Bei de Alde werd mer gut ghalde.

Schaffe isch e Ärwet.

*Dir gehn d'Auge uff, wann se mir zugehn
(Vater zum Sohn).*

Hat der Bauer Geld, hat's die ganze Welt.

's beißt kai Fuchs kai Füchse.

D'Auge uff oder de Beitl.

Wie mer sich bett, so liegt mer.

Blut werd net zu Wasser.

's isch iwweral gut Brot esse, wammer hat.

Nor net brumme, 's werd scho kumme.

Liewer en leere Darm als en mide Arm.

Die Dumme werre net all.

Dummhait un Stolz wachse uffn gleiche Holz.

Aimol isch net oft.

Fingerslang ghandelt, isch besser als armslang gschafft.

Schmeiß's net soweit fort, sunsch musch's soweit hole.

's isch nix em Dag, wammer fremme Leit hat. (fremde Arbeitskräfte)

Wammer koi Fuda meh hat, muß man d'Kuh em Schwanz obinna.

Wann de Gais zu wohl isch, no geht se uffs Eis.

Schlecht gfahre isch besser wie gut gloffe, wammer na d'Fiß vum Bode weg hat.

Wer g'scheit isch, schafft net gern.

Mit Gwalt hebt mer e Gais rum.

Mit viel helt mer Haus, mit wenich kummt mer aus.

Gheiert isch net mit Kappe ghandelt.

E blinde Huh find a emol e Korn.

Ame böse Hund muß mer zwai Stickle Brot gewe.

Hunger treibt Brotwerscht nei.

Die Alte misse sterwe, und die Junge kenne.

Oi Kind isch e Sorgekind.

D'Kleider mache Leit und d'Lumpe Leis.

Die klone Leit hat Gott erschaffe, die große Esel wachse vun selwer uff.

Jeder Krabb find sei Kräbbe.

Je krimmer, je schlimmer.

Zu gut isch e Stick vun de Lidderichkait.

Do isch mei, vor de Dier draus isch dei.

Wann d'Kuh drauß isch, macht mer de Stall zu.

Mit eme Löffel kann mer en Brunne ausschepfe, wann nix dezu kummt.

Bewahr uns Gott vor deirer Zeit, vor Maurer un vor Zimmerleit.

Wer net nauskummt (ins Feld)*, kummt net ham.*

Wer lang raacht (oder schnauft)*, lebt lang.*

Rode Hoor un Erleholz wachse uff kaim gute Bode.

En leerer Sack bleibt net steh.

Vum viele Schaffe verrecke d'Geil.

D'Fra kann mit'm Scheffel meh nausdo, als de Mann mit'm Haiwage einbringe.

D'Schulde sin gut hawe, wamer vorbeigeht, schmackt mer se net.

Vun de reiche Leit muß mer's Spare lerne.

Mit Speck fangt mer Meis.

Wamer en Stuhl hat, muß mer sich setze.

En alte Bär isch net gut danze lerne.

Wo Geld isch, isch de Deifl, wu kois isch, isch'r zwaimol.

En Vadda kann sechs Kinda ernähre, awer sechs Kinda koin Vadda.

Wettmache isch koin Sind.

Viel Wisse macht Kopfweh.

Schee gwohnt isch halwer glebt.

Den Abschluß sollen Redensarten bilden, die zeigen, wie treffend und anschaulich in der bäuerlichen Gesellschaft die scharf beobachteten Gegebenheiten der dörflichen Gemeinschft formuliert wurden.

I bin ab wie en leerer Wammesärmel
(oder wie e Wefze).

Herg'stellt wie e alts Paar Schlappe.

Auge namache wie e Salzbüchsle.

Der Schaffer kann en Berg ewereiße.

Un wann de Bettelsack an de Wand verzweifelt.

Die isch vun Brette(n) (hat eine schwach
entwickelte Brust).

Stehle wie en Dachmarder.

Der left doher, wie waner koin Darm em
Leib het.

Zu dumm zum Rüwe ropfe.

Enteköpfer
(Spottname für die Nebenbahn)

Jetz hasch gackert, jetz legsch a.

Lidderich wie Gänsmischt.

Zwee Guck un oin Schaff.

Jetz isch Hai gnung hunna,
jetz kummt Stroh.
(Das Maß ist voll.)

Mach kai Hermännle.

En Hochmut wie en Stall voll Ente.

D'Hose mit de Beißzange aziege.

Eh i verhunger, eß i Linse mit Brotwerscht.

Bei dene mache d'Holzschlegel jung.
(Gedeiht alles)

De Kopf stelle (hochtragen) wie en Chaisegaul.

Liewer nix un so ens Bett.

Danze wie de Lumpe am Stecke.

D'Auge sin greßer als de Mage.

I hab mei Nase net dezwische ghat.
(Ich war nicht dabei.)

Dasteh wie en Opferstock.

Des isch en ganz Babieriche (Kraftloser).

's finft Rad em Wage.

Alle Ritt.

Scheiereborzler
(Zirkusleute, Schirmflicker und Zigeuner, weil sie gelegentlich in den Scheunen auftraten und nächtigten)

Du bisch die Schönscht, wann die annere em
Lab (Laubsammeln) sin.

Rau wie Seibohnestroh.

Jetzt isch dere Gais a g'strait.

Jemand de Treff gewe.

Umstandskrämer.

Lafe wie e Wanze.

Weiwersterwe kai Verderwe – Gail verrecke,
des bringt Schrecke.

'𝔐𝔞𝔱𝔱𝔥𝔢𝔦𝔰 — 𝔟𝔯𝔦𝔠𝔥𝔱'𝔰 𝔈𝔦𝔰':
Bauernregeln und Lostage

Bauernregeln nennt man die meist auf die Wettervorhersage bezogenen Sprüche, die gereimt oder ungereimt von Generation zu Generation weitergegeben werden. Es gibt wohl keinen anderen Beruf, der so vom Wetter abhängig ist wie der des Bauern, und es ist daher selbstverständlich, daß die Kenntnis der Wetterregeln immer in der bäuerlichen Bevölkerung am ausgeprägtesten war. Dies gilt uneingeschränkt auch für den Kraichgau. In den Regeln, die der Bauer gebrauchte, lag sein großer Erfahrungsschatz, den er sich in jahrelanger Arbeit während der Jahreszeiten im Freien angeeignet hatte. Das sagt auch aus, daß die Bauernregeln landschaftlich gebunden waren (sind), denn was für den Kraichgau gilt, gilt beispielsweise nicht für das Allgäu.

Besonders wichtig waren die Sprüche, in denen aus der Witterung bestimmter Tage und Monate Aussagen für die Ernte gemacht wurden. Dies sind die sogenannten **Monatsregeln**:

März trocken, April naß,
Mai lustig von beiden Seiten was,
bringt Korn in'n Sack und Wein ins Faß.

Der Mai kühl, der Brachmond nicht naß,
füllt dem Landmann
Speicher, Keller, Kasten und Faß.

Dann gibt es die **Wochentagsregeln**:

Wie das Freitagswetter,
so das Sonntagswetter.

Hierher gehören auch die an die Witterung bestimmter Tage im Jahr, der **Lostage**, zugeordneten Regeln. Von Bedeutung sind in uralter Tradition die Tage von Weihnachten bis Dreikönig, die Zwölften. Der Brauch, aus der Witterung der Zwölften das Wetter der Monate des kommenden Jahres zu sehen, war (ist) in ganz Europa verbreitet.

Bei den Lostagen hat 'Los' den Sinn von Wahrsagen, es sind Tage, in denen gelost, das heißt die Zukunft erkundet wird. Lostage im eigentlichen Sinn sind nur jene Tage, denen wirklich mantische (Mantik = Wahrsagung) Bedeutung beigelegt wird. Also macht nicht jede an den Tag geknüpfte Bauernregel diesen zum Lostag, z. B. wenn bestimmte Arbeiten des Bauern an diesem Tage vorzunehmen oder wenn Heiligentage mit dem Beginn oder Ende der Jahreszeiten verknüpft sind. Beispiele hierfür wären:

St. Clemens (23.11.) uns den Winter bringt,
St. Petri Stuhl (22.3.) dem Frühling winkt,
Den Sommer bringt uns St. Urban (25.5.),
Der Herbst fängt um Bartholomaei an (24.8.).

Das gilt auch für bestimmte Wetterprognosen, so ist z. B. heute noch bekannt:

Mattheis (24. 2.) – bricht's Eis;
hat er keins, so macht er eins.

Das Wörterbuch des deutschen Aberglaubens (Bd. 5, Spalte 1405ff) legt deshalb fest: „Von einem Lostag im eigentlichen Sinn kann nur die Rede sein, wenn die Entscheidung nicht von vornherein durch den Tag als solchen gegeben ist, sondern irgendwie von einem vorher nicht zu berechnenden Verlauf abhängig ist." Das Losen ist an sich schon die Ungewißheit. Man kauft ein Los und weiß nicht, was es beinhaltet, man lost bei Sport und Spiel. Wenn ich lose, bin ich der Ungewißheit ausgesetzt wie bei einem Lotterielos. Dieses Element der Ungewißheit, das eben für das Losen kennzeichnend ist, wird bei den Lostagen vorwiegend durch das Wetter dargestellt: Sonnenschein, Niederschläge, besonders Regen, Temperaturen, Gewitter, alle meteorologischen Erscheinungen stellen das Moment der Ungewißheit dar, das die Lostage in den Kreis der Wahrsagung versetzt.

Es gibt außerordentlich viele Lostage, wollte man sie aufzählen, so hieße das, einen großen Teil des Kalenders abzuschreiben. Im übrigen sind die Grenzen – wie oft in der Volkskunde – zwischen den echten Lostagen und solchen, für welche die Aussage einer einfachen Bauernregel gilt, oftmals fließend.

Vor allen anderen als Lostage auftretenden Tagen und Jahresperioden sind die zwischen Weihnachten und Dreikönig fallenden Zwölften oder Zwölf- oder Rauhnächte zu nennen. Der Glaube an die Zwölften als Lostage für die Witterung des kommenden Jahres ist bei uns heute noch lebendig. In den meisten Fällen bezieht man die Witterung der zwölf Tage auf die zwölf Monate des neuen Jahres von Januar an gerechnet. Aber der Bauer führte auch genauere Berechnungen durch und begnügte sich nicht

Bauer mit dem Pferdefuhrwerk, voll beladen mit Kartoffeln, vor einem Sinsheimer Anwesen auf einer Postkarte von 1906 (Sammlung R. Besserer)

mit dem allgemeinen Witterungscharakter der einzelnen Tage. Er ließ z. B. die Witterung der Nacht für die erste, die des Tages für die zweite Hälfte des entsprechenden Monats gelten. Man teilte auch den Tag in vier Tageszeiten ein und bezog dann das während dieser vier Abschnitte herrschende Wetter auf die vier Wochen der einzelnen Monate.

Noch komplizierter war folgende Berechnung: Die Witterung der sechs Stunden vom Christabend 6 (18) Uhr bis Mitternacht galt für die ersten acht Tage des Januar, die 18 Stunden von Mitternacht bis abends 6 (18) Uhr des folgenden Tages für die übrigen Tage des Januar, die 24 Stunden bis abends 6 (18) Uhr des folgenden Tages für Februar usw.

Als Hilfe der Wahrsagung des Wetters für das kommende Jahr, das für den Bauern doch entscheidend wichtig war, bediente er sich der Zwiebel als 'Hygrometer'. Aus einer Zwiebel wurden zwölf Schalen geschnitten, jede mit einem Monatsnamen bezeichnet und mit Salz bestreut. Am Morgen – mancherorts wurden die Zwiebelschalen über Nacht ins Freie gestellt – erkennt man an der gezogenen Flüssigkeit, Feuchtigkeit oder Trockenheit des entsprechenden Monats. Man kann sich denken, mit welcher Spannung der Bauer nach diesem Orakel geschaut hat.

Eine ganze Reihe kirchlicher Festtage sind Lostage, so als kleine Auswahl z. B. Lichtmeß (2.2.), Agathe (5.2.), Mamertus, Pankratius und Servatius (11.–13.5.), Johannistag (24.6.), Siebenschläfer (27.6.), Maria Heimsuchung (2.7.), Ägidius (1.9.), Allerheiligen (1.11.), Martini (11.11.), Lucia (13.12.), Weihnachten (25.12.). Dazu kommen noch die beweglichen Feste, vor allem Ostern mit Palmsonntag, Gründonnerstag und Karfreitag, Pfingsten, Fronleich-

nam, Fastnacht, Aschermittwoch, die Fastensonntage, auch sind die Quatembertage von Bedeutung. Ein Teil der Wochentagsregeln hat mit seiner Vorhersage oftmals recht. Das gilt vor allem für Weihnachten und den Johannistag, da mit der in diese Zeit fallenden Sonnenwende ein Witterungswechsel einzutreten pflegt.

Wenn an Lichtmeß die Sonne scheint,
dauert der Winter noch lang.

Nach Pankraz und Servaz schaden die
Nachtfröste den Früchten nicht mehr.

Egide Sonnenschein, tritt schöner Herbst ein.

Allgemein bekannt ist auch die Regel, daß wenn es am Siebenschläfertag regnet, weitere sieben Wochen Regen zu erwarten sind.

Der Bauer kannte auch **Wind-, Blitz- und Donnersprüche.**

Wie der Wind am 3., besonders aber am 4.
und 5. Tage nach Neumond ist, so weht er
den ganzen Monat hindurch.

Wenn es donnert über dem nackten Holz,
kommt Schnee über das belaubte.

Wenn es im Märzen donnert,
wird es im Winter schneien.

Bauern mit Ochsengespann beim Hopfenanbau am westlichen Kraichgaurand (Sammlung W. Stier)

Der Regenbogen spielt bei diesen Regeln eine bedeutende Rolle:

> *Regenbogen am Morgen,*
> *macht dem Schäfer Sorgen.*
> *Regenbogen am Abend,*
> *ist dem Schäfer labend.*

Weiter gibt es Regeln, die sich auf Erscheinungen der **Tier- und Pflanzenwelt** beziehen. Sie zeigen besonders deutlich die Verbundenheit des Bauern mit seiner Umwelt. Er kann auch ohne Radiovorhersagen aus dem Verhalten der Kleintierwelt um ihn herum sagen, welches Wetter zu erwarten ist.

> *Wenn die Bäume zweimal blühen,*
> *wird sich der Winter bis Mai hinziehen.*

> *Wenn im Hornung die Mücken schwärmen,*
> *muß man im März die Ohren wärmen.*

Die Witterung für die folgenden Tage kann man aus dem Tun gewisser Kleintiere erkennen. Der Bauer sagt Regen voraus, wenn er die Frösche schreien hört, wenn die Taube badet, die Schwalben tief fliegen, die Gänse auf einem Fuß stehen, Hühner die Schwänze hängen lassen, Regenwürmer aus der Erde kriechen, wenn die Bienen sich nicht weit vom Bienenstock entfernen und leer zurückfliegen usw. Weitere Beispiele dieser interessanten Regeln folgen.

Der 'Lahrer Hinkende Bote', der ja auch bei uns gelesen und studiert wurde, brachte 1896, also vor hundert Jahren, für jeden Monat folgende Regeln:

Januar

Bei Donner im Winter
ist viel Kälte dahinter.

Wenn kleiner Regen will,
macht großen Wind er still.

Auf gut Wetter vertrau,
beginnt der Tag nebelgrau.

Februar

Wind vom Sinken der Sonn
ist mit Regen verbündet,
Wind vom Steigen der Sonn
uns gut Wetter verkündet.

Der Nebel, wenn er steigend sich erhält,
bringt Regen, doch klar Wetter,
wenn er fällt.

Wenn kurz vor Vollmond
der Sonn Aufgang neblig war,
wird's Wetter in den nächsten Tagen
warm und klar.

März

Viel und langer Schnee: viel Heu,
aber mager Korn und dicke Spreu.
Viel Schnee, den uns der Lenz entfernte,
läßt zurück uns reiche Ernte.
Stellen Blätter an der Eiche
schon vor Mai sich ein,
gedeiht im Lande Korn und Wein.

April

Halten Birk' und Weid' ihr Wipfellaub lange,
ist zeit'ger Winter und gut Frühjahr im Gange.

Wenn am Schlehdorn vor Mai schon
Blüte hängt,
schon Reife der Roggen vor Jakobi empfängt.

Um Heu und Korn wird schlimmer es stehn,
je später wir Blüten am Schlehdorn sehn.

Mai

Lassen die Frösche sich hören mit Knarren,
wirst du nicht lange auf den Regen harren.

Wenn der Froschlaich im Lenz
tief im Wasser war,
auf trockenen Sommer deutet das;
liegt er flach nur oder am Ufer gar,
dann wird der Sommer besonders naß.
Wenn Johanniswürmchen
schön leuchten und glänzen,
kommt Wetter zur Lust
und im Freien zu Tänzen.
Verbirgt sich das Tierchen
bis Johanni und weiter,
wird's Wetter einstweilen
nicht warm und nicht heiter.

Wenn Spinnen fleißig weben im Freien,
läßt sich dauernd schön Wetter prophezeien;
Weben sie nicht, wird's Wetter sich wenden,
geschieht's bei Regen, wird er bald enden.

Juni

Eine Elster allein
ist schlechten Wetters Zeichen,
doch fliegt das Elsternpaar,
wird schlechtes Wetter weichen.

Singt die Grasmück eh' treiben die Reben,
will Gott ein gutes Jahr uns geben.

Steigt die Lerche hoch, singt lange hoch oben,
habt bald ihr das lieblichste Wetter zu loben.

Der Mittag des Freitags prägt uns ein,
wie künftigen Sonntag das Wetter wird sein.

Im Juni wird des Nordwinds Horn
noch nichts verderben an dem Korn.

Stellt der Juni mild sich ein,
wird mild auch der Dezember sein.

Hat Medardus (8. 6.) am Regen Behagen,
will er ihn auch in die Ernte jagen.

Juli

Dem Sommer sind Donnerwetter nicht Schande,
sie nützen der Luft und dem Lande.

Merkt, daß heran Gewitter zieh',
schnappt auf der Weid' nach Luft das Vieh;
auch wenn's die Nasen aufwärts streckt,
und in die Höh' die Schwänze reckt.

August

Ist's in der ersten Augustwoche heiß,
bleibt der Winter lange weiß.

Im August Wind aus Nord
jagt Unbeständigkeit fort.

Wenn der Kuckuck lange nach Johanni schreit,
so rufet er die teure Zeit.

Sind Laurentius und Bartholomäus schön,
ist gut Herbst vorauszusehn.

Schön Wetter zu Mariä Himmelfahrt
verkündet Wein von bester Art.

Wenn großblumig wir die Disteln erblicken,
will Gott gar guten Herbst uns schicken.

Bringt Rosamunde Sturmeswind,
so ist Sybille uns gelind.

September

St. Michels-Wein (29.9.) wird Herren-Wein,
St. Gallus-Wein (16.10.) ist Bauern-Wein.

Sind Zugvögel nach Michaelis noch hier,
haben bis Weihnachten lind Wetter wir.

Schöne Rosen im Garten, schöner Herbst,
und der Winter läßt warten.

Ist die Hechtsleber der Galle zu breit,
vorne spitz,
nimmt harter Winter lange Zeit in Besitz.
Bläst Jakobus weiße Wölkchen in die Höh',
sind's Winterblüten zu vielem Schnee.

Jakobus in sonnenheller Gestalt
macht uns Weihnachten kalt.

Oktober

Warmer Oktober bringt fürwahr
uns sehr kalten Februar.

Oktobergewitter sagen beständig,
der künftige Winter sei wetterwendig.

Wenn zu uns Simon und Judas wandeln,
wollen sie mit dem Winter handeln.

Fällt der erste Schnee in den Schmutz,
vor strengerem Winter kündet er Schutz.

Hat der Oktober viel Regen gebracht,
hat er die Gottesäcker bedacht.

November

Allerheiligen bringt Sommer für alte Weiber,
der ist des Sommers letzter Vertreiber.

St. Martin setzt sich schon mit Dank
am warmen Ofen auf die Bank.

Schafft Katharina vor Frost sich Schutz,
so watet man lange draußen im Schnee.

Dezember

Je dunkler er über Dezember-Schnee war,
je mehr leuchtet Segen im künftigen Jahr.

Hundert Jahre später, im Jahre 1996, gibt der 'Hinkende' dem Bauern folgende Ratschläge (Auswahl):

Monatsregeln

Ist der Jänner naß,
bleibt leer das Faß.

Singt die Amsel schon hell (Februar),
geht's dem Bauern an das Fell.

Fällt im Märzen viel Schnee,
tut's den Blüten weh.

Wohl hundert Mal schlägt das Wetter um,
das ist des Aprils Privilegium.

Wer im Sommer nicht will schneiden,
muß im Winter Hunger leiden (August).

Auf einen Herbst warm und klar,
folgt ein fruchtbar Jahr.

Kalter Dezember mit recht viel Schnee
wächst im Jahr darauf viel Frucht und Klee.

Wochentagsregeln

Was die Hundstage gießen,
muß der Winter büßen,
Hundstage hell und klar
deuten auf ein gutes Jahr.

Regnet's auf St. Dionys (9. 10.),
so regnet's den ganzen Winter gewiß.

St. Martin kommt nach allen Sitten
gern auf dem Schimmel angeritten.

Ist es grün zur Weihnachtsfeier,
fällt der Schnee auf die Ostereier.

Wind-, Blitz- und Donnerregeln

Ein Wind, der von Ostern bis Pfingsten regiert,
im ganzen Jahr sich wenig verliert.

Wenn's im Märzen donnern tut,
wird der Roggen gut.

Septemberdonner prophezeit
vielen Schnee zur Weihnachtszeit.

Tier- und Pflanzenwelt

Wenn der Maulwurf wirft im Januar,
so dauert der Winter bis Mai sogar.
Hat der Has ein dichtes Fell,
kümm're dich um Brennholz schnell
(November).

Wenn die Spinne ihr Netz zerreißt,
so kommt schlecht Wetter allermeist.

Wenn im August viele Goldkäfer laufen,
braucht der Wirt den Wein nicht zu taufen.

Wenn die Grille im September singt,
wird das Korn billig.

Durch Oktobermücken
laß dich nicht berücken.

Bauer mit Sense (aus: Carl Krieger, Kraichgauer Bauerntum 1933)

Damit können wir die Bauernregeln abschließen. Sie begleiten den Bauer und alle Leute durch das Jahr. Ob die Prophezeiungen eintreffen, das ist eine andere Sache. Aber es gibt eine Wetterregel, die vollkommen richtig orakelt:

Kräht der Hahn auf dem Mist,
ändert sich's Wetter,
oder es bleibt wie's ist.

Die Feldrichter aus dem Elsenztal

Feldrichter nannte man die Männer, die in den einzelnen Ortschaften die Grenzen der Grundstücke festlegten und die Steine setzten. Das war ein verantwortungsvolles Amt, weil in früheren Zeiten die genaue Vermessung und Festlegung der heutigen Zeit fehlten und deshalb den von den Feldrichtern gesetzten Steinen eine besondere Bedeutung zukam. Sie waren deshalb auch feierlich gekleidet, wenn sie ihres Amtes walteten, sie hatten Rock und Hut zu tragen. Vier ehrsame Bürger waren Feldrichter eines Ortes. Sie wurden von der Gemeinde ernannt und von der Grundherrschaft bestätigt und verpflichtet.

Adam Lörz aus Ittlingen hat in einer Erzählung aus seiner Jugendzeit von den Feldrichtern berichtet. Ein Teil sei daraus zitiert: „Wir hatten in der Nachbarschaft einen alten, ehrwürdigen Küfermeister. Derselbe war reich an Kindersegen. Zehn hungrige Mäuler, seine Frau und er miteingerechnet, saßen um den Tisch. Schmalhans war oft Küchenmeister. Wir Buben waren stets in seiner Werkstätte. Dieser Mann zählte in früheren Zeiten zu den Feldrichtern. Er erzählte uns, wie es in früheren Zeiten gemacht wurde beim Steinsetzen. Mit einem Küferzirkel zeigte er uns auch, wie die Zeugen hergerichtet wurden. Auf einem Dachziegel wurde ein Kreis eingerissen, möglichst scharf und tief. Dies waren die sogenannten Zeugen. Es wurden so viele Zeugen zu Hause zugerichtet als Setzsteine zu setzen waren. Dann ging es hinaus in dem oben beschriebenen Ornat, mit Stock und Hut. Auf der Arbeitsstelle durfte der Rock abgelegt werden, der Hut jedoch nicht. Die Steinstelle wurde ausgemessen, abgelegt und das erforderliche Loch ausgehoben. Dann wurde der Ziegel über die eine Kante des Setzsteines scharf abgeschlagen und zwar so, daß die Bruchstelle möglichst über die Mitte des Kreises verlief. Es war hierbei eine besondere Übung erforderlich. Der Stein wurde dann eingesetzt, und an jeder der Breitseiten desselben wurde eine der beiden Ziegelhälften mit eingebettet.

Das Einsetzen der Zeugen war ein besonderer Trick der Feldrichter. Wurde nun ein solcher Stein von unbefugter Hand ausgehoben und vorsätzlich versetzt, was früher oft und stets zur Nachtzeit vollführt wurde, so konnten die Zeugen nicht unbeschädigt und wie erforderlich mitversetzt werden. Die Feldrichter prüften vor allem die Bruchstellen, ob sie zueinander paßten. War dies nicht der Fall, oder waren die Zeugen nicht vorschriftsmäßig am Stein angeschlossen, so hatte man es mit einem frevelhaft versetzten Stein zu tun.

Bei der ganzen Amtshandlung durfte niemand anders zugegen sein. Kam jemand in die Nähe, so mußte derselbe auf Anruf haltmachen, mußte sich umdrehen und nach der entgegengesetzten Seite sehen, bis der Setzstein eingebettet war. Dann erst durfte er hinzutreten und durfte Gespräche und Verkehr mit den Feldrichtern aufnehmen." Pfarrer Johann Philipp Glock teilt dazu für Zuzenhausen folgendes mit und ergänzt damit den Bericht von Lörz auf schöne Weise: „Ein sehr wichtiges Amt bekleideten die Feldrichter, zwei Ratsverwandte, die mindestens einmal im Jahr den Flurgang hielten und nachsehen mußten, ob alle Gemarkungssteine und Grenzsteine genau noch an ihrem ursprünglichen Platze standen. Die

Feldrichter erhielten doppelte Tagesdiät, 1 Gulden 'inner Orts'. Ehe sie den Flurgang in Begleitung von einigen mit Hacken und Schaufeln versehenen Taglöhnern antreten, werden sie auf dem Rathaus von den Schultheißen 'ihres Dienstes aufs strengste ermahnt, damit sie ihr Amt heute vor Gott und ihrem Gewissen ehrlich und ohne jede Gunst versehen wollen'.

Ergibt sich bei dem Flurgang, daß ein Stein verrückt ist, wird er neu gesetzt, was auch bei Erbteilungen und Verkäufen von Grundstücken vorkam, so ermittelt der begleitende Feldmesser den Standort, die Tagelöhner heben die Erde aus und stellen den Stein in die Grube. Hierauf legen die zwei Feldrichter drei Steinchen unter denselben 'zum Zeichen'. Der älteste Feldrichter frägt jetzt den Kollegen: 'Steht der Stein?' Dieser erwidert: 'Er steht', worauf der erste antwortet: 'So bleibt er stehn in Gottes Namen, Amen'. Hierauf wird erst von den Tagelöhnern die aufgeworfene Erde wieder eingeworfen. Der Steinsatz, der in der alten Zeit, wo noch keine Katasteraufnahme stattgefunden hatte, der einzige Haltpunkt des Rechts an das Mein und Dein war, wurde mit gutem Grunde so feierlich vorgenom-

men. Daß man denselben bis Anfang dieses Jahrhunderts hier und anderwärts 'nach alter Gewohnheit im Zeichen des Neumonds' vornahm, beruht auf einem altheidnischen Aberglauben. Die alten Zuzenhäuser wissen, daß noch in den dreißiger Jahren (Anm. 1830) die Feldrichter im vollen Sonntagsstaat mit Kirchenrock und Dreispitz den Flurgang abhielten und den Steinsatz vornahmen. Wer Marksteine versetzte, wurde als 'doppelter Dieb' und 'Erzschelm' empfindlich gestraft. Er ging aller Ehrenrechte zeitlebens verlustig."

Solche Betrüger hatten nach ihrem Tode keine Ruhe. Sie mußten umgehen oder laufen, wie man auch sagte. Dafür gibt es im Sagenschatz unserer Heimat viele Beispiele. Es ist auch nicht verwunderlich, daß den Betrüger eine solche harte Strafe traf, denn unsere bäuerliche Bevölkerung hielt einmal auf Ehrlichkeit, zum andern waren der Grund und Boden ihr ererbter Besitz, den man sich nicht auf unrechte Weise nehmen lassen wollte. So mußten eben die ungetreuen Menschen umgehen, manche mit dem schweren Setzstein auf dem Rücken, bis sie erlöst wurden. Länderdiebe waren die verwerflichsten Menschen.

Gemarkungsumgänge

In den Bereich der Feldrichter und der Überwachung der Gemeindegemarkung gehören die Gemarkungsumgänge wie der nebenstehende, der zu Hüffenhardt im Jahre 1789 stattgefunden hat. Die Beschreibung zeigt, wie wichtig man diesen Umgang nahm und welchen Aufwand man dabei betrieb. Das war ein Großereignis für das Dorf, und wenn man die

Liste der Teilnehmer anschaut, sieht man, daß alle wichtigen Vertreter des „Ortsregiments" dabei waren – heute würde man sagen: Bürgermeister, Gemeinderat und das Rechtsreferat. Daß der Jugend der Gemarkungsumgang Anlaß zum Feiern war, ist ihr zu gönnen. Viel zu feiern hatte sie in den Jahren nach der Französischen Revolution 1789 wahrhaftig nicht mehr.

Markungsumgang zu Hüffenhardt am 5. Juni 1789

Mitgeteilt von Reinhard Groß.
In dem sogenannten „Dorfbuch" findet sich folgender Eintrag eines Gemarkungsumgangs, der im Jahre 1789 in Hüffenhardt (Amt Mosbach) gemacht wurde, durch den damaligen von der Herrschaft Gemmingen-Guttenberg gesetzten Schultheiß Franz Friedrich Flächser.

Nachdem von beiden Schultheisen Johann Jakob Dallmus und Franz Friedrich Flächser, sodann dem Gericht und Vierundzwanzigern beschlossen worden, wiederum die ganze hiesige Gemarkung zu umgehen, welches seit 20 Jahren nicht mehr im ganzen geschehen.

Als wurde der heutige Tag, nemlich der 5. Junius dieses 1789sten Jahres dazu festgesetzt, sodann morgens früh der Anfang damit gemacht, vorher aber nachstehende Persohnen auf das Rathaus berufen, und von dorten der Zug eröffnet.

Es waren also dabei:

beide Schultheisen Dallmus und Flächser
das Feld-Gericht (4 Männer)
Bürgermeister Johann Sigmann b. Baad.
2 Schützen (Dorf-Schütz, Feld-Schütz)
ferner die 24ger (davon 4 Männer).
Zum Schiesen waren beordert
(12 Männer, 2 Jäger),
ferner waren noch Bürger dabei ohne Flinden
(4 Männer)
Junge Burschen (13).
Sodann
Jakob Meyer Pfeifer und
Johann Volkert Tambour.
Der Zug ging auf folgende Art
1) *Voraus Tambour und Pfeifer*
2) *sodann ein Jäger mit 6 Mann, die Flinden hatten*
3) *beide Schultheisen*
4) *das Feldgericht*
5) *2 Schützen mit Messruth*
6) *die Bürger*
7) *die junge Bursche und letztens*
8) *noch ein Jäger mit 6 Mann, die Flinden hatten.*

Vom Rathauß hinweg das Dorf herauf, die Staugassen hinaus den Weg nach Siegelsbach zu fort, bis an diese Gemarkung, dann gieng es die Osterwiße hinunter, und also rings um die Gemarkung herum, bis wieder an den Ort da angefangen worden, und also wieder den Weeg herein mit Music und auf das Rathhauß, auf welchem die ganze Bürgerschaft versammelt gewesen, und bei dieser Gelegenheit der Weinkauf über das im Bestand an Georg Eckert hingeliehene Widdum Guth getrunken worden, nach endigung dessen machten sich die jungen Leuthe lustig und tanzten etliche Stunden und somit wurde diese Feyerlichkeit beschlossen. Anzufügen ist noch, dass wir am Weg nach Haßmersheim, wo die 3 Gemarkungen zusammenkommen, Mittag gegessen, und sogleich darauf aber anfangen zu regnen, auch nicht nach gelassen bis in die Nacht, so dass alle, die dabei waren, ziemlich naß geworden sind.

An Grenz Steine haben sich vorgefunden in Summa 375 Stück, nemlich glatte 242 und raue 133.

(An 8 Gemarkungen kam der Zug bei seinem Umgang vorbei wobei die Grenzsteine gezählt und aufgeschrieben wurden.)

Aufgezeichnet von Schultheis Flächser.

Literaturnachweis

Um das Auffinden der verwendeten Quellen zu erleichtern, wurde dieses Literaturverzeichnis analog den Kapiteln behandelt.

Oft benützte, allgemeine Literatur
Badische Heimat (Mein Heimatland). Zeitschrift für Landes- und Volkskunde, Natur-, Umwelt- und Denkmalschutz. Herausgegeben vom Landesverein Badische Heimat. (zitiert: BH)
Bender, Augusta: Oberschefflenzer Volkslieder und volkstümliche Gesänge. Niederschrift der Weisen von Georg Pommer. Karlsruhe 1902 (zitiert: Bender)
Fehrle, Eugen: Badische Volkskunde. Teil I. Leipzig 1924 (zitiert: Fehrle)
Glock, Joh. Philipp: Lieder und Sprüche aus dem Elsenztal. Aus dem Munde des Volkes gesammelt. Bonn 1897
Ders.: Burg, Stadt und Dorf Zuzenhausen im Elsenzgau. Eine Ortsgeschichte. Wolfenweiler, Selbstverlag 1896 (zitiert: Glock)
Handwörterbuch des deutschen Aberglaubens. Berlin/Leipzig 1931/26 (zitiert: Handwörterbuch Aberglauben)
Kraichgau, Heimatforschung im Landkreis Sinsheim. (zitiert: Kraichgau)
Krieger, Carl: Kraichgauer Bauerntum. Bühl 1933 (zitiert: Krieger)
Mein Heimatland. Badische Blätter für Volkskunde, Heimat- und Naturschutz, Denkmalpflege, Familienforschung und Kunst. Herausgegeben vom Landesverein Badische Heimat (zitiert: MH)
Meisinger, Othmar: Die Rappenauer Mundart. I. Lautlehre. Zeitschrift für hochdeutsche Mundarten. 2. 1901
II. Flexionslehre. ebenda
Ders.: Wörterbuch der Rappenauer Mundart nebst einer Volkskunde von Rappenau. Dortmund 1906 (zitiert: Meisinger)
Meyer, Elard Hugo: Badisches Volksleben im 19. Jahrhundert. Straßburg 1900 (zitiert Meyer)
Preßler, Wilhelm (Hg.): Handbuch der deutschen Volkskunde. Potsdam o. J. (zitiert: Preßler)
Soweit der Turmberg grüßt. Beiträge zur Kulturgeschichte, Heimatgeschichte und Volkskunde. (zitiert: Turmberg)
Stemmermann, Paul H.: Volksleben von einst in Ettlingen und Umgebung. Karlsruhe 1977 (zitiert: Stemmermann)
Vögely, Ludwig: Sagen des Kraichgaus. Karlsruhe 1987 (zitiert: Vögely)
Wörterbuch der deutschen Volkskunde. 2. Aufl. Neu bearbeitet von Richard Beitl. Kröners Taschenbuchausgabe Bd. 127 (zitiert: Wörterbuch Volkskunde)
Zimmermann, Walter: Badische Volksheilkunde. In: Heimatblätter vom Bodensee zum Main Nr. 29. Herausgegeben vom Landesverein Badische Heimat. Karlsruhe 1927 (zitiert: Zimmermann)

Kraichgauer Volksleben im 19. Jahrhundert
Meyer, Elard Hugo: Badisches Volksleben im 19. Jahrhundert. Straßburg 1900
Christmann, E.: Von den Gebildbroten Deie und Dambedei. Oberdeutsche Zeitschrift für Volkskunde. 16 Jg. 1942. Heft 1/3, S. 35 ff.
Preßler III: Martin Wähler: Gebildbrote, S.153/154
Stemmermann S. 130 ff.

Waibel, Paul: Der rätselhafte Dambedai. Turmberg 10. Jg. Nr. 12. 1958, S.141 ff.

Ders.: Deie und andere Gebildbrote im Kraichgau. Eine Umfrage. Kraichgau. Folge 2/1970, S. 193 ff.

Ders.: Gebildbrote im Kraichgau. Zu unserer Umfrage in Kraichgau 2/1970. Kraichgau. Folge 3/1972, S.228 ff.

Wolber, Karl: Das Christei oder das Deihen, ein pfälzisches Gebildbrot. Christmann, S. 187/188

Reclams Lexikon der Heiligen und der biblischen Gestalten. 6. durchgesehene Auflage. Stuttgart 1987, S. 29 u. 419 ff.

Stemmermann, S.43

Wörterbuch Aberglauben Bd. 1, S. 211

Reclams Lexikon der Heiligen, S. 418 ff.

Wörterbuch Volkskunde, S. 540 ff.

Martinslieder: Des Knaben Wunderhorn. Insel-Taschenbuch 85. 1976, S.130 u. 157

Bruchsaler Sommertagszug

Schmider, Ph. J.: Der Bruchsaler Sommertagszug. In: MH 1922, S. 43/44

Die Kraichgauer Tracht

Glock, Zuzenhausen, S. 60/61

Preßler III: Eva Nienholdt: Die Volkstracht. S. 113–117

Ratzel, Friedrich: Glücksinseln und Träume. Leipzig 1905, S. 87

Schmitt, Heinz: Badische Trachtenpflege in Vergangenheit und Gegenwart. In: BH 1983, S. 191 ff.

Vögely, Ludwig: Aus dem Tagebuch des Landschaftsmalers und Trachtenmalers Georg Maria Eckert. In: BH 1990, S. 493 ff.

Wagner, Dagmar: Kraichgautracht. In: BH 1983, S. 207 ff.

Kraichgauer Volksmedizin

Heidelberger, Franz: Brauchbuch, im Hause der Großeltern 1924 aufgefunden.

Preßler I: Alfred Martin: Deutsche Volksmedizin, S. 271–285

Zimmermann, Walter: Badische Volksheilkunde.

In der alten Eichtersheimer Apotheke

Ratzel, Friedrich: Glücksinseln und Träume. Leipzig 1905, S. 40 u. 42

Vögely, Ludwig: Eichtersheim im Angelbachtal und seine großen Söhne. In: BH 1985, S. 410–413

Über den Bauerngarten

Fehrle, Eugen: Badische Volkskunde. 1.Teil. Leipzig 1924. Darin: Der Bauerngarten, S. 138 ff.

Kröber, Ludwig: Das neuzeitliche Kräuterbuch. Die Arzneipflanzen Deutschlands in alter und neuer Betrachtung. Bd. I u. II. 3. ergänzte Auflage. Stuttgart/Leipzig 1937, S. (I) 233, 243, 267, 276, 288, 296, 399; S. (II) 120, 226, 231

Naturschutzbund Deutschland e. V. (Hg.): Naturschutz ums Haus. Bonn 1995, S. 3 ff.

Ratzel, Friedrich: Glücksinseln und Träume. S. 81–85

Strabo, Walahfrid: Vom Gartenbau – De cultura hortorum. Erstmals veröffentlicht als 'Hortulus' von Joachim von Watt (Vadianus). Herausgegeben, übersetzt und eingeleitet von Werner Näf und Matthäus Gabathuler. 2. durchgesehene Aufl. St. Gallen 1957. Nr. 3 (Salbei), Nr. 4 (Raute), Nr. 8 (Wermut), Nr. 18 (Liebstöckel), Nr. 22 (Rainfarn), Nr. 25 (Rose)

Wörterbuch Volkskunde: S. 252, 473, 512, 660, 665, 962

Der Holderstrauch, der blüht so schön im Mai
Bender: Volkslieder, S. 263 Nr. 82
Breuer, Hans (Hg.): Der Zupfgeigenhansel. Leipzig 1912, S. 29
Des Knaben Wunderhorn, S. 178/179
Enzensberger, Hans Magnus: Allerleirauh, S. 237
Fehrle, S. 153–155
Glock: Elsenztal, S.3
Handwörterbuch Aberglauben. Bd. IV, Spalten 262–275
Kroeber, Ludwig: Das neuzeitliche Kräuterbuch. Bd. I 1937, S. 177–180
Meisinger, Othmar: Bilder aus der Volkskunde. Eduard Kück: Volksheilmittel in der Lüneburger Heide. Frankfurt 1920, S. 104–118
Meyer, S. 382
Vögely, Ludwig: Der Holderstrauch, der blüht so schön im Mai. In: BH 1982, Heft 1, S. 89 ff.
Wörterbuch Volkskunde, S. 349–350, 744, 823
Zimmermann, S. 21, 109, 120, 126

Rosm'rei, Rosm'rei, gebt mer in mei Sarg enei
Heß, Heinrich: Liebeslieder von unbekannten Verfassern. Karlsruhe 1916
Knapp, Heinrich: Odenwälder Spinnstube. 300 Volkslieder aus dem Odenwald. Darmstadt 1904
Künzig, Johannes: Kleine volkskundliche Beiträge aus fünf Jahrzehnten. Freiburg 1972
Mannhardt, Wilhelm: Wald- und Feldkulte. 1. Bd. Berlin 1901
Meisinger, Othmar (Hg.): Oberländer Volksliederbuch. Heidelberg 1914
Ders.: Bilder aus der Volkskunde. Frankfurt 1920
Meyer, Hans: Das deutsche Volkstum. Leipzig/Wien 1898
Preßler II, Heft 6: Adolf Spamer: Sitte und Brauch
Satori, Paul: Sitte und Brauch. Teil II-III. Handbücher zur Volkskunde. Bd. 5–7. Leipzig 1910
Schmidt, Philipp: Volkskundliche Plaudereien. Bonn 1941
Stierling, Hubert/Robert, Karl (Hg.): Von Rosen ein Krentzelein. Düsseldorf/Leipzig 1909
Vögely, Ludwig: Rosm'rei, Rosm'rei gebt mer in mei Sarg enei. In: BH 1977, Heft 2, S. 275 ff.
Wuttke, Adolf: Der deutsche Volksaberglaube der Gegenwart. Berlin 1900

Kraichgauer Kinder- und Jugendzeit
Spiele:
Boesch, Hans: Kinderleben in der deutschen Vergangenheit. Die deutschen Stände in Einzeldarstellungen. Band 5 Kinderleben. 2. Aufl. Jena 1924
Flitner, Andreas: Spielen-Lernen. Praxis und Deutung der Kinderspiele. München 1975
Groos, Karl: Spiele der Menschen. 1899
Preßler II: Richard Beil: Volksspiele, S. 251 ff.
Ratzel, Friedrich: Glücksinseln und Träume. S. 18 ff.
Trapp, Eduard/Pinzke, Hermann: Das Bewegungsspiel. Seine geschichtliche Entwicklung, sein Wert und seine methodische Behandlung nebst einer Sammlung von über 200 ausgewählten Spielen und 25 Abzählreimen. Reprint der Originalausgabe von 1885. Woltendorf b. Berlin 1990
Vögely, Ludwig: Die berühmte Pall Mall in London und die Pallmaienstraße in Karlsruhe-Durlach, zwei nahe Verwandte. In: BH 1994, Heft 1, S. 35–41
Wolff, Gerd: Auf einem Bein durch Himmel und Hölle. In: Badische Neueste Nachrichten vom 19. Juni 1978

Reime, Abzählreime, Kinderlieder:

Bachmann, Fritz/Chiout, Herbert/Diehl, Roland (Hg.): Gedichte für Kinder. Frankfurt 1960, S. 62

Enzensberger, Hans Magnus: Allerleirauh. Viele schöne Kinderreime. Insel-Taschenbuch 115. 1977, S. 237/238

Fladt, Wilhelm: Kind und Volksreim, unter besonderer Berücksichtigung der Ettlinger Gegend. In: MH 5. Jg. 1918, S. 61 ff.

Hirth's Sammlung deutscher Gedichte. Tausend Sterne leuchten. Breslau 1937, S. 49 u. 51

Preßler II: Josef Klapper: Sprüche, Sprichwörter, Reime, Rätsel. S.389 ff.

Schläger, G.: Badisches Kinderleben in Spiel und Reim. In: Vom Bodensee zum Main. Heimatblätter herausgegeben vom Landesverein Badische Heimat. Nr. 15. Karlsruhe 1921

Süß, Rolf: Enne, denne, ditzli. Von Kinderspielen und Spielzeug. Freiburg 1977, S. 42 ff., 113, 118, 138, 142 ff.

Unser Liederbuch für Baden. Schuljahr 1–4. Stuttgart o. J., S. 48, 50, 59, 63, 68, 75

Das Volkslied im Kraichgau

Fehrle, S. 36 ff.

Künzig, Johannes: Die Geschichte der badischen Volksliedforschung. In: MH 12. Jg. Heft 5, 1925, S. 247 ff.

Preßler II: Franz Götting: Das Volkslied, S. 351 ff.

Augusta Bender

Baader, Emil: Die badische Dichterin Augusta Bender gestorben. In: MH 1924, S. 137–139

Fischer, Georg: Augusta Bender. Gesammelte Werke. Buchen-Walldürn 1996

Künzig, S. 147–151

Weber, Ulrich: Bender, Augusta, Dichterin. Badische Biographien. Neue Folge Bd. 1, S. 38–40

Johann Philipp Glock

Baader, Emil: Der Pfarrer von Wolfenweiler und sein Lebenswerk. In: Die Markgrafschaft 15. 1963, Heft 2, S. 8/9

Künzig, S. 147 ff.

Othmar Meisinger

Bad Rappenauer Anzeiger. Amtliches Verkündigungsblatt des Bürgermeisteramtes und der Kurverwaltung vom 28. April 1965: Einem verdienstvollen Heimatforscher zum Gedächtnis. Zum 15. Todestag von Prof. Dr. Othmar Meisinger

Meisinger, Othmar: Aus stiller Klause. Rappenau 1937. Darin R. Hünnerkopf: Othmar Meisinger und die Volkskunde. Zu seinem 65. Geburtstag am 29. 11. 1937, S. 3–8. Darin auch O. Meisinger: Wie ich zum Volkslied kam. S. 9 ff. und die Bibliographie seiner wichtigsten Schriften.

Neuwirth, Günther: Geschichte der Stadt Rappenau. 1978. Zitat Prof. Hünnerkopf S. 190/191

Waibel, Paul: Stand der Mundartforschung im Kraichgau. Zum 100. Geburtstag von Othmar Meisinger. Kraichgau. Folge 3, 1972, S. 145 ff.

Carl Krieger

Angaben über die Lebensdaten von K.-H. Glaser, Stadt Kraichtal

Banghard, Karl: Carl-Krieger-Zimmer im Gochsheimer Schloß. Pfarrer, Maler und Historiker. In: Bad. Neueste Nachrichten vom 25. Januar 1988

Ortsneckereien und Volkshumor aus dem Kraichgau

Fehrle, S. 74 ff.
Kahle: Ortsneckereien und allerlei Volkshumor aus dem badischen Unterlande. In: Blätter des Bad. Vereins für Volkskunde. Heft 1–7. Freiburg 1904–1908
Vögely, Ludwig: Ortsneckereien und Volkshumor aus dem Kraichgau. In: Kraichgau. Folge 10, 1987, S. 91–103

Das Elsenztäler Rundreiselied

Gehrig, Franz: Elsenz, Dorf und Pfarrei. 1960, S. 91

Kraichgauer Sprichwörter und Redensarten

Krieger, S. 120 ff.
Preßler II: Joseph Klappner: Sprüche, Sprichwörter, Reime, Rätsel. S. 389 ff.

Bauernregeln und Lostage

Großer Volkskalender des Lahrer Hinkenden Boten für 1896
Handwörterbuch Aberglauben: Bd. 1, Spalten 948–954; Bd. 5, Spalten 1405 ff.
Historischer Kalender des Lahrer Hinkenden Boten für 1996

Feldrichter aus dem Elsenztal

Glock: Zuzenhausen im Elsenzgau. 1896
Lörz, Adam Georg: Feldrichter aus dem Elsenztal. In: BH 37. Jg., S. 280/281

Gemarkungsumgänge

Groß, Reinhard: Markungsumgang zu Hüffenhardt. In: Alemannia, Zeitschrift für alemannische und fränkische Volkskunde, Geschichte, Kunst und Sprache, 3. Folge, 3. Band, Freiburg 1911, S. 153

Ortsregister

Die Ausführungen in diesem Buch gelten in der Regel für den ganzen Kraichgau und oft sogar für dessen Randregionen. In früheren Zeiten führten die einzelnen Ortschaften zwar ein abgeschirmteres Leben als heute; trotz aller Eigenheiten gab es aber immer einen regen Austausch zwischen den Nachbardörfern und natürlich auch viele Gemeinsamkeiten. Das Ortsregister soll – zusätzlich zu den regional geltenden Darstellungen – spezielle Hinweise zu einzelnen Orten geben, wie sie vor allem in der verwendeten, alten Volkskundeliteratur zu entnehmen waren.